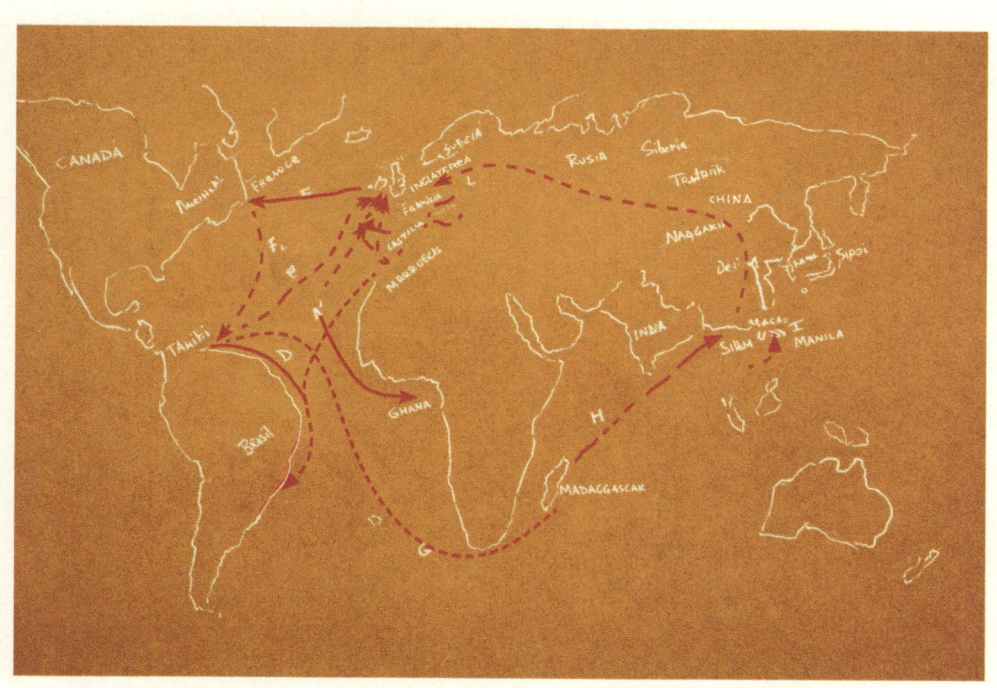

ROBINSON CRUSOE,
UN EMPRENDEDOR DEL SIGLO XVII

Título: Robinson Crusoe. Un emprendedor del siglo XVII

© Josep Manuel Brañas i Espiñeira, 2026

© de esta edición: Editorial Tempore, 2026

Corrección: Ulzama Digital

Diseño de portada: Josep Manuel Brañas y Miguel Gallardo

Impresión: Ulzama Digital

Primera edición: abril de 2026

ISBN: 978-84-8411-055-2

Depósito Legal: B 10042-2026

Impreso en España / Printed in Spain

ROBINSON CRUSOE, UN EMPRENDEDOR DEL SIGLO XVII

Josep M. Brañas i Espiñeira

NOVELA ECONÓMICA

A Àngels, mi esposa, a mis hijos Oscar, Sergi, Jordi y Cristina, a Esther y Arantza, hijas políticas y a mis nietos, Uxía, Brais e Iría-Nuria. Motivadores de mi trabajo.

A l`Oscar, por sugerirme escribir *"una novela económica"* de aventuras y la conveniencia de ser asequible a todos los públicos.

A mi profesor universitario Antoni Serra i Ramoneda[1], presente en mi vida, desde mis inicios académicos y profesionales, como modelo de persona integra.

---

1   Lamentablemente, no podrá leer la dedicatoria por habernos dejado el 6 de febrero de 2026.

PRESENTACIONES

La novela combina el espíritu de la aventura, invitando a descubrir los fundamentos económicos modernos para tener éxito en la vida

Park Chul

Miembro de la Real Academia Española de la Lengua (RAE) por Corea (2019). Traductor del Quijote. Rector de la Universidad de Hankuk de Estudios Extranjeros (Seúl, 2006-2014). Creador del Centro de Estudios Cervantinos en Corea. Hispanista y Filólogo. Distinguido con la Gran Cruz de Carlos III. Promotor del inicio de intercambios de estudiantes universitarios entre los dos países. Residente en Seúl.

Esta novela, no es solo, una emocionante aventura para quienes buscan acción y exploración, sino también una lección sobre el poder y valor del trabajo, la confianza en sí mismo y la capacidad de convertir crisis en oportunidades. La secuencia de las aventuras te invita a descubrir cómo, aplicando los principios económicos básicos, las circunstancias y acontecimientos pueden convertirse en el motor del éxito personal. Esta novela de José Manuel Brañas no es simplemente una novela de aventuras, sino una obra multidimensional que explora los principios fundamentales de la vida humana, el conocimiento, la economía y las relaciones sociales. No es una ficción del pasado, sino una obra que proporciona enseñanzas prácticas, económicas y filosóficas para los lectores modernos.

Boram Kim

Vicepresidenta de Hábitat for Humanity International, dedicada a promover viviendas dignas en 70 países, profesional en el ámbito de la paz y desarrollo en las Naciones Unidas y en misiones de paz en Timor-Lester, Kosovo y en el Estado de Palestina. Actualmente residente en Ginebra (Switzerland).

Arraigada en la curiosidad y conformada por una visión holística del mundo, esta atractiva obra tiende un puente entre los asuntos familiares cotidianos y la asunción de riesgos aventureros, ilustrando cómo la innovación y la previsión pueden guiarnos en tiempos turbulentos. Aunque fue concebida antes de los recientes cambios en los asuntos mundiales, su énfasis en el bienestar personal y social, el progreso colectivo y el crecimiento impulsado por valores sigue siendo sorprendentemente relevante. Al entrelazar las ideas basadas en los datos con la responsabilidad social, el autor ofrece un llamamiento oportuno para dar forma al progreso económico por el bien de la humanidad.

Silvestre Siscart i Soler

Emprendedor y empresario jubilado, cofundador de La cadena de Restaurantes Viena, citado en el New York Times por tener "el mejor bocadillo de jamón ibérico del mundo" y consejero de numerosas empresas. Técnico en el sector textil. Residente en Calaf (Barcelona)

Como emprendedor y empresario jubilado, he leído con mucho interés los apuntes y sinopsis de la novela del amigo José Manuel Brañas, conociendo el autor y su trayectoria profesional, estaba seguro antes de empezar a leerlo, que el contenido sería interesante.

Es un gran acierto el paralelismo del personaje de Robinson Crusoe, con la idiosincrasia del emprendedor, y sarcásticamente con los valores ya olvidados por la sociedad actual del esfuerzo, la perseverancia y la aceptación de riesgo que en el fondo proporciona riqueza, oportunidades y libertad.

Por desgracia, hoy está más de moda por un lado lo que yo llamo el síndrome Robin Hood, que es totalmente lo contrario a la meritocracia o, por otro lado, el gremio del funcionariado, que a pesar de ser este último útil y necesario, ninguno de los dos tipos crea riqueza ni puestos de trabajo.

Así pues, el libro aporta interés como filosofía empresarial y a la vez, didáctico para comprender la jerga y la importancia de la actividad económica.

A los jóvenes que lean el libro les digo, que la vida es una aventura que vale la pena vivirla responsablemente como tal.

Ramon Sanllheí i Soler

Presidente de la Cámara de Comercio de Manresa (1987-91), Fundador y Presidente de la Fundación Lacetània (Servicio de Reconocimiento Académico de Alto Nivel). Director de la Fundación Cova de Sant Ignasi. Empresario y directivo de empresa familiar y multinacionales del sector de la metalurgia.

Los no economistas, la gente con ideas para iniciar retos o los que no saben bien qué hacer con su vida, encontraran un Robinson que les descubrirá muchos valores, los hará ver una realidad novelada y de ficción que les puede capacitar y guiar en la propia vida diaria.

Excelente narración para reflexionar y aprender el espíritu básico de un ganador.

Miquel Planas i Rosselló

Artista, catedrático de escultura de la Facultad de Bellas Artes de la Universitat de Barcelona. Autor de obras repartidas por el mundo, desde América a Asia. Residente entre Mallorca y Barcelona.

En un mundo como el actual, cargado de cambios, incertidumbres e inseguridad, es gratificante encontrarse con personas con una actitud idealista, altruista, que adopta una conducta desprendida; éste es el espíritu de Josep Manel Brañas y que se plasma en el libro, generoso en saber y conocimiento. A través de interrogarse y de plantearse dudas, aporta nuevas formas de observar y encuentro un cierto paralelismo con las conocidas pinturas de Caspar David Friedrich, especialmente *El caminante sobre el mar de nubes*, en la que un personaje, se mantiene contemplativo ante un paisaje ciertamente majestuoso, impresionante, desconocido, indomable y seductor, en el que el protagonismo se traslada del personaje al paisaje, en que el contexto toma la palabra.

Veo así el gesto de José Manuel Brañas que, ante una naturaleza desatada, se hace preguntas y se cuestiona constantemente, en actitud de explorar, en busca de conocimiento…, poco al uso (poco dogmático) como el caso que nos ocupa. Reconozco un gran valor, que de forma original nos lleva con su espíritu viajero y observador, a narrarnos unos momentos presentes y pasados de nuestro mundo, desde esa visión especial y espacial a través de mil situaciones diferentes.

AGRADECIMIENTOS

Muchas son las personas a las que debo su ayuda personal en alguna fase del largo proceso de escritura de esta *primera novela económica* y creo que todas ellas conocen mi agradecimiento, quería, sin embargo, dejar constancia escrita de las "sufridores" del proceso y las vicisitudes del mismo.

Al Doctor Minkang Zhou, colega de la Universidad, por su constante empuje a que no dejase de escribir y transmitir conocimientos importantes para la vida de los lectores.

A Miguel Gallardo, distribuidor y editor, por su participación en todo el proceso. Y la implicación personal en todo el trabajo desde la primera idea.

Al Doctor Anicet Blanc, por la lectura científica del manuscrito y la disección del mismo. Por el prólogo, que condensa, exhaustivamente, el contenido, el objetivo y el espíritu de la novela.

A los alumnos de economía, que desde 1972 me han proporcionado la oportunidad de profundizar en cada concepto, con sus preguntas, trabajos y agradecimientos. Los estudiantes, mayoritariamente procedentes de la China que cursan el "Master de Relaciones Económicas y Culturales entre la UE y China" por su entusiasmo y esfuerzo en aprender economía haciendo los trabajos concienzudamente.

ÍNDICE

PARTE I

PARTE I

Incentivos a leer esta novela económica

¿Quién? ¿Por qué?

Cualquier persona que sepa leer disfrutará con la lectura, aunque, lamentablemente, hay millones que no podrán hacerlo. Les proporcionará conocimientos acerca del comportamiento humano, les proveerá de un bagaje sobre el proceso de toma de decisiones y, paralelamente, se dotarán de los principios económicos y del mecanismo de funcionamiento, que les ayudará a mejorar su vida.

La novela va dirigida a las amas de casa, a los mayores, con nietos o sin ellos, a los jóvenes, a las trabajadoras de cualquier actividad, también a empresarios y emprendedores, y a estudiantes preuniversitarios. La economía pasará a ser una materia comprensible y útil para la vida cotidiana.

A los estudiantes de primer curso de Economía les será útil encontrar los conceptos en forma de aventura en la vida real. A los estudiantes de otras disciplinas, que también cursan economía como una materia «maría», les proporcionará un enfoque de la realidad y de los efectos que las decisiones de otros tienen sobre su economía y su vida.

Crusoe tiene un sueño, como todos nosotros. El tuyo, lector, también merece que lo persigas.

CAPÍTULO 0.
EL HALLAZGO DEL MANUSCRITO DE ROBINSON CRUSOE

Estamos en la primera mitad del siglo XXI. Soy un descendiente de Robinson Crusoe. Mis padres mantuvieron, de acuerdo con la tradición, el nombre familiar materno. La familia conserva una granja en Belfort, donde Robinson, «el náufrago en una isla desierta», se retiró, trasladándose desde el condado de York, en el que nació. La propiedad constaba de tres edificios de piedra, formando una U. Estaba encarada al sur por la parte abierta, para aprovechar el calor del sol y la luz de la aurora, y situada de espaldas al frío viento del norte, apaciguado por las redondeadas colinas cercanas. Las antiguas construcciones adyacentes, dedicadas en su momento a almacén de grano, cuadras de animales y otras funciones agrícolas, habían ido deteriorándose por falta de uso y mantenimiento, por lo que no habían subsistido en pie.

El conjunto, ubicado en un lugar bello, miraba al valle. Desde las ventanas del primer piso, que se convertía en el comedor de invitados de las grandes ocasiones, se divisaba el pueblo, el valle abierto y las montañas al fondo. Un río en el que, aún hoy, los lugareños pueden bañarse y pescar truchas, formaba el límite de la propiedad por el oeste. Disponía de unos prados fértiles, que, en su momento, debían haberse utilizado para mantener a los animales cuando regresaban de los prados de las montañas y antes de entrar en las cuadras. Esos prados servían como lugar de pasto en pleno invierno.

El último propietario Robinson del lugar residía en el edificio del este. Era el «rico tío cirujano», como le llamábamos en las reuniones familiares más íntimas. El tío acababa de morir repentinamente y sin descendencia directa. Una sobrina, prima mía, que vivía con él, lo había cuidado hasta su propia muerte, unas semanas antes, sin que aquel hubiese redactado testamento. Los descendientes de esa sobrina, a quienes, según lo previsto, les hubiera correspondido toda la herencia, a través de su madre, tuvieron que compartir la cuantiosa fortuna con los sobrinos de todas las estirpes, de igual nivel de parentesco consanguíneo. Yo soy uno de los diez afortunados.

El fedatario, descendiente de la familia de abogados que ya había redactado el testamento de Robinson Crusoe, nos convocó en la casa. Ello nos brindó la oportunidad de visitar previamente los edificios y las fincas circundantes. Al atardecer, aun con las luces del crepúsculo, se dio lectura a la propuesta valorada de las propiedades, según el criterio de los abogados, siguiendo las leyes de Inglaterra y no las de Gran Bretaña.

Cuando visité las dependencias, me sorprendió el contraste entre el buen estado de las dependencias y el desorden reinante en el interior de estas; algunas puertas permanecían abiertas; las salas y las habitaciones, hasta entonces llenas de muebles y estanterías y con centenares de libros, aparecían prácticamente vacías. Recordaba que, de algunas visitas anteriores, los muebles antiguos, hechos a mano, tenían la insignia de la familia grabada en la noble madera de roble. Las estanterías habían estado llenas de libros de medicina, de religión, de biblias y de documentos antiguos, relativos a compras y ventas de animales, de grano y de otras actividades, propias de un lugar que había pasado por diferentes etapas: granja, residencia, centro de cuidado de animales y finalmente residencia familiar. Muchos estaban esparcidos por tierra sin orden, algunos destrozados, y entre ellos, libretas múltiples con hojas desprendiéndose de las mismas. Un desastre cultural o al menos familiar.

Al quedar la casa desocupada, antes de que algún familiar hubiese podido cerrar y atrancar las puertas adecuadamente, los vecinos de las aldeas próximas la desvalijaron de todo lo que tenía valor: muebles, vajilla, cuadros, objetos de decoración, obsequios de diversas partes del mundo, recuerdos de familia, regalos de pacientes y amigos, relojes de pared y objetos de escritorio, entre ellos. Los desalmados buscaban, con toda seguridad, algún tesoro escondido, dinero, bonos, oro, plata entre los libros o en las anchas paredes de un metro, que no sabemos si encontraron. La casa, edificada toda ella en piedra, presentaba realmente muchos escondrijos.

Entre las destrozadas vitrinas, estanterías y libros había una especie de libreta que me llamó la atención por el color amarillento de su tapa. Tenía las puntas raídas y las hojas interiores dobladas en las puntas, pero intactas. La escritura manuscrita y su poco atractivo aspecto no debían haber atraído el interés de los ladrones. La guardé cuidadosamente en la maleta. Yo había recogido unos libros muy antiguos de medicina, con anotaciones en los márgenes y alguna Biblia, con gruesas tapas marrones, carcomidas ligeramente por insectos. Había también libros de lectura de autores desconocidos; ¿prohibidos?

Me gusta tener recuerdos de la familia y por ello salvé los que me parecieron más interesantes, más antiguos o menos usuales. Intento transmitir a mis hijos ese amor a la familia y a sus pertenencias, y en especial a los libros y escritos personales. Reunir algunos de aquellos bienes me proporcionaba la ocasión adecuada para incentivarlos a valorar las pertenencias familiares, que eran historia de la calle, no la interpretación de los escritores posteriores. Recogí todas las hojas manuscritas desprendidas de las libretas como si fueran tesoros. Me detuve a leer las primeras páginas de una libreta de tapa amarillenta. Me sorprendieron las primeras palabras: *«Soy Robinson Crusoe, deseoso de conocer mundo, naufragué…»*.

Una primera lectura rápida, en oblicuo, en el viaje de regreso a Londres, me indujo a desear compartir todo el contenido de las notas con mis hijos. Conocer la vida de un antepasado era siempre interesante y aprovecharía para enseñarles los principios económicos que Robinson, sin conocerlos, parecía haber aplicado tan acertadamente, utilizando el sentido común. Las notas escritas parecían recoger los principios de la ciencia económica, medio siglo antes de la aparición de la obra del escocés A. Smith, reconocido padre de esta. Una segunda lectura, pausada esta vez, me aportó nuevos valores de las notas y reflexiones de Robinson. Contenía muchos valores personales y sociales, detalles de la historia de varios países y de la importancia de la amistad, del trabajo, del conocimiento y de la educación. También algunos elementos de ficción y de libros poco divulgados.

Robinson empezó a escribir sus notas poco después del naufragio en el Caribe. Siguió escribiendo sus aventuras de su viaje a la China y la travesía por Siberia y reflexiones para mejorar el mundo. Amplió las explicaciones de sus posteriores aventuras en hojas agregadas más tarde, en la tranquilidad de la granja. En realidad, no eran escritos bien organizados; tenían anotaciones en los márgenes, aclarando acciones que fue recordando más tarde y decisiones improvisadas que había tomado. Aparecían notas posteriores aclaratorias, pero nunca rectificativas del escrito primero. Las notas eran fidedignas del estado de ánimo del momento en el que escribía.

En la novela que encuentra el lector, se suele seguir el orden cronológico de los acontecimientos para hacer más asequible la comprensión de la evolución del propio personaje. El cuaderno amarillento empezaba de la siguiente forma:

Soy Robinson Crusoe, deseoso de conocer mundo; naufragué en mi primera salida al mar, en mi primera aventura. Mi familia, originariamente de Bremen, de nombre Kreuzer, se modificó y convirtió en Crusoe, costumbre inglesa de alterar los nombres extranjeros. Mantuvimos el nombre de la familia de mi madre, Robinson. De regreso de mis viajes, desventuras e infortunios y de mi enriquecimiento en conocimientos y en dinero, ya ubicado en Bedford, en la propiedad que compré, me retiré del bullicio de Londres y del mar, y trato de completar las notas de mi diario en la «isla», añadiendo las de Indochina y China, la azarosa travesía en el territorio mongol y en Rusia. Incluyo algunos de los muchos conocimientos adquiridos sobre los diversos países visitados, el país de las especies, China y Japón. Reflejo los sorprendentes cambios ocurridos en Inglaterra en mis largas ausencias; Inglaterra se ha convertido en Gran Bretaña y en una potencia marítima y Londres en una capital con edificios construidos de piedra.

He logrado reunir una pequeña fortuna, que podía haber igualado y superado sin tantas desdichas y calamidades de haber seguido el consejo de mis padres y dedicarme a las leyes o al comercio, como mi padre. Les hubiese evitado, a ellos y a mí, la tristeza que me acompañó gran parte de mi vida, a pesar de mi cumplido deseo de ver mundo y mi riqueza.

¿Volvería a decidir lo mismo? Con toda *seguridad, sí; no renunciaría a mi sueño. No podía olvidar el encuentro con un sabio chino, que, tras relatarle mis desventuras y preguntarle cómo tomar decisiones correctas sobre la trayectoria de la propia vida, respondió:* «¿Qué hubieras pensado de ti mismo, a la edad de 75 años, si cuando eras joven no hubieras intentado lograr tu sueño?» *Sin dudarlo, pensé que me arrepentiría.*

PARTE II

PARTE II

CAPÍTULO 1.
MI MOTIVACIÓN DE «CONOCER MUNDO» DECIDE MI VIDA

Los incentivos dirigen la acción

Corrían los años finales del siglo XVII en la ciudad de York, donde mis padres residían después de un corto periodo en Hull, tras el traslado desde Bremen, su ciudad natal. Mis dos hermanos mayores desaparecieron para la familia, el uno en Dunkerque contra los castellanos, en las guerras de Flandes; el otro, soldado, desapareció sin dejar rastro. Quedaban dos hermanas y dos sobrinos del hermano mayor. Mis padres me dieron una buena educación, por más que, aun siendo niño, mi mayor sueño era conocer mundo. Yo no deseaba estudiar Derecho o ser comerciante como mi padre, pero aprovechaba las enseñanzas de la escuela; me gustaba aprender todo tipo de cosas prácticas. Mi única profunda motivación era conocer mundo. No era una necesidad económica, era un deseo, como suele pasar con muchas personas que no han sufrido penalidades ni hambre. Yo tenía unos padres que disponían de un respetable patrimonio, obtenido de su trabajo constante, de sus actividades comerciales y de algunas pequeñas rentas. Yo había vivido despreocupadamente y tenía muchos pensamientos ociosos, hasta que llegó el momento que sabía que llegaría y había estado temiendo. Mi padre me llamó a capítulo en su despacho, donde casi estaba confinado por su artritis, y me dijo:

—Hijo, es hora de que elijas una profesión. ¿Qué quieres hacer? —preguntó. Tuvo que repetir la pregunta.

—¿Qué quieres hacer? —insistió.

—Marino, quiero conocer mundo —respondí.

Mi padre se quedó paralizado, protegido al otro lado de la mesa de su despacho. Transcurrieron unos momentos, que me parecieron eternos. El silencio embargó el ambiente, tras el cual mi padre continuó argumentando para hacerme entrar en razón. La estancia, oscura, con ventanas no demasiado grandes para protegerse del frío, llena de estanterías con libros y libretas que contienen el detalle de las transacciones comerciales y otros documentos, me pareció que se expandía y me convertía en un diminuto e invisible personaje. La voz de mi padre devolvió al entorno la dimensión normal y a mí al problema de responder.

—Somos una familia común —dijo mi padre—. Tú también lo eres y no te corresponde ni intentar proezas muy altas para hacerte famoso ni dedicarte a las actividades más bajas. Los de altas funciones acaban deseando no haber nacido con esa obligación y, en el otro extremo, se encuentran los que carecen del bienestar mínimo. La felicidad se alcanza mejor en el medio, entre los extremos; no deberías querer salir de tu estatus.

Mi anciano padre me exhortó gravemente, aunque cariñosamente, a no actuar como un joven sin recursos ni familia; insistió en no intentar salir del nivel social al que pertenecía. Insistió en que él haría todo lo posible para que tuviera una vida agradable y satisfactoria. «Mira tus hermanos: uno murió en la guerra, en Dunquerque, y el otro no sabemos lo que le ocurrió. El comercio y las actividades mercantiles aumentan sin cesar y, como abogado, se tiene prestigio y trabajo».

El silencio volvió a impregnar la sala.

—Ser marinero no es una profesión, sino casi piratería —susurró.

—¡…!

Me previno sobre lo solitario que estaría y la imposibilidad de recibir ayuda de su parte[1]. Mi padre dejaba transcurrir un lapsus de silencio entre argumento y argumento. Tras un largo momento, sin que ello me hiciera recapacitar, compungido de pesar, mi padre no pronunció ni una palabra más. Le caían las lágrimas, goteaban por la cara sobre su ropa. En aquel momento supe, sin lugar a duda, que sería difícil que me diera su autorización para ser marino. Y me afectó tanto que decidí no contrariarlo y no convertirme en un expatriado marinero.

Acababa de producirse uno de los momentos cruciales de mi vida; me ponía en la tesitura de hacer una elección difícil: escoger entre lo que deseaba, renunciando a la alternativa de una vida tranquila, o seguir el camino deseado. No fui capaz de decidir. Dejé de lado mis sentimientos por la emoción del momento y renuncié a mi sueño. La duda ganó el momento.

En los siguientes días, me esforcé por abandonar mi deseo, intentando doblegar mi motivación a conocer mundo. No quería ver sufrir a mis padres. Pensé, una y otra vez, en el transcurso de las siguientes semanas, en ese encuentro, en las palabras de mi padre y en mi futuro. Lo que yo proponía y deseaba era un camino inseguro; tenían razón mi padre, ellos no podrían ayudarme de ninguna forma, estaría solo y pasaría muchas penalidades. Si regresaba del intento, fracasado, tras la aventura, nadie valoraría mi esfuerzo, excepto ellos, que querrían ayudarme. Mi padre había insistido en que estaba ante la disyuntiva de una vida feliz, tranquila y sin problemas de recursos, como abogado, o decidir por la de un futuro incierto,

---

1   «Palabras proféticas» escribió en una nota al margen.

lleno de calamidades y de riesgos[2]. Mi motivación decreció temporalmente, resurgió una y otra vez, aunque intentaba dominarla.

Transcurrió un año; intenté seducir a mi madre para que me ayudara a convencer a mi padre. «Solo una vez —dije—. Si me autoriza a navegar, al menos una vez, me comprometo, si no resulta bien, a regresar y estudiar leyes u otra cosa».

Todo fue inútil. Mi madre no secundó mi idea. Cuando estaba en el límite de mi resistencia y ya me sentía derrotado, mi sueño regresaba a la mente. Un día, de forma imprevista, viajé a la costa, sin la decisión de enrolarme. Sentía el dilema como un desgarro interior. Fuera cual fuese mi decisión, me sentiría abrumado.

Las circunstancias y los acontecimientos dibujan la trayectoria

La suerte —o la desgracia, pensaría muchas veces en el futuro— hizo que me encontrase un amigo de la escuela que incrementó mi deseo y me persuadió a embarcarme.

—La única salida es la fuga; yo te ayudaré —dijo.

Me facilitó el dinero que necesitaba. Me presentó al capitán, su padre, sin decirme que lo era, el cual aceptó llevarme en su barco sin pagar pasaje. Con los inconvenientes materiales superados, sin dinero y sin bienes, exceptuando lo que llevaba puesto, me decidí. Me iba sin atender los prudentes consejos de mis padres. Las circunstancias eran favorables a mi elección de ser marinero.

—Y ahora que tienes todos los medios disponibles para cumplir tu objetivo y tu sueño, ¿estás decidido? —preguntó mi amigo.

—¡Estoy decidido! —respondí.

Y así inicié mi viaje, sin bendición ni permiso de mis padres y sin haberlo decidido previamente. Me he arrepentido muchas veces de aquella decisión tomada de forma improvisada. El presagio de que me sentiría infeliz y desgraciado se cumplió durante muchos años y «*el pesar de abandonar a mis padres todavía perdura*». Yo disponía de una sólida formación básica, de un deseo, de una oportunidad, de unos medios y de la voluntad de conocer mundo. Me embarqué, aprovechando el cúmulo de circunstancias favorables que se cruzaron, simultáneamente, en mi camino. Mi deseo, como muchos otros deseos, es ilimitado y nada tiene que ver con las necesidades. No podría explicar de dónde procedía mi deseo de ver mundo. Quizás de la lectura de Odiseo, aunque las historias eran suficientemente terribles como para pensar que podría superar tantos obstáculos.

Viajar apareció en mi niñez como un deseo superfluo; se fue convirtiendo, se transformó en un hábito mental y finalmente quedó fijado indefinidamente en mí como una necesidad que decidió mi vida. Mi amigo proporcionó los medios nece-

---

2   Las dudas me dominaban

sarios para que me convirtiera en marinero sin considerar las repercusiones.

Participé en los preparativos para la botadura del barco, la carga en cubierta, el amarre de los paquetes y muchas más actividades de las que no recuerdo los detalles, puesto que yo estuve la mayor parte del tiempo ayudando en la bodega a colocar bultos en el rincón que me indicaron. El proceso me pareció un poco caótico; nadie me explicó cómo debía colocar exactamente la carga.

CAPÍTULO 2.
LA ALIANZA DEL MAR, EL VIENTO
Y LA TORMENTA CONTRA MIS SUEÑOS

Las decisiones tienen un coste de oportunidad

Salimos del puerto de Hull, situado en el estuario del Humber, a principios de septiembre, en un nublado día con aparente calma en el mar. Al poco tiempo de iniciar la navegación, nos encontramos sumidos en el corazón de un temporal que zarandeaba peligrosamente el barco. Empecé, simultáneamente, a tener miedo y a arrepentirme de mi decisión de navegar, pensamiento magnificado con el recuerdo de las reflexiones que me transmitió mi padre. Averigüé entonces, por los comentarios de los marineros veteranos, que el estuario estaba frecuentemente visitado por las mareas del mar del Norte, muy vivas a principios de primavera y otoño y violentas en la desembocadura de los ríos Ouse y Trent. Paradójicamente, conocer esa realidad me tranquilizó.

La calma volvió al océano y superé mis temores, que inculcó a mi maltrecho ánimo una desconocida inquietud que los bonitos colores del atardecer y el artístico espectáculo no lograron disipar. La estrellada noche formaba una bóveda de estrellas, que descendía sobre las tranquilas aguas, otorgando la sensación de estar en un resplandeciente desierto. Contemplando tal espectáculo, la pasada tormenta era un espejismo, un fenómeno mental de mi inexperiencia. La noche fue cediendo espacio a un amanecer de colores suaves, bañando un océano tranquilo y un viento favorable que acrecentaron el deseo de ver mundo y revirtió mi ánimo, transformando lo que perduraba de incertidumbre e inquietud a eufórico. Los pensamientos de regresar a casa de mis padres y mi nula experiencia en el mar se diluyeron en el espectáculo de la naturaleza. La invitación de mi compañero de escuela a beber alcohol me infundió una energía inesperada.

—Esto no ha sido una tormenta, solo ha sido una pequeña marejada que cualquier barco supera sin dificultad —dijo mi compañero.

—No tuve esa impresión ayer —balbuceé.

Continuamos la navegación, con carga llena y mar en calma. A la semana de la travesía, las condiciones del mar empeoraron; el barco volaba sobre las grandes olas, vapuleado por corrientes marinas en todas direcciones, sometido a vientos huracanados, erráticos; un segundo en una dirección; al siguiente, en otra. El barco estaba en lucha permanente con la naturaleza. Nos vimos obligados a anclar en Yarmouth Roads. No nos adentramos en el río, decisión que hubiese sido más prudente, ya que el capitán se sentía muy seguro de su barco. La tormenta se fue transformando en tempestad; la lluvia y las olas caían sobre cubierta como una catarata, con gran virulencia; el viento arreciaba paulatinamente, nos obligó a echar la segunda ancla de salvación, alargar los cables, sujetar la mercancía, a la vez que nos preparamos para lanzar al agua todo lo que pudiera ayudar a aligerar al barco y continuar a flote. Por mucho que combatimos, el agua inundaba todo, los esfuerzos eran inútiles, las olas nos acariciaban brutalmente por encima, por los lados, por debajo, levantaban el barco hacia el cielo, nos abrazaban, arrastrando lo que encontraba en cubierta, enviándolo al mar. Hasta el capitán rogaba a Dios misericordia pidiendo que evitase el hundimiento. Los marineros no descansaban. El capitán se vio obligado a dar la orden de cortar el palo del trinquete, el mástil y el palo mayor, que dejó la cubierta vacía, como un campo que hubiese sufrido la plaga de langostas gigantes que hablaba la Biblia. El caos era total, no había una actividad que fuera efectiva.

Se hundió el castillo de proa, el barco comenzó a hacer agua, trabajamos en achicarla, pero sin conseguir reducir el nivel, que subía y subía. El capitán mandó disparar algunos cañonazos en demanda de ayuda. El barco escoró por el movimiento de la carga, mal distribuida en las bodegas. Algunos barcos ligeros capeaban mejor la situación; otros permanecían en el abrigo del puerto. Un barco cercano lanzó un bote al agua, en el que pudimos embarcar con la ayuda de los marineros, con riesgo de sus vidas. No pudimos ni mantenernos ni acercarnos al buque, por lo que nos vimos obligados a navegar oblicuamente a la costa, medio a la deriva y medio a remo, hasta encontrar un entrante protegido. La embarcación logró entrar en Winterton Ness. Desde allí vimos cómo nuestro barco, con gran estruendo, era engullido por el mar. Sufrí la impresión de que nunca había existido.

Deseaba despertar; la turbación que me embargaba me impedía entender la realidad. Estaba empapado, la ropa pesaba mucho, casi no podía mantenerme de pie. Logramos desembarcar. Los marineros, alegres por estar en tierra firme, lanzaban vítores al aire. Regresamos a Yarmouth; sus gentes nos acogieron bien, autoridades, ciudadanos y marineros nos ayudaron y socorrieron, incluso con dinero, para que la tripulación pudiese volver a Londres o su lugar de origen.

Escuché una voz, un grito, un bramido que me paralizó.

—Robinson, ¡no vuelva a embarcarse! ¡Ha sido un aviso de lo que le puede acontecer! —dijo el capitán en tono airado. Su hijo le debió haber explicado mi decisión de embarcarme sin la bendición de mis padres.

Aquellas palabras martillaban mi pensamiento desde que inicié el largo camino de regreso a Londres, dispuesto a regresar a la casa de mis padres. La idea de que toda decisión tiene un coste de oportunidad perdida ocupaba mis pensamientos.

A medida que transcurría la jornada, volvieron a aparecer mis dudas. ¿Volver a casa? Los vecinos se reirían de mí. De nuevo, los deseos y la racionalidad se separaron; esta se esfuma fácilmente. Olvidé la tormenta, el miedo, las palabras del capitán, el verme muerto en el mar y decidí embarcarme de nuevo. Una vez tomé la decisión, me hice consciente de los vaivenes y del traqueteo del carruaje. Deseaba «conocer mundo». ¡Qué irracional puede ser el comportamiento! Preferir volver a correr el riesgo por no reconocer errores. ¡Qué necio se puede ser! La falta de información, la incertidumbre de lo que me esperaba y el no considerar los riesgos me hacían tomar decisiones sin calcular las opciones. Mi padre me había insistido, desde mi infancia, que antes de decidir una alternativa, fuese sobre un negocio, por pequeño que fuera, u otra cuestión, debería tener en cuenta el riesgo, considerar los aspectos positivos y los negativos antes de tomar la decisión final, mirar todo con una visión amplia; «esférica», me decía. Solo entonces podrás estar seguro de escoger la decisión más adecuada, según las circunstancias del momento y consideraciones del futuro. Ahora percibí que existía riesgo y capté el mensaje.

El azar, estando en una taberna en Londres, volvió a reorientar mi destino. Me topé con un capitán que, tras larga conversación, me invitó a navegar con él a cambio de hacerle compañía. Me propuso que comprara algunas baratijas para poder comerciar en Guinea, que era el nombre que se le daba al comercio con África. Navegué varias veces con el capitán, del que aprendí técnicas de navegación, matemáticas y geometría. Adquirí habilidad para llevar el diario, calcular la longitud, la latitud y entender el compás. Adquirí cierta competencia en orientación de día y de noche, entender sobre las mareas, sobre la calma y las tormentas, sobre los vientos y los cambios bruscos de las condiciones del mar. El capitán disfrutaba enseñando y yo aprendiendo.

Me instruí ligeramente en negociación comercial y, como mercader, obtuve unos pingües beneficios. Con mis bagatelas, cuchillos, espejos, platos decorados y ropa de colores pude entrar al intercambio con proveedores de oro. Había muchos pequeños ofertantes; algunos negociaban solos, otros eran dos o más; los unos parecían tener experiencia en los tratos, los otros eran novatos como yo. Algunas de las cosas que yo ofrecía tenían más aceptación por la cantidad de demandantes que parecían estar interesados. El capitán me advirtió que los más expertos eran muy hábiles y se hacían pasar por novatos para conseguir mejores tratos. Era un conjunto de factores que influyen en la negociación. Fui aprendiendo rápidamente con la ayuda de los otros comerciantes.

Del trueque, con mis primeras incursiones en el comercio con los indígenas de cada lugar, pude reunir una decena de libras de polvo de oro, que vendí en Londres por un centenar de libras. Los fáciles beneficios completaron mis deseos de ver mundo y añadí, de este modo, un nuevo incentivo a mis deseos: aprender a comerciar. La facilidad con la que había conseguido unos pocos ingresos me engañó; olvidé los riesgos y los costes acumulados para lograr aquellos rendimientos. Mi ignorancia me llevó a concluir que podría obtener el mismo nivel de rendimientos en toda transacción. No calculé ni los costes ni los riesgos inherentes al transporte del viaje ni el de perder la propia vida.

Ofrecer un producto, esperar que el otro te haga la contraoferta, volver a dar un precio, algo más bajo, sabiendo que está muy por encima de la cantidad por la que estarías dispuesto a venderlo, produce un efecto en el ánimo, positivo y negativo al mismo tiempo. Para mí, obtener un poco más de oro no era demasiado importante; para el comprador, podía significar la posibilidad de disponer de un bien que le mejoraría la vida y le generaría una satisfacción por cubrir una necesidad. En algunos casos se lo vendí al demandante que me caía más simpático o al que veía más necesitado del bien y no al mejor postor. No tenía una estrategia prevista y completa.

Esclavo en África

En uno de los viajes a Guinea, el capitán-profesor cayó enfermo de «fiebres» y murió.

Se hizo cargo del barco el primer oficial y la suerte dejó de acompañarme. En el primer viaje, el mar me cobró su tributo. Navegamos en dirección a Canarias, donde un barco pirata —más tarde supe que era corsario[3]—, con dieciocho cañones y con muchos más hombres que nuestra tripulación, nos persiguió a todo trapo con sus velas desplegadas. El capitán nos dijo que la defensa solo serviría para salvar el honor, pero no la vida, ni el barco ni la mercancía; eso quedaba fuera de nuestras manos. El bajel pirata era más rápido; si intentábamos escapar, nos darían alcance y moriríamos matando en el enfrentamiento. Hicimos el intento; sin enfrentarnos, los piratas nos dieron alcance, nos abordaron y, después de una corta lucha, en la que cayeron muertos y heridos algunos marineros, desfilamos delante del capitán turco. Capté una cruel mirada, que me paralizó. El temor al destino que me esperaba, el frío, el dolor y sus palabras me estremecieron profundamente.

—¿Sabéis lo que haré con vosotros? —dijo—. Los muertos, al mar; los vivos que conserváis las fuerzas seréis vendidos como esclavos en el mercado; a los demás, los intercambiaremos a los indígenas. Uno se quedará de esclavo conmigo para reemplazar al que he perdido hace unos días.

—¡Tú, el joven fuerte! —chilló el pirata—. ¿Cómo te llamas? —Me señalaba.

—Robinson —pude balbucear.

---

3   La diferencia entre pirata y corsario es que estos últimos robaban buques de otras naciones para el país que los protegía.

—Me perteneces, me servirás —dijo—. Si piensas en escapar, tu cabeza rodará por cubierta. Soy un amo difícil de satisfacer.

Esas atroces amenazas compitieron con la idea, no menos horrible, de ser esclavo o ser vendido en el mercado o entregado a los indígenas.

Han transcurrido dos años de cautiverio, que no han sido tan horribles como esperaba, excepto por la falta de libertad. Los meses en tierras extrañas me permitieron conocer y adaptarme a las costumbres, y obtener el privilegio de aprender y salir a pescar habitualmente[4]. Nos acompañaba un esclavo negro, llamado Xuri, que se hizo mi amigo. Era un chico alegre de doce años que, secuestrado en África Central, era siervo en la casa del pirata. Yo cuidaba del jardín, de la casa, de las cosas usuales que un sirviente doméstico realiza: abrir las puertas a los invitados, recoger sus ropas a la entrada, servir las bebidas y otras actividades relacionadas con las visitas.

En muchas ocasiones también ayudaba a pescar. La pesca la hacíamos con la pinaza, siempre bajo las órdenes del pirata, en especial en los largos periodos en que no salía a piratear con el barco. Adquirí conocimientos y habilidades, a los que, sin comprender totalmente, les dediqué mucho esfuerzo. Pensé entonces que me servirían en un futuro. Las visitas al puerto moro de Sallé y sus mercados me brindaron oportunidades para asistir y escuchar sobre el funcionamiento de actividades muy diversas, desde cómo organizar las despensas de una vivienda hasta hacer cultivos de arroz. En una ocasión en la que navegamos en la pinaza, escuché que en aquella ocasión era preferible pedir rescate por la tripulación que hacer cautivos esclavos. No pude averiguar de qué personas se trataba, pero eran blancos de Europa.

Poco tiempo después de ser capturado, Xuri me explicó que sería muy fácil escapar en la chalupa, situada a estribor del barco. Me desconcertó su propuesta de escapar, que coincidía con uno de mis objetivos básicos, a pesar del temor de ser colgado en el barco pirata. Me percaté de que era necesario desligar la chalupa y bajarla al agua, cosa esta casi imposible por dos motivos: hacerlo sin ser vistos y la fuerza que requería. El pirata de Sallée con frecuencia me permitía acompañarlo a pescar, ya que le pareció que mostraba habilidades para ello y tenía suerte en las capturas.

Visitamos mercados en los que se comercializaban todo tipo de bienes: esclavos, alimentos, herramientas, armas y otros bienes desconocidos para mí. Fui testigo de negociaciones en el mercado, productos para la casa y esclavos, negros y blancos, cautivados en las incursiones en las tribus, por parte de bandidos escapados de la justicia de otros países, de capitanes de barco y marineros apresados en los abordajes en el mar y que lograron escapar.

---

4   Salir a navegar era una actividad con grandes ventajas: aprender y tener la opción de escapar.

Aprendí, o así lo creí, sobre el mecanismo de fijación del precio de los esclavos, sobre el valor de las monedas, sobre el comercio de grano y también sobre el trato entre personas y las reglas no escritas de negociación. No se conseguía el mismo precio por la mañana temprano que a última hora, ni si comprabas un solo esclavo o varios; el precio de los alimentos dependía de la cantidad que comprabas, también el ser un comprador habitual o esporádico. Muchas cosas influyen en el precio final; incluso me acostumbré al agotador regateo, imprescindible en cualquier trato. Los silencios eran tenidos en cuenta, la posición del cuerpo, la expresión de los labios, la reacción del otro a mi propuesta, la presencia de otros compradores de mayor prestigio o importancia. Me sorprendió comprobar que se hacían compras de cosechas de futuro. Un compromiso de comprar toda la cosecha del año siguiente a un precio establecido anticipadamente. El riesgo había pasado a ser un aspecto que había introducido en mis decisiones.

Pude observar que cada parte de la negociación establecía unos límites de precio —máximo y mínimo— que le permitían intuir los límites de negociación del otro. La transacción se desarrollaba mientras los intereses de los negociadores coincidían en un tramo central de las posiciones propias. El negocio se cerraba cuando ambos creían que ya habían alcanzado el punto en el que obtenían ganancia y permitía que la otra parte lograra parte de lo deseado. Había visto, en alguna ocasión, que después del trato, una de las partes, el ganador, renunciaba a una parte de su ventaja y la cedía al otro. Era un regalo que creaba relaciones de confianza.

En el transcurso de mi cautiverio había planeado diversas veces y cuidadosamente la fuga y otras tantas había desistido por creerlo imposible. Una circunstancia coyuntural y extraordinaria me brindó la oportunidad de volver a pensar en ser libre.

La ocasión para preparar la huida surgió en una de las salidas en la que había acompañado a pescar al pirata, no muy lejos de la costa. Aquel día, de improviso, el mar se cubrió de una densa niebla y nos cegó totalmente. Sin viento ni ruidos, remamos todo lo que quedaba de día y toda la noche. Ya bien entrado el amanecer del día siguiente, el patrón se dio cuenta de que habíamos remado mar adentro. Le comenté a Xuri, me aseguré de que el pirata, lo oía, la conveniencia de llevar siempre instrumentos de navegación y algunos alimentos para situaciones extremas, como la que estábamos viviendo. Al regresar al puerto, el pirata mandó, al carpintero del barco, construir una cabina en medio de la embarcación, para ubicar ciertos utensilios de navegación, dejando espacio en la parte trasera para manejar el timón y las escotas. Adecuó la cabina con una mesa, un espacio para dormir uno o dos esclavos y cajones para botellas de licor, café, arroz y otros alimentos.

Unas semanas más tarde del incidente de la niebla, el pirata que solía invitar a ciertos amigos a un paseo en la pinaza para pescar y comer, ordenó preparar las cosas necesarias para ello, como en anteriores ocasiones. Llenamos la pinaza con gran cantidad de víveres, agua y bebidas; las armas las transportaban a la pinaza en el mismo momento en que embarcan. Por razones desconocidas para mí, a última hora el pirata decidió no salir a la pesca, quizás por no tener tiempo para navegar y pescar o por otras razones urgentes. El pirata nos indicó a Xuri y a mí que fuéramos a pescar. Nos acompañaba un joven moro, pariente del pirata. Era la ocasión para intentar liberarnos. Intentar la libertad estaba al alcance. Había previsto, desde hacía meses, todos los detalles. Lo más importante eran los víveres para una travesía que no sabíamos cuánto podría durar. Necesitábamos algunas armas, pólvora y municiones; convencí al joven moro para que trajese una bolsa con armas y lo necesario para intentar cazar algún pájaro, que sabíamos que le gustaba al pirata y sus amigos. Habíamos tomado, con Xuri, secretamente, cuerdas, cera, una sierra y un martillo.

Navegamos alejándonos de la costa, con la excusa de que necesitaríamos pescar mucho para tantos invitados previstos. En un momento en que estaba inclinado sobre la cubierta, ayudé al joven moro a dar una cabriola por encima de la borda, agarrándolo por los pies. Era buen nadador, intentó subir a la chalupa; se lo impedí amenazando con que si insistía en ello le dispararía. Confiaba en que pudiera regresar a tierra sin problemas. ¡Habíamos conseguido dar el primer paso a la libertad, aunque quizás no podríamos sobrevivir a la aventura! La planificación nos permitió aceptar el riesgo por la libertad.

Navegamos ininterrumpidamente día y noche, ya que el viento soplaba al noreste, lo que nos disuadió de intentar alcanzar la bahía de Cádiz. Lo más urgente era salir de los dominios del rey de Marruecos, del que el pirata era vasallo.

En las muchas horas de calmada navegación, tuve tiempo para pensar en lo que había sido mi vida aquellos dos años. Como esclavo había aprendido cosas que, en ocasiones, pensé que nunca iban a serme de utilidad. Las normas de comportamiento pirata, las reglas de reparto del botín, la aceptación de la disciplina y lealtad, los castigos previstos para los incumplidores o traidores. Sin embargo, todo conocimiento es útil en algún momento de la vida; se integran.

Escuché todo lo que me fue posible durante el periodo en que he sido esclavo; me sirvió de distracción mientras lo era y me permitía ahora transformar cada idea en acciones útiles. Daba gracias a mis padres por haberme insistido y facilitado el aprendizaje en la escuela, aunque no aproveché todo lo que era posible. Los conocimientos adquiridos en aquellos días me permitían sacar provecho de la experiencia de cada actividad y planear soluciones a mis problemas. Los conocimientos ejercían un gran efecto sobre mi autoconfianza para buscar y encontrar soluciones a situaciones imprevistas.

Tras varias semanas de bonanza absoluta, sin agua, sin víveres, exhaustos, quemados por el sol, desconociendo dónde nos encontrábamos, convencidos de que íbamos a morir, divisamos tierra. Debía de ser el decimoctavo día. A medida que nos acercábamos a la costa, distinguimos gente en la playa, mujeres, hombres de color muy negro; uno de ellos era portador de un largo palo. El número de ellos iba aumentando a medida que nos acercábamos a la playa. Desconocemos si son tierras habitadas por caníbales. No nos atrevemos a desembarcar, aunque necesitábamos víveres. Al acercarnos y situarnos a escasa distancia, pude distinguir que lo que parecía un palo era una larga lanza; Xuri me insistía en que era gente muy diestra y que las lanzaban a gran distancia. Mantuve el bote prudentemente alejado. La intuición me decía que parecían pacíficos; la presencia de mujeres y niños ayudaba a mi percepción. Los demás miembros del grupo no llevaban lanzas. La alternativa de morir en medio del mar no era mucho más prometedora que caer bajo una lanza.

Nos acercamos poco a poco; los indígenas debieron de adivinar nuestras dudas y necesidades y, tras desaparecer un numeroso grupo, regresaron y dejaron sobre la arena lo que nos pareció comida, tras lo cual se retiraron al borde del bosque, alejándose de la playa. Obedeciendo mi orden, Xuri en un bote fue a recoger lo que nos pareció que debían de ser alimentos y regresó a la chalupa. Los indígenas, por grupos y lentamente, fueron regresando a la playa. Repetimos el proceso varias veces; nos proveyeron de comida y agua con lo que pudimos reanudar nuestra aventura. No les dejamos nada a cambio, pues no teníamos más que lo indispensable. Solo les saludamos con los dos brazos en alto, desplazándose de un costado a otro. Nos contestaron con los mismos gestos.

La suerte nos acompañaba; la intuición era también un elemento para tener en cuenta al tomar decisiones. A los nueve días del encuentro, divisamos algunas islas, que podían ser las de Cabo Verde, Senegal o Gambia, pero el viento nos alejaba de ellas y desistimos de intentar desembarcar. En alguna ocasión me pareció distinguir el pico de Tenerife, pero los vientos nos impidieron acercarnos.

La libertad

El onceavo día desde el encuentro con los generosos indígenas, Xuri empezó a gritar.

—¡Amo, amo!, ¡una vela a lo lejos!

Disparé la escopeta; debieron escuchar el sonido, que les permitió localizarnos. El barco se puso al pairo horas después. Los marineros se dirigieron a mí en varios idiomas, lo que supuse castellano o español [5], francés y portugués. No entendí todas las palabras, pero sí los gestos amistosos. Por suerte, había un marinero escocés[6].

---

5   Al decir *español* se refiere a personas que hablan el idioma, que, siendo castellano, se le conoce con el nombre español por la denominación de Hispania de los romanos. La creación de España tiene lugar en 1714. Es por ello por lo que hasta el regreso de las aventuras de Asia, Robinson no se refiere a España.

6   Inglaterra y Escocia eran naciones separadas; al unirse en la corona formarán la Gran Bretaña; por ello, Robinson distingue esta situación solo después de regresar de Asia; hasta entonces, se refiere a Inglaterra.

—¿Quién es usted? —preguntó.

—Soy inglés, he escapado de la esclavitud de los piratas moros de Sellé con este otro esclavo.

¡Lo insólito se había producido! ¡Estábamos salvados! Pensé en el regreso a Inglaterra. El barco no era muy grande, parecía robusto y navegaba muy ligero con viento a favor. Mi gran deseo era llegar a tierra firme. No sé lo que me espera en mi vida. ¡Libre, estoy libre!

PARTE III

PARTIE III

CAPÍTULO 3.
HACENDADO EN BRASIL

La generosidad del capitán portugués y su amigo

El cocinero nos dio de comer y los marineros nos proveyeron de ropa. Solo entonces, una vez presentables, el capitán del navío, portugués, nos hizo llevar a su presencia. Quiso conocer mis aventuras, que le expliqué con todo detalle, incluidos mis infortunios.

—Un triste comienzo —dijo el capitán.

—Cierto —dije.

—Actuar contra los deseos de tus padres, el hundimiento del primer navío en que te embarcaste, un paréntesis de éxito en Guinea y continuaste con la misma decisión. No creo que solo la vergüenza impidió que volvieras a casa de tus padres. Debes de tener alguna otra razón para continuar intentando conocer mundo —dijo.

Tras unos minutos sin poder articular una respuesta inequívoca, me aventuré a justificar una idea de la que ni yo mismo estaba convencido.

—Quizá, si no intentaba cumplir mi deseo de ver mundo, no podría ser feliz nunca, aunque tuviera una vida agradable, tranquila y sin riesgos imprevistos —dije—. No lo sé.

—Este argumento me parece más adecuado con tus decisiones —exclamó el capitán—. Parece una buena razón. Si alguien con un gran sueño de vida no intenta conseguirlo, probablemente siempre se sentirá frustrado. Si lo intenta y no lo consigue, le permitirá iniciar alternativas satisfactorias. Ahora ya puedes iniciar otro camino de la vida —dijo.

—Estoy dispuesto a iniciar una nueva vida en cualquier lugar —dije.

—Son sorprendentes las circunstancias de tu huida —murmuró en voz alta—. El pirata o corsario no pudo imaginarse que dejar a un esclavo navegar era un riesgo. No era tan terrible como imaginaste y tampoco debía suponer los conocimientos que tenías.

Las conversaciones con el capitán me daban confianza en mí mismo; veía en mí aspectos que yo no sabía ni conocía.

Tras unos días de navegación, ofrecí como pago de los gastos de manutención y rescate, las ochenta monedas de oro que llevaba conmigo, equivalentes a ochenta libras, y la embarcación con la que habíamos escapado.

—No necesitas pagar por el rescate. Al contrario, te ofrezco comprarte la chalupa por ochenta monedas de oro o el equivalente en libras, y te daré otras ochenta libras para que empieces la vida en Brasil. Ayudar en la travesía será vuestro trabajo.

No pude articular ni una palabra, pero le hice una reverencia.

—Con esa cantidad inicial podrás iniciar una nueva vida. Ya has pagado un castigo sobradamente duro por tu decisión de conocer mundo y no seguir los consejos de tus padres. ¿Quizás puedes esperar mejores condiciones en tu futuro?

—¡Mi futuro! ¿Qué futuro? Carezco de amigos, de fortuna, de trabajo y de oficio —exclamé.

—No desprecies a la Providencia —dijo—. Esa cantidad inicial será como el ahorro que te permitirá vivir durante un tiempo hasta que obtengas trabajo o tierras para cultivar y producir alimentos hasta la primera cosecha. ¡No todas las familias, y menos los aventureros, pueden empezar con unas cantidades tan elevadas como dotación inicial! Podrás sobrevivir mientras transcurre el plazo de adaptación, aprendizaje y preparación de una actividad productiva y el tiempo de recoger los frutos, pero no hagas como la «fábula de la nutria»; mantente siempre cercano[7].

—¿Actividad productiva? —exclamé, sin entender a qué se refería.

—Tengo un amigo en Brasil que tiene plantaciones, una fábrica de azúcar y muchas más tierras de las que puede cultivar. ¿Te gustaría intentar rehacer la vida allí? —preguntó.

—Me gustaría estar en tierra, ya he tenido suficiente de mar —contesté—. Toda opción que se me ofrezca será bien aceptada; procuraré aprovecharla sin escatimar esfuerzos.

—¿Sabes algo de plantaciones de café o de caña de azúcar? —me interrogó.

—No sé nada de café ni de azúcar, pero puedo trabajar y aprender —respondí—. He aprendido algo de la plantación de arroz y grano, sin experiencia directa.

—Mi amigo te facilitará el aprendizaje —dijo—. Con mucho trabajo puedes prosperar y acumular un pequeño patrimonio.

—Le estaré siempre agradecido por posibilitar la mejora de mi vida —le manifesté con emoción.

Transcurridos unos días, el capitán me hizo una propuesta sobre Xuri.

---

7   La nutria se quejaba de que podía pescar muchos mas peces de los que podía comer, pero no los podía guardar para el futuro, el gato montés se ofreció ayudarle, yo te los guardare para más adelante, le dijo. Cuando llego el momento el gato, que se había ido comiendo los peces, no pudo cumplir con el compromiso y la nutria se quedó sin su comida.

—Es un chico muy activo, voluntarioso, adaptativo y aprende con facilidad. Podría hacer de él una persona de provecho y convertirlo en buen cristiano —dijo. Evidentemente, se había percatado de que yo no podía, ni tenía intención de enseñarle religión.

—Le preguntaremos a él —respondí—. Si acepta, a los diez años como máximo deberá ser libre —dije. No encontré otra mejor forma de ayudar a Xuri, mi compañero de infortunio y salvación.

—De acuerdo. Si el chico acepta, sellaremos el pacto —dijo el capitán.

—Me avengo —respondí.

Llamamos a Xuri y le preguntamos si la propuesta de convertirse en siervo del capitán por un tiempo le parecía aceptable. Estuvo contento de poder servir al nuevo señor; nada comentó de la libertad a los diez años. No creo que entendiera exactamente qué significaba que a los diez años sería libre. Probablemente, no le sería fácil adaptarse a la situación en la que él mismo debería ganarse la vida. La costumbre de tener un lugar donde vivir, alguien que le organizara la existencia y lo mantuviese era, en cierto sentido, demasiado embaucador, cómodo y acorde con su vida anterior, coherente para quien no había conocido otro sistema de vida. Tampoco había captado la situación indigna de ser esclavo. El capitán lo cuidaría bien.

Con unas semanas de navegación, sin contratiempos, llegamos a Brasil, a la bahía de Todos los Santos. Yo tenía ilusiones renovadas, estaba motivado para iniciar una nueva vida. Disponía de recursos para ello: dinero, ganas de trabajar, la ayuda del capitán y la posibilidad de comprar parcelas a su amigo. El generoso capitán me había posibilitado el camino del futuro, material y espiritualmente.

Ante la próxima visita al amigo del capitán, el impacto emocional de conocer el gran país, la incertidumbre de cómo se desarrollaría el encuentro y mi escasa habilidad para tratar con personas poderosas formaban un conjunto de circunstancias que me mantenía nervioso, anhelante, y procuraba refugiarme en la compañía del capitán y su conversación ante los acontecimientos que preveía muy diferentes a lo conocido.

Me presenté ante su amigo, acompañado del capitán. Era una persona amable, cordial, afable en las palabras y en la mirada; me saludó con naturalidad, escuchó las explicaciones del capitán sobre mi vida, mis capacidades y mi voluntad de trabajar. Me animó a explicar por mí mismo las vicisitudes de la vida y mis sentimientos más allá de los hechos como rebelde hijo, como esclavo, como navegante frustrado y con mis escasas ideas sobre el futuro. Repetí con todo detalle los pormenores, mis dudas, mis deseos y mis nuevos conocimientos prácticos. Mi pesar por no hacer caso a mis padres me atormenta constantemente; mi debilidad por aceptar la propuesta de mi compañero de clase a embarcarme me hacía sentir vergüenza, que se acrecentaba al recordar que no regresé a casa de mis padres por temor a lo que dirían los vecinos. No había demasiadas decisiones de las que me sintiera orgulloso,

excepto la de intentar seguir mi sueño. Tenía el ánimo suficiente para iniciar una
nueva vida. Disponía de la decisión y capacidad para trabajar y ganarme mi sustento. La generosidad del capitán había reintroducido en mi espíritu los consejos de
mi padre y de mi madre. No podía volver a fallar. Tanto el amigo como el capitán
se interesaron por mis padres; fui sincero y honesto, tal como ellos dos lo eran
conmigo. Me sentía triste al recordar las lágrimas de mi padre. Con pesadumbre
les manifesté que prevaleció mi deseo de conocer mundo y olvidé su felicidad, pero
no pude decidir otra alternativa cuando las circunstancias y los medios jugaron a
favor de embarcarme.

Recibí amplias y claras explicaciones sobre el cultivo de caña de azúcar, el proceso de producción de café, el cuidado de las tierras y la necesidad de esclavos. Me
sentí abrumado; no tenía ninguna habilidad en el negocio de las plantaciones, ni
en el trato con la gente ni en negociaciones comerciales importantes. Contaba con
unos conocimientos básicos de mi formación en Inglaterra; había sido observador
de muchas transacciones y negociaciones en mi periodo de esclavo. Pero conocer
no es saber hacerlo, ni tener las habilidades para ello, y requería la capacidad para
organizar tantas facetas simultáneamente. Así se lo expliqué a ambos tras una larga
pausa.

—No tengo nada para ofrecerle y, no obstante, le solicito que me dé una oportunidad. Le aseguro que no dejaré quedar en mal lugar a su amigo y mi benefactor,
el capitán. No le defraudaré; con mis esfuerzos y los conocimientos, creo poder
aprovechar las ocasiones que se me brinden.

—Es un buen comienzo —dijo.

—No tengo, en estos momentos, suficiente dinero para comprar y pagar por
las parcelas de tierras —dije—. Puedo comprar a futuro. Con mi trabajo espero
poder vivir, pagar la deuda y cultivar las tierras. Con lo que tengo, gracias a la generosidad del capitán y una pequeña cantidad de dinero que dispongo en Londres,
procedente de la generosidad de mis padres durante mi vida con ellos, haré frente
a mis posibles deudas.

—Con la recomendación del capitán, mi amigo, lo que yo percibo de tu persona y tu educación me hacen confiar en tu éxito —dijo. El trabajo será el factor
decisivo de tu éxito o fracaso —puntualizó.

Estas palabras me otorgaron autoconfianza[8]. ¿Veían en mí cualidades que yo no
conocía? Y así fue como inicié mi vida de cultivador de café y azúcar; en fin, inicié
mi nueva etapa. ¡No quise ser abogado, ni comerciante y soy agricultor! Tiempo
después comprendí lo importante que resultó ser para la superación de dificultades
la confianza depositada por parte de los dos amigos en mis capacidades.

El amigo del capitán, Duarte Pacheco, fue muy generoso. Me ofreció y vendió

---

8   El trabajo y sus características forman parte de un proverbio chino: «La vida fácil hace
que la gente muera».

tierras a un precio estipulado fijo, con un recargo de interés simbólico que me hacía menos gravosa la carga de la compra. Me obsequió con las plantas y semillas más adecuadas, me explicó los principios básicos del mercado del café y del azúcar y la forma de cultivar uno y otro. Sobre el funcionamiento del mercado, capté solo parte de sus explicaciones. Me permitió observar cómo trabajaban sus esclavos. Mi voluntad de aprender y cumplir mis compromisos pudo con el desánimo de comprobar cuán difícil era hacer todas las tareas.

El amigo del capitán me permitió acompañarlo en algunas ocasiones al mercado, donde asistí a negociaciones entre las partes. Allí, acabé de entender el mecanismo de funcionamiento de los mercados de los diferentes bienes. En los mercados de alimentos o de productos de consumo se concentraban gran cantidad de compradores y vendedores y los precios de cada tipo de producto eran muy similares. La diferencia respondía más a características adyacentes a la función del bien que a la satisfacción de la necesidad alimentaria. La presentación, el estilo del vendedor, la relación más antigua entre comprador y vendedor, la colocación del vendedor cerca o lejos de los caminos principales eran factores que permitían ofrecer productos similares a precios diferentes.

Si coincidían muchos vendedores y pocos compradores en la oferta del bien, el precio bajaba y, a medida que transcurría el día y se acercaba la noche, el precio descendía un poco más. Si, por el contrario, los compradores eran numerosos y los vendedores pocos, el precio solía ser superior. Si eran productos muy necesarios, el precio no solía descender, aunque hubiese bastantes vendedores. Cada tipo de bien me permitía observar comportamientos diferentes de compradores y vendedores.

Las diferentes formas de esclavitud

El mercado de esclavos tenía unas reglas diferentes a los otros mercados de productos. Funcionaba por subasta a la baja o al alza. Solía ser un mercado en el que los vendedores eran pocos y los compradores más numerosos en relación con aquellos. Los compradores los utilizaban como animales; les hacían enseñar los dientes, la piel de todo el cuerpo, la edad y cualquier otro detalle que les pudiera indicar si estaban sanos o no. El vigor físico era importante; si eran mujeres en edad de procrear, los compradores ofrecían más cantidad. Pero no pude llegar a conocer todos los detalles del sistema.

El mercado de café y de azúcar era muy dinámico y de grandes volúmenes de transacciones. A mí, el amigo del capitán portugués me hizo las veces de una excelente y privilegiada escuela de formación y aprendizaje práctico. Sus comentarios y recomendaciones, sus útiles y pragmáticas decisiones, ayudaron en mi éxito como hacendado y a considerar en mis negocios el largo y el corto plazo. Cultivar tabaco, por su recomendación, por su menor tiempo de cosecha, me proporcionó recursos rápidos para mantenerte y dedicar los beneficios del azúcar a reinvertir en la plantación.

La vida era más satisfactoria de lo que podía haber imaginado en mi cautiverio. Me sentía esperanzado de reunir la renta suficiente para pagar la deuda de la compra de las parcelas, las compras de materiales para el cultivo, cubrir sobradamente el coste del transporte, la manutención de los esclavos y un buen remanente para la plantación. El relativo éxito no impedía que con cierta frecuencia me sumergiese en un decaído ánimo. Mi combinado fracaso en alcanzar mi sueño de viajar y conocer mundo y el recuerdo del disgusto de mis padres solía ser la causa. Estos momentos nostálgicos, por ventura, no afectaban a mis esfuerzos por mejorar mis actividades productivas y comerciales ni tampoco a mis relaciones sociales con otros hacendados más importantes que yo, en todos los sentidos. Escribí una carta a mis padres diciéndoles que estaba vivo, que mis ocupaciones no me permitían regresar a Inglaterra, pero lo haría en cuanto me fuese posible. No obtuve respuesta.

Mis encuentros con el capitán, Simao Oliveira, las largas conversaciones sobre los temas más diversos y el trato personal con otras personas de su entorno cubrieron parcialmente el punto de vista de la falta de familia. Las conversaciones versaban sobre el comercio, los riesgos de navegar, la piratería, los bucaneros, los corsarios, el trabajo de los esclavos y los grandes cambios que se estaban palpando en los países de Europa. Las relaciones con el capitán fueron manteniendo mi ánimo y, en cierto modo, me generaban felicidad. Mirar hacia el futuro era un incentivo muy poderoso para soportar los esfuerzos de hoy y tener esperanza de superar las barreras en el proceso de progresar.

Pensar en la diferencia entre la esclavitud que sufrí y la de los negros en Brasil, probablemente similar en el resto de América, me sumía en negativas reflexiones sobre la humanidad. Los grandes imperios habían basado su poder y su éxito de conquistas en la fuerza bruta y en el trabajo de esclavos. Lo que me parecía una anormalidad en América era considerar a los negros como animales, destinados a comer, dormir y trabajar. En cambio, en la experiencia propia, éramos tratados como personas, aprovechando las capacidades intelectuales y físicas. ¡Quizás allí los esclavistas sabían que ellos podrían llegar a ser esclavos algún día o los esclavistas estaban siendo más crueles!

Me sorprendió escuchar que, en el Caribe, los piratas tenían unas reglas de funcionamiento, unas normas de cumplimiento obligatorio para todos, incluso para el capitán pirata. Y que tenían esclavos escapados de la esclavitud, negros o indígenas americanos, que formaban parte de la tripulación.

La leyenda, creíble por racional y por declaraciones de fuentes diversas, contaba que, en el Caribe, el botín pirata se distribuía en partes iguales, excepto algunos privilegios para el capitán y para los que habían manifestado más arrojo en la batalla. Si alguien era herido en la lucha, tenía derecho a una indemnización y, si moría, la familia recibía una cantidad como compensación. No era un código escrito, pero sí conocido y respetado por todos. Era un incentivo positivo a actuar en los ataques, con fidelidad y ayudando a los demás, y entre los desincentivos se encontraban la muerte por traición, torturas, privación del botín, expulsión de la tripulación, temporal o definitivamente, por no comportarse adecuadamente en la lucha, según las reglas pactadas. Era una versión sorprendente que hacía pensar que los piratas eran más humanos que los «civilizados».

Existían versiones contradictorias del comportamiento de los piratas, según lo explicaran los europeos o los piratas y corsarios. Los primeros, mayoritariamente, explicaban torturas, asesinatos y destrucción de los barcos. Los piratas, según otras fuentes, no intentaban ni destruir el barco, ni la mercancía, ni tampoco matar indiscriminadamente a los tripulantes y pasajeros. Era más rentable cobrar rescate por el barco, la carga y los rehenes. Si conseguían el botín, sin lucha, aumentaban los ingresos y tenía un positivo efecto indirecto, evitar costes en muertes propias. Los corsarios estaban interesados en el botín, las riquezas transportadas y los mapas de navegación. Los corsarios solían estar al servicio de Castilla, Francia o Inglaterra principalmente, y el conocimiento de las rutas marítimas seguras era como oro para ellos; preferían obtener los mapas de navegación. La excepción eran los barcos de Castilla, siempre cargados de metales preciosos, extraídos de las minas americanas, para comerciar en las plazas europeas y comprar productos fabricados en Holanda. Sus navíos eran atacados por los navíos de corsarios a las órdenes de otras naciones y no barcos de piratas.

La distinta versión sobre la realidad de los ataques de piratas era abrumadora. Se narraba, por parte de algunos prisioneros liberados de los piratas, que la costumbre de distinguirse con la calavera y la bandera negra y otras señalizaciones de terror servía como un método de disuasión para que las naves a las que iban a atacar evitasen defenderse o destruyeran la mercancía. Podía ser más conveniente para todos, atacados incluidos, evitar la lucha; no serían torturados y no sufrirían pérdidas personales. Los torturados lo eran duramente, sobre todo aquellos que habían intentado esconder o destruir mapas e instrumentos de navegación. Las explicaciones sobre las «atrocidades de los capitanes de algunos barcos piratas» servían para disuadir de luchar defendiéndose. La bandera y las historias actuaban como «la marca» de los atacantes; los capitanes piratas evitaban la resistencia de los navíos. La rendición sin lucha solía dar mejores resultados. Las torturas y las exageraciones de los supervivientes les hacían el juego al colectivo pirata. Estas y otras historias me mantenían ocupado en mis frecuentes momentos de insomnio. Bajo el nombre de piratas se escondían los corsarios, reflejo de las guerras entre naciones.

Mi actividad productiva en la plantación mejoraba constantemente. Los recursos iniciales donados por el capitán portugués, al comprarme la chalupa y regalarme otro tanto voluntariamente, y la generosidad de sus amigos, en el trato en la adquisición de tierras y en las enseñanzas sobre las cosechas, hicieron posible iniciar mi vida de cultivador y comerciante. El contacto con el amigo del capitán amplió mis relaciones con otros colonos y la oportunidad de ir conociendo más detalles de la vida económica y privada de otros propietarios. Es mucho más de lo que podía haber soñado en mi vida hasta entonces.

El capitán navegaba permanentemente. Uno de esos viajes lo llevó a Londres. Me insistió en transferir solo la mitad del dinero que poseía allí, para no asumir el riesgo con la totalidad de mis bienes. A su regreso, me proporcionó herramientas y material necesario para trabajar la tierra, pagadas, en parte, con el dinero que recuperó en mi nombre y en parte con el suyo. Me proporcionó productos de Inglaterra, muy solicitados en Brasil, ropa y telas principalmente, que vendí con considerable ganancia. El capitán, mi amigo, era generoso en dinero, en tiempo y en consejos. Y su amigo también.

Mi actividad productiva como hacendado

Organicé la producción intercambiando información con otros cultivadores, propietarios de grandes extensiones de tierra. Con uno de ellos hicimos amistad y somos socios en algunas operaciones comerciales. Me facilitaron información que versaba sobre el tipo de semilla, las condiciones de la tierra para aumentar la cosecha, las técnicas adecuadas, el precio de las materias, la disponibilidad y precio de las herramientas y el precio de esclavos. Me informaba sobre la venta de la producción y seguía estrictamente los consejos del amigo del capitán. En muchas ocasiones vendía mi cosecha junto a la suya.

Nunca sabíamos cuál sería la ganancia real que lograríamos, aunque siempre era superior a las expectativas, ya que los precios del café y del azúcar no dejaban de elevarse, fuese cual fuese el aumento de producción que se pusiera a la venta. En Europa compran cualquier cantidad que llegase de Brasil, a precios cada vez mayores. Deseaban el producto y el aumento de precio no los disuade de su compra.

Los ingresos que obtenía los distribuía de la siguiente forma: mi propia manutención, pagar la cantidad debida por la compra de la parcela y los intereses correspondientes, recursos para la inversión de la cosecha siguiente, que procuraba fuese un poco superior a la del periodo anterior, y mejorar la tierra. Ahorraba para comprar algunos esclavos negros si los precios me lo permitían. Disponer de un siervo indígena era muy difícil, pues eran escasos y estaba regulado por la ley los propietarios que podían disponer de ellos.

Escuchar los comentarios entre los diferentes hacendados me ayudó a decidir sobre muchas cuestiones de la plantación, aunque, en muchas ocasiones, no llegase a entender las razones profundas por las que unas eran mejor que otras. Tomaba decisiones sobre el futuro y era en base a la experiencia de los demás, conociendo mis limitaciones. Prefería preguntar y asesorarme con los que sabían, sin querer esconder mis deficiencias y falta de conocimientos; ellos lo sabían y me autorizaron implícitamente.

El proceso productivo estaba siempre plagado de altibajos; sabía que el fracaso podría aparecer en cualquier momento; un error en un eslabón de la cadena podía socavar los avances en todas las demás actividades bien realizadas. Aprendí que progresar y avanzar no consistía en buscar lo óptimo, sino ir mejorando paulatinamente, tal como actuaban otros colonos.

Al principio de mi incursión en la producción, incrementé la cantidad de trabajo sobre cada parcela y esta decisión aumentó el producto obtenido de forma considerable. Al ir intensificando la cantidad de trabajo sobre las mismas parcelas, el aumento de producción por unidad de trabajo esclavo fue descendiendo, hasta que el aumento de producción por utilizar una unidad de trabajo adicional se reducía e incluso llegaba a ser cero. Pensé que los nuevos esclavos eran menos eficientes que los anteriores por falta de habilidades, pero intercambié a los esclavos de parcelas y la producción tampoco aumentaba. No era un problema de rendimiento de los esclavos más o menos hábiles. El problema era intensificar demasiado la cantidad de trabajo en una misma parcela sin efectuar otros cambios. El rendimiento por esclavo era decreciente si aumentaba el número de ellos en la misma parcela.

La solución para aumentar la producción por superficie cultivada o por horas de trabajo era disponer de nuevas tierras. Colocar esclavos en nuevas parcelas aumentó la producción por hora/esclavo significativamente. Efectos similares se producían al intensificar la cantidad de semilla en la misma parcela. El agotamiento de la tierra era otra de las causas de reducción de la producción por hora de trabajo o cantidad de semilla. La adquisición de nuevas tierras no era fácil; requería muchos contactos y confianza de los vendedores y de los otros colonos.

Los ciclos de producción de la caña de azúcar y los del café eran diferentes; el primero duraba hasta veinticuatro meses, el segundo solo un año. Combinar los cultivos de ambos me generó ingresos a lo largo del año. El proceso del tabaco, más corto, financiaba mi consumo en los periodos de espera de la recolección de la caña. La introducción del tiempo en las decisiones fue muy importante para mi progreso. Las operaciones a largo plazo o de futuro me brindaron algunos rendimientos netos extraordinarios y una reducción del riesgo; podía invertir hoy teniendo mis ingresos futuros asegurados. Entre mis decisiones de éxito, el comprar herramientas y otros materiales más eficientes, procedentes de Europa, fueron decisivas.

La constatación de rendimientos decrecientes al intensificar la cantidad de trabajo o cantidad de semilla en la misma parcela y la comprobación de que pequeños cambios en el sistema de producir daban como resultado un aumento de la cantidad recogida de la cosecha me motivaron a introducir mejoras de forma sistemática en cada parcela: cambios en la aireación de la tierra, cambios en el riego, cambios en el uso de abonos naturales —excrementos de los animales— y minerales. La introducción de nuevas herramientas hacía más productivo el trabajo.

La suerte comercial me acompañó siempre; la demanda de café y de azúcar crecía a pesar del aumento de los precios. Los costes de producción también aumentaban, pero en menor proporción que los precios del producto final.

Un conjunto de factores me ayudó a progresar. Además de los ya dichos de la dotación inicial y la ayuda del capitán, su amigo y los ya citados, puedo añadir el mínimo de consumo propio, no consumir los bienes o servicios de lujo, dedicar el máximo de los rendimientos posibles, procedentes del ahorro al utilizar mayor número de esclavos —solo aumentaba la manutención alimenticia— y estar atento a las nuevas técnicas o formas de producir. El gran salto en mis rendimientos se produjo cuando liquidé mi deuda con el amigo del capitán, el pago de las parcelas y el de los intereses correspondientes. Mi capacidad de producción aumentó al dedicar más recursos a la producción. El factor externo decisivo y permanente fue el aumento constante de los precios de los productos exportados a Europa.

Otro factor de éxito muy favorable que me ayudó en mi capacidad productiva fue el tiempo que dediqué a reunirme con otros hacendados, no sólo por brindarme la posibilidad de hacer buenos negocios conjuntamente, sino por aplicar las experiencias de los mismos. Todos estos elementos aceleraron mi proceso de aprendizaje en todos los campos de actividad: producir, almacenar, transportar, negociar y vender en el mejor momento.

El aumento de parcelas de mi propiedad también se lo debo al capitán. Su prestigio me permitió entrar en relación con hacendados poderosos, influyentes en la política y con buenos conocimientos. De esos contactos obtuve la posibilidad de adquirir más tierras cuando algunos propietarios marchaban a otros países, regresaban a su país de origen, no querían trabajar tantas tierras, no tenían descendencia para continuar cultivando o no deseaban invertir mayores cantidades en el negocio y habían trasladado sus recursos a otras actividades.

Yo disfrutaba de mi progreso. La nostalgia de cumplir mi deseo de conocer mundo y viajar se apacigua al ver el mar. Miro el océano y siento en mi piel el temblor de la duda entre la opción de conocer mundo y el miedo al mar. He trabajado mucho, he hecho buenos negocios, tengo unas rentas importantes con las tierras que utilizo. No acabo de comprenderme a mí mismo por la idea recurrente de abandonar todo lo que he conseguido y «ver mundo». Son momentos de duda. El incentivo estaba presente, faltaban las circunstancias y los acontecimientos que eliminara la duda.

En busca de esclavos, una decisión equivocada

Un día se presentaron en mi hacienda tres hacendados muy poderosos con los que coincidimos en reuniones de sociedad y que conocían, por mis propias palabras, mi experiencia en África. Yo no era un personaje extraño en sus vidas; creo que era considerado uno más en su círculo de relaciones, aunque fuese inglés.

Nos saludamos con la cortesía habitual y, una vez cómodamente sentados, uno de ellos inició la conversación para la que había venido a verme. Yo sabía que el amigo del capitán les había hablado bien de mí, de la confianza y de la lealtad que podían esperar de mi comportamiento. El amigo del capitán y yo no éramos realmente amigos, pero nos comportamos siguiendo los principios de una relación amistosa, ayuda mutua, conversaciones personales sobre la propia vida y los sueños, lealtad y generosidad.

Las primeras palabras me desconcertaron.

—¿Puede comprometerse a no desvelar esta conversación a nadie más? —dijo.

Permanecieron en silencio en espera de mi respuesta.

—Claro, cuenten conmigo, seré como una tumba. —¡La realidad me haría cumplir mi promesa!

Entonces, otro hacendado se dirigió a mí con una sonrisa.

—Las ventas de café y azúcar van en aumento, no hay límite en la demanda desde Europa y los precios están en alza constantemente. Para producir más, necesitamos más mano de obra, ya que tenemos tierras disponibles en gran cantidad.

»En cultivar nuevas tierras será donde aplicaremos el trabajo de los nuevos esclavos. Las mejoras que podemos introducir en las antiguas parcelas son limitadas. No disponemos de nuevos inventos o innovaciones mecánicas que permitan aumentar la producción por unidad de trabajo y ya hemos llegado al límite de cantidad de horas de esclavo por parcela media. Esa es la razón por la que necesitamos utilizar más tierras y para ello se requieren nuevos esclavos —afirmaron simultáneamente los tres visitantes.

Tras una larga pausa por mi parte, respondí:

—Entiendo —dije—. ¿Qué y cómo yo puedo contribuir? —remarqué.

—Usted nos ha explicado su experiencia en África y queríamos proponerle ser nuestro representante para obtener esclavos en origen —dijo uno de los hacendados.

—¿Estaría dispuesto a ir a buscar esclavos? —dijo otro—. Podríamos obtener mayor beneficio del trabajo en nuevas parcelas y ahorraríamos el precio de compra en los mercados de esclavos en Brasil. Cómo sabe, el comercio de esclavos es monopolio de Castilla y de Portugal y no se pueden vender esclavos libremente.

—Sí que podremos distribuir los que traigamos nosotros mismos —dijo otro hacendado.

—Nos ha explicado en anteriores encuentros que los comerciantes europeos intercambian minucias, como rosarios, cuchillos, cosas de vidrio, juguetes, tijeras, cuchillos…, por mercancía de mucho mayor valor. Las tribus de la costa africana parece que van a la caza de indígenas del interior y, en lugar de quedarse con ellos como esclavos, como era habitual en las guerras anteriores, prefieren ir a cazarlos y venderlos para su envío a América.

Casi no pude contener mi entusiasmo. ¡Volver a viajar! ¡De nuevo aventuras! ¡Dejar mi estática estancia en Brasil! ¡Conocer mundo volvía a estar a mi alcance!

No obstante, había aprendido mucho desde que salí de Londres y no respondí de inmediato.

—¿Quién cuidará de mi plantación en mi ausencia? —pregunté.

—Nosotros. Firmaremos un contrato por el que nos comprometemos a cuidarla y hacerla trabajar como las nuestras hasta su regreso. Un socio aquí puede controlar todos los aspectos de la producción y distribución. Recibirá toda la información de su amigo el capitán, quien cuidaría de que las cuentas fueran exactas —dijeron al unísono.

—De esta forma, podríamos sellar un pacto[9]. —Seguí escuchando la propuesta.

—Su contribución al coste del flete de la operación será su dedicación a la búsqueda de esclavos —dijeron—. Nosotros correremos con todos los gastos de la expedición.

—De acuerdo —respondí—. Esta vez, sin dilación. Las circunstancias y los medios volvían a estar en mi favor.

Mis deseos irracionales, mis éxitos en los negocios y mi escasa prudencia me llevaron a renunciar a lo que tenía, a mi vida segura en Brasil, y cambiarla por la aventura de un inexplicable deseo de conocer mundo. La misma locura de antaño me embargó de nuevo. No incorporé el riesgo en mis previsiones, ni las expectativas concretas de ganancias, ni el coste de prescindir de las ventajas logradas, ni consideré la inexperiencia en esa actividad, ni iba a conocer «el mundo» como comerciante. Mi interés por las expectativas de negocios no era ni un deseo ni una necesidad profunda

Los colonos continuaban hablando:

—Usted es un personaje singular; puede proporcionarnos la ventaja de adquirir esclavos sin estar controlados por el monopolio de Castilla —dijeron—. Es inglés y está sujeto a las leyes de Brasil de la misma forma que nosotros, y el Gobierno de Brasil no pondrá obstáculos a ese tráfico. Desde un punto de vista estratégico, no despertará sospechas que un inglés parta en una expedición sin explicar la razón exacta de la misma. Su motivación por conocer mundo, como nos ha comentado en varias ocasiones, es su incentivo más poderoso —dijeron—. Tiene la ocasión.

Decidí iniciar un viaje que pretendía cumplir mi deseo, mi sueño de ver mundo y simultáneamente me ayudaría a convertirme en un hacendado con prestigio. Este fue el último argumento que me di a mí mismo, pensando en mis padres, para decidir enrolarme en la aventura de volver al mar para conocer mundo.

---

9   Una nota al margen decía: ««¡La mejor de mi vida!», pensé entonces; comprobaría al poco tiempo mi error».

PARTE IV

CAPÍTULO 4.
YO, NÁUFRAGO

La tormenta en el Caribe

Fletamos una embarcación que desplazaba más de cien toneladas, con tres cañones por banda, una tripulación de dieciséis hombres, yo y el capitán. Era un número suficiente para defenderse de la mayor parte de los barcos piratas o bucaneros que circulaban por aquellos mares. Nuestra carga estaba formada por objetos múltiples, de poco valor para nosotros —tijeras, espejos, adornos, vidrio—, intercambiables en trueque con los traficantes de esclavos negros.

Iniciamos el viaje rumbo a Guinea. A los pocos días, situados a diez grados de latitud norte, un marinero murió de fiebre, otros dos desaparecieron en lo que parecía un tornado, la nave quedó maltrecha y el capitán desorientado y dudoso en el rumbo a tomar. Al atardecer, al viento se le unió una tormenta, que nos desvió de nuestro destino, empujando la nave hacia el oeste, impidiendo seguir la voluntad del capitán de regresar a Brasil, ya que estaba seguro de que no podríamos soportar otro temporal similar.

—¡Se nos viene encima un huracán! —gritaba un oficial.

No pudimos navegar hacia el suroeste bajo los caprichos del huracán enfurecido, violento y errático. Nos dirigimos a la desembocadura del río Grande —el Orinoco—, con un navío a la deriva. La noche fue terrorífica; al amanecer, comprobamos que faltaba otro marinero. Con fuerte oleaje, el navío empezó a barloventear; sin embargo, tuvimos un atisbo de esperanza al grito del vigía.

—¡Tierra!

Salimos todos a cubierta. La tierra estaba cerca, las grandes olas nos perseguían, una detrás de otra, sin resquicio; las veíamos avanzar, todas al unísono. El océano parecía una serpiente gigantesca avanzando hacia nosotros. Los segundos en que el barco subía a la cresta de la ola se hacían interminables; de no conseguir subirla, podríamos ser engullidos por el mar. En los instantes que permanecemos arriba, vemos cómo emergen sobre las grandes olas otras siete u ocho de mayor dimensión y amenazadoras. La primera en llegar a nosotros se derrumbó como un alud sobre nosotros, incapaz de aguantar su propio peso. Nos abrazó, nos engulló, nos empujó hacia las profundidades. El barco resurgió de las tinieblas y de nuevo las mismas maniobras, cabalgando sobre la ola y hundidos en los negros infiernos. El océano, los vientos, la luz y los sonidos desde el cielo parecían luchar entre ellos para demostrar quién era el de mayor poder y nosotros, simplemente, estábamos a su merced.

De repente, el descenso se hizo vertiginoso, acelerado; el barco se precipitaba directo al mar oscuro, se detuvo violentamente tras un estruendo. Quedó encallado entre rocas o entre arena. Pudimos desenganchar un bote intacto y lanzarlo al agua antes del hundimiento de la nave. Sabíamos que no era posible que el bote resistiera los embates de las olas; no obstante, no encontramos alternativa. Otra ola, como una montaña rodante, se tragó el bote, el barco y a los tripulantes. Fuimos arrastrados hacia el fondo.

Es lo último que recuerdo, el estruendo del agua contra nuestros cuerpos y la oscuridad absoluta. No tengo ninguna visión a partir de entonces. Para mí, la vida desapareció en aquel momento.

Desperté tendido sobre la arena. Oí el silencio; fue la primera sensación perceptible. Escuché el acompasado ruido de las olas al acariciar la superficie de la playa. Percibí el calor de la arenisca y el frescor de las olas en mi cuerpo. Oí el silbido del viento entre las hojas de las palmeras. Abrí los ojos y vi, sin mirar, los contornos de la playa y de las palmeras. ¡Estaba vivo! Miré los árboles con detenimiento, contemplé la arena, las rocas, la bahía y el frente rocoso más allá. Me recuperé ligeramente. De súbito, mi cerebro experimentó la soledad. Estuve en aquella posición largo tiempo, o así lo sentí. Me levanté con esfuerzo, con el cuerpo dolorido. No me explicaba cómo había llegado a la playa.

Caminé tambaleante sobre la arena, a lo largo de la costa, bañados los pies por el flujo de las olas. No divisé supervivientes. Instintivamente me sentí desgraciado. Me topé con algunos objetos, zapatos, gorras, trozos de vestidos, que nada bueno presagiaba. Me acerqué a los acantilados; sentía escalofríos al recordar el esfuerzo de los marineros, remando hacia las rocas. ¿Estaba solo? Tenía la esperanza de encontrar algún otro superviviente. Empezaba a anochecer. Triste y desorientado, tenía miedo a lo desconocido y decidí buscar un árbol en el que dormir aquella noche, protegido de posibles ataques de animales salvajes. No quería morir devorado por alimañas tras salvarme de la tumba del mar.

Divisé una palmera suficientemente alta y con cierta inclinación, con posibilidades de trepar y utilizarla como refugio transitorio. Debería construir un lecho que evitase mi caída durante la noche. Tenía sed. Me desplacé hacia el lado contrario de los acantilados, encontré la desembocadura de un río a poca distancia, me tiré al agua sin ropa para sacudirme el salitre del agua de mar, bebí agua dulce, me senté y mastiqué un poco de tabaco mojado que encontré en un bolsillo.

Mis pensamientos eran caóticos, iban de un tema a otro de forma inconexa; decidí no intentar dominarlos. El cerebro me repetía insistentemente: «¡Nos hemos salvado!», expresión como si me dirigiera a muchos, por la costumbre.

Agarré un delgado tronco que encontré sobre la arena con la intención de usarlo a modo de defensa. Sé que recogí hojas de palmera con las que construir el lecho, pero no tengo memoria de ello ni de subir a la palmera.

Cuando abrí los ojos, el sol estaba ya muy alto. Desde mi improvisada atalaya, atisbo, con gran asombro, el barco embarrancado a escasa distancia de la playa. Lo contemplo, sin pensar, sin sentir, sin captar lo sucedido. Transcurrió lo que me pareció un largo periodo de tiempo en aquella posición de incredulidad. ¡Habría sido mejor no salir del barco encallado! Decidí ir a bordo cuando las fuerzas me lo permitieran. Volví a observar el horizonte, contemplé el reflejo del sol en el tranquilo azul del mar. Sentía la belleza de los colores en medio de un profundo desasosiego, temor y desesperanza.

Convertido en hombre esférico

Cuando me vi con ánimo suficiente, confeccioné una lista mental de los principales objetos o alimentos que debía recoger del maltrecho barco. En el primer intento no me esforcé demasiado; no dudaba de que algún navío me rescataría. Alimentos, armas y alguna herramienta me serían de ayuda. En un corto deambular por los alrededores, encontré algunos cocos[10] que me proporcionaron la mínima energía que necesitaba.

Al día siguiente, muy temprano, mientras contemplaba el barco, casi extasiado, decidí iniciar las visitas a su interior. El nivel del agua me obligó a ir a nado los últimos metros hasta alcanzar el codaste; subí por un cabo que colgaba desde la emergente popa y busqué provisiones, gran parte de las cuales estaban a salvo en las bodegas. Comí algunas galletas con fruición; tanta era el hambre que tenía. Bebí media botella de ron sin motivo alguno. No pude dejar de volver a pensar que si nos hubiésemos mantenido en el barco, la mayoría podría haber sobrevivido.

Transportar los bienes que consideré imprescindibles en espera del rescate exigía construir una balsa en el propio barco. Cuatro barriles vacíos en buen estado sirvieron de flotadores. Algunos barriles quedaron atiborrados de galletas, paquetes de arroz, quesos holandeses, bolsas de carne salada y sacos de grano, que estaban destinados a alimentar las gallinas de a bordo. Recogí algunas botellas de ron del camarote del capitán para usar el contenido como alcohol. Uní los cuatro barriles con largas maderas obtenidas de cubierta y preparé una base con maderas desgajadas de diversos lugares; un remo medio destrozado haría la función de

---

10   Aunque los cocos no son oriundos del Caribe, la isla estaba llena de cocoteros.

motor y timón de la balsa. Estos trabajos me dejaron agotado y decidí no realizar ninguna actividad adicional durante lo que quedaba de día. Al regresar a la costa, mi ropa había sido arrastrada por las olas descendientes de la pleamar.

Regresé al barco repetidamente. En todas las ocasiones regresé en busca de provisiones o material, herramientas de carpintero, serruchos, martillos, garlopines, garlopas, limas, formones, gubias y cinceles. Recogí las armas, depositadas en el camarote del capitán, hice acopio de todas las dispersadas por el barco: fusiles, escopetas, pistolas, balas, perdigones, pólvora guardada en cuernos y en dos barriles llenos —un tercero, mojado, lo dejé en el barco—; recogí algunas espadas, puñales, cuchillos y otros utensilios de defensa. No era muy coherente con mi esperanza de ser recogido por un barco en breve tiempo, pero el deseo de acumular me dominaba.

La balsa no tenía ni velas, a pesar de lo cual, en cada travesía confiaba en que se mantuviese navegando mientras no se levantase viento ni grandes olas, que con seguridad harían zozobrar la débil embarcación. La balsa volcó en uno de sus viajes, cuando regresaba a tierra, llena de objetos. Se deshizo en pedazos; la carga —cables, hierros y material pesado— acabó en el fondo de la bahía. A partir de entonces solo pude acarrear los bártulos que podía desplazar en alguna tabla.

En el que fue el penúltimo viaje al barco, al regresar con una improvisada tabla en la que transportaba material pesado, tuve que dejar que la corriente me llevase hacia la costa de forma oblicua hasta llegar junto a la desembocadura del río. En el último viaje llevaba ropa, una hamaca y trozos de las destrozadas velas. A los pocos minutos de regresar a la playa, se produjo el desplazamiento y casi total hundimiento del navío.

Pocos días después, en una mañana soleada y mar tranquila, el barco había desaparecido de la vista, ya no era visible. Probablemente, había sido desplazado o destruido por la devastadora tormenta de la noche anterior. Fue una noche llena de estruendos, relámpagos que se engarzan entre sí formando un infierno de ruido y luces, con vendavales casi huracanados. La naturaleza parecía, realmente, un enemigo: mi enemigo. Las hojas de las palmeras se movían en todas direcciones, el tronco se inclinaba ligeramente a uno y otro lado; mi improvisada morada resistía por estar enclavada parcialmente en una roca, pero el techo voló con los primeros vientos. Esta tempestad afectaba a mi estado de ánimo; quedé sumido en los peores temores. Dos días de desasosiego y la calma regresó a la isla y, con ella, mi tranquilidad.

Estaba convencido de que disponía de suficiente material para sobrevivir hasta que un navío divisara mis señales y viniese a recogerme. No esperaba que fuese en pocos días. Ya no soy aquel joven sin experiencia que salió de casa de sus padres sin su bendición. He aprendido a considerar las circunstancias y tomar decisiones según las mismas. No me doy por vencido fácilmente. Mi ánimo se iba transformando. Desde unos primeros momentos, en los que me sentí desdichado, he trastocado mi voluntad en actuar para mi supervivencia. Había aprendido que, si me concentraba cada vez en una sola actividad, aumentaba la eficiencia y reducía el cansancio[11]. Este cambio de pensamiento y mi mayor autoconfianza ejercieron un efecto favorable en mi ánimo, en todas mis decisiones y en los resultados. Me alejé del lugar del naufragio, subí al pico más alto y comprobé que no había otras islas cercanas. La isla disponía de largas playas en un lado y de altos acantilados en el otro. Conocer la isla sería una de mis actividades preferidas y tenía la esperanza de que me sería útil. El agradecimiento a la Providencia por estar vivo fue tomando forma en mi cerebro.

¡Estaba sorprendido de mis propios pensamientos!

El refugio

Busqué y encontré una cueva cercana a la *playa del naufragio*, que reuniera, al menos, las siguientes condiciones: poder divisar el mar y los posibles navíos que surcaban aquellas latitudes, disponer de agua dulce cercana, un río o una fuente, un espacio que me permitiera guarnecer y proteger mis bienes de ataques de alimañas y suficientemente grande para guardar todos los bienes recuperados del barco. El lugar me ofrecía la seguridad de no ser sorprendido por ataques de indígenas, piratas o esclavos huidos y permitiría engrandecerla en el futuro. No podía olvidar que había naufragado en el Caribe, donde había piratas y caníbales. Con la idea de disponer de una buena defensa y un escondrijo a las posibles visitantes de la isla, coloqué matorrales, distantes unas pulgadas entre ellos, con la intención de que con el tiempo hiciesen invisible la cueva. Entre la vegetación, clavé decenas de estacas acabadas en punta, sujetas con los cables de hierro que había recuperado del barco. La valla, así construida, tenía casi cinco pies. No sería fácil saltar o romper la protección una vez consolidada. La segunda línea de estacas, al exterior de la primera, la construiría de la misma forma. Durante el tiempo en que trabajaba en ello, dormí en la hamaca, situada en lo alto de un árbol, para evitar posibles visitas de animales peligrosos.

Transcurría el mes de septiembre, quizás era el día 30, el equinoccio otoñal. Según la hora en que me caía el sol a plomo, calculé que podía estar a 9°22' de latitud norte del Ecuador. Inmerso en un silencio difícil de imaginar, abrumante, me dispuse a sobrevivir. Esperaba vivir lo más cómodamente posible mientras espero el rescate; tengo la esperanza de que no se demore demasiado.

---

11   Aprendí que concentrarse en la actividad que haces, en cada momento, fue uno de los grandes descubrimientos para ser eficiente.

CAPÍTULO 5.
FRAGMENTOS DE MI DIARIO DE NÁUFRAGO[12]

Aprender haciendo

Cuando ya sé, percibo y acepto que continuaré por largo periodo en la isla, voy haciendo unas muescas en un tronco cercano para no perder el sentido del tiempo. Inicié también la costumbre de escribir no solo lo que acontece de singular cada día, sino también mis pensamientos. La necesidad de escapar de la monotonía y reforzar mi ánimo me brindaba la oportunidad de revivir los acontecimientos de mi vida, tal como iban sucediendo y como los percibía en cada momento, sin que el transcurso de los días y meses me los hiciera desfigurar, percibir acomodaticiamente o tergiversarlos. Constaté, a los pocos días, que mucho de lo sucedido y de mis propias reflexiones hubiesen quedado inadvertidos y olvidados, sin el ejercicio de escribirlos. Con el transcurso del tiempo, narro y describo lo que me parece más relevante, pues dispongo de tinta escasa.

Organizando mis posesiones

A los pocos meses del naufragio, decidí distribuir el tiempo en las diversas actividades obligatorias. Muchas, que antes me eran desconocidas, me deleitan ahora; creo poder afirmar que igual por el proceso que por el resultado. Cada día, dedico tiempo a la contemplación de la cadencia de las olas, a escuchar su sonido al acariciar las rocas o la arena. Me maravilla la diferencia entre cada una, la singularidad absoluta; no hay nada repetido en la naturaleza, ni olas, ni los sonidos, ni los árboles, ni las piedras. Los árboles podrían tener nombre propio y también

---

12 Robinson inició un diario a los pocos días de su naufragio para poder tener control del paso del tiempo. No han llegado todos los escritos, se incluyen suficientes que permiten entender y seguir la evolución de la vida material y espiritual del autor, cambios de idea, de expectativas y de valoración de su propia existencia en la isla.

los matorrales, las rocas, los pájaros, las cabras y las tortugas. Empiezo a diferenciar pequeños rasgos de las cosas que me rodean, que me ayudan a estar ocupado mentalmente. La contemplación del reflejo de la luna en las aguas tranquilas es un espectáculo que hace de bálsamo del espíritu. La infinidad del universo empequeñece los superfluos problemas de la humanidad y los míos. Me siento feliz, vivo momentos de felicidad, dentro de la esfera de infortunio en que estoy inmerso. No sé cómo expresarla en palabras.

El hábito de los capitanes de anotar en el «cuaderno de bitácora» los pormenores de la navegación y del viaje adquiere pleno sentido para mí. Recuerdo la primera vez que vi el mueble cilíndrico en cubierta, donde se guarda, junto al compás náutico, a recaudo de su deterioro. ¡Cuánto aprendí con el capitán de Guinea! La costumbre de reflejar por escrito todos los detalles de producción, precio del café y del azúcar en Brasil, y el recuerdo de mi padre anotando todos los movimientos comerciales me abocó, aunque fuera inútil, a hacer algo similar en mi soledad. Confeccioné una lista de mi situación a dos columnas, lo favorable y lo desfavorable, las dificultades a vencer y las herramientas con las que contaba. He constatado que aprendo de lo que ya he hecho mientras escribo; tener que describir las actividades me obliga a detallar, justificar y valorar los resultados. Aprendo de mis propias acciones.

He elaborado una tabla de dos columnas con los aspectos positivos y los negativos y ha quedado de esta forma:

Aspectos positivos	Aspectos negativos
Dispongo de material muy útil: plumas, tinta, compases, cuadrantes, mapas, libros de navegación, libros diversos.	Estoy en una isla desierta; no parece que vengan a buscarme, ni que me encuentren por azar. Probablemente me darán por muerto.
Me acompañan dos gatos y un perro como compañía.	No puedo comunicarme con otras personas. Este es el mayor inconveniente de mi estancia en la isla desierta.
Hay un clima adecuado para vivir.	Estoy aislado del continente y muy lejos de otras islas.
No parecen existir animales salvajes peligrosos.	No dispongo de conocimientos para sobrevivir en caso de un aislamiento largo.
Estoy vivo, sobreviví entre muchos sin entender ni la razón ni el cómo.	No puedo salir de la isla por falta de medios adecuados.
Tengo suficientes recursos y alimentos para alimentarme, y un lugar adecuado para descansar a corto plazo, en espera del rescate.	Mi vida, que parecía recuperar el bienestar de antaño, es miserable por crecer a costa de los otros, los negritos.

A los dos años del naufragio, la llamaré «*la isla de la desesperanza*» por la escasa probabilidad de que pueda salir de ella algún día. Han pasado dos años desde mi naufragio y no he visto ningún navío por la zona, ninguna barca, ningún tipo de vida humana.

Transcurrido un lluvioso mes de octubre, ya iniciado el cambiante mes de noviembre, busqué un lugar para guarnecer, con seguridad y con espacio suficiente, y almacenar ordenadamente las cosas. Me sería útil para no estar ocioso durante los periodos de tormenta. En los primeros días del mes podrían caer lluvias torrenciales; de súbito, nublarse y acabar con un peligroso asfixiante atardecer. Por el contrario, había días en que era mejor protegerse del abrasador sol. En esos momentos extremos, me dedicaba a ligeras tareas manuales, simples arreglos de carpintería, albañilería, de jardinería y almacenamiento ordenado de todos los objetos. Siempre hay una novedad que me mantiene ocupado. Escribir mis recuerdos, mis vivencias y aventuras, tanto las tristes como las alegres, las de productor en Brasil, las de esclavo en África y la gratificante experiencia de mis progresos como superviviente, me sumerge en fases de alegría y satisfacción.

Los pensamientos negativos los iba superando gracias a la observación de la naturaleza, al trabajo constante y a un paulatino cambio de actitud mental sobre mi situación. Estoy, realmente, sorprendido de mi propia transformación.

Las herramientas de las que disponía, palas, picos y cestos, las utilizaba indistintamente para varias funciones. Con el tiempo, empecé a mejorar mi trabajo, quitando las piedras del terreno de cultivo, acumulándolas en los laterales por si fueran necesarias. Aro manualmente la tierra y la mantengo unos días al aire, tras lo cual volvía para trazar los surcos y caballetes para plantar y para la circulación del agua entre ellos. Estaba utilizando mis recuerdos, ya que no disponía de experiencia de cultivo.

Me voy convenciendo cada día de que el naufragio sería largo, de que no iba a aparecer un barco que me llevase de regreso a Inglaterra. Decido mejorar la ubicación y la construcción de mi morada. Empecé a cuidar incluso mi imagen. Mi semblante era muy peculiar: me había dejado crecer una barba corta, un mostacho largo al estilo turco en el que podía colgarse un sombrero a cada lado, y procuraba que la ropa no pareciera desastrosa o harapienta. No sé por qué lo hago, pero me siento mejor sin parecer un pordiosero. En el cuaderno, indicaba el día y mes de los escritos; servía para mí mismo, como hábito y satisfacción de ver mis propios nuevos conocimientos y avances.

Escribir para sobrevivir

Día 4 de noviembre. Dediqué gran parte del día a obtener alimento. He regresado de cazar una especie de carnero muy grande que logré abatir con gran esfuerzo.

En el mismo momento en que lo vi caer, entré en una desazón profunda; no podía transportarlo ni conservar su carne, lo que hacía inútil mi esfuerzo y su muerte. Para cazar, decido en aquel momento utilizar trampas adecuadas para animales de pequeño tamaño.

En compensación, ese mismo día tuve la suerte de que una joven cabra quedase atrapada en una de las pequeñas trampas sin que sus esfuerzos le permitieran evadirse. La trasladé a la morada; no me veo con fuerzas para sacrificarla. Podría domesticarla. ¿Quizá? ¡Es una idea sorprendente!

Los días siguientes, sentado en la entrada de la cabaña, reflexioné sobre la cabra y llegué a una conclusión. El uso, demasiado frecuente, de la pólvora y las balas agotará y disipará los elementos de defensa más importantes con los que cuento. La pesca podía ser una buena alternativa para alimentarme; disponía de los anzuelos que recogí del barco y de la habilidad de pescador, adquirida durante mi cautiverio en Salé. Aunque cada día era similar al anterior, la vida me ofrecía actividades nuevas; cada una generaba otra y esa me llevaba a otra y así sucesivamente. Procuraba evitar la monotonía estando ocupado en alguna actividad.

Día 10 de noviembre. Hoy he acabado de preparar una pequeña trampa para cabras. El esfuerzo para construirla ha sido considerable. No dispongo de la habilidad suficiente para construirlas, ni de forma eficiente; me mueve una sola idea: que sean eficaces y no les produzcan heridas. Estas son las clases de inconvenientes que se me plantean diariamente; me satisface superarlos y el esfuerzo se recompensa sobradamente con los resultados.

Hace tres días, al atardecer, se inició una tormenta de luz y truenos, que se prolongó sin descanso. Creí que el cielo se desplomaba sobre la Tierra. Horas deprimentes que me mantienen totalmente inactivo, agotado y triste.

Día 15 de noviembre. En mi paseo diario me he encontrado con unas cabras libres, que no me tenían miedo, no escapaban; la razón debía ser que, probablemente, era la primera persona que veían. No preveían el peligro del hombre. Al volver a mi casa, pensé en construir un redil para mantener algunas como si fuera una granja. Me servirían de reserva alimentaria, pensé. Les ofrecí comida y me siguieron a cierta distancia[13]. Las cosas más habituales en la vida en Londres aparecían, ahora,

---

13   Fábula de SADIC, poeta persa del siglo XIII: «No es la cuerda la que sujeta el cordero». Un joven caminaba con una cabra sujeta a una cuerda. Unos que miraban comentaron que le seguía por la cuerda. El joven desató la cuerda y la cabra continuó siguiéndole. El autor chino de *Fábulas y Economía* utiliza esta para explicar que no es la comida lo único que motiva a la acción, como tampoco para el trabajador, que valora la retribución, el respeto, la posibilidad de desarrollarse, el compañerismo, la cultura corporativa, el aprendizaje, el aumento de las habilidades, aprendizaje y la satisfacción por una buena actividad.

grandes obstáculos a superar. Empecé a sentir admiración por los trabajos de los granjeros, ganaderos, carniceros, panaderos, albañiles y otras personas dedicadas a profesiones usuales que nos facilitaban la vida en las ciudades.

Día 27 de noviembre. Por fin he acabado el redil para las cabras. En las trampas que había colocado tres días antes, tenía atrapadas dos pequeñas hembras y un ejemplar mayor. El transporte al redil fue sencillo. Mantuve a la que parecía la guía, sujeta con una cuerda, y las restantes nos siguieron; algunas se ponían a mamar en cada detención que hacíamos en el camino. Dejé de mantener atada la cabra; me seguía; me acordé de un cuento que me explicaron de pequeño. Este acontecimiento me animó a continuar con la idea de disponer de leche de cabra y quizás podría elaborar queso, aunque no sé cómo se fabrica. Con las cabras obtendría una mejora en la alimentación y reduciría el duro esfuerzo de cazar o pescar. Mi vida ya no dependería de las condiciones del clima ni de mis habilidades para cazar o de la bondad del suelo para las cosechas. Había pasto suficiente para mantener las cabras y con la paja de la cosecha de trigo podía alimentarlas en tiempo de tormentas. Mientras trabajaba en la construcción del redil, iban surgiendo nuevas ideas para disfrutar de una alimentación variada. El colofón usual de las actividades era que, al ir ejecutando unas, se aprenden otras, se aplican nuevas ideas a viejas actividades y con cada cambio mejora el conjunto. Así debe de haber sido el proceso de la acumulación del saber en todos los campos y el avance de las sociedades. Mi vida va transcurriendo plácidamente en este tiempo.

Día 10 de diciembre. He abatido un gato salvaje y comprobado que su carne no es apetitosa, aunque aprovecharé su piel. A estas alturas de mi solitaria vida, he aprendido a hacer muchas cosas útiles de forma sencilla. Cada día me reconforta con la lectura de la Biblia, que se ha convertido en una actividad insustituible. Mis padres, si lo supieran, estarían sorprendidos igual que yo de mi interés. La posibilidad de poder ir mejorando mis bienes, vestido, herramientas, la cabaña, la cueva y la diversidad de alimentos me hace agradecer el estar vivo por la gracia divina. Mis padres estarían muy satisfechos de sus enseñanzas religiosas; yo siempre pensé que nunca me servirían de mucho.

Desde ayer me siento atrapado, prisionero; ha llovido torrencialmente durante veinticuatro horas, es imposible salir al exterior sin correr el riesgo de quedar empapado y enfermar. Al acabar la lluvia, el calor se hizo insoportable, imposible moverse en las horas del mediodía bajo un sol infernal. El paraguas era el instrumento más utilizado de los que había fabricado; era mi compañero inseparable, inservible para las tormentas.

En los momentos en que debo permanecer resguardado, me percato de que mi mente decide seguir el curso de pensamientos propios, rumbos desconocidos y sin que pueda controlarlos. Tenía la sensación de vivir en dos sujetos, yo y mi pensamiento.

Se me aparecían, en sueños, imágenes entre reales y ficticias. Recuerdo algunas de ellas. En una aparecía un gigante de un ojo en el centro de la cabeza y que me quería devorar[14]. Otra imagen recurrente era que, mirando el azul del cielo, pasaban nubes a gran velocidad, formando imágenes de letras. Las letras se unían y formaban palabras, un árbol aparecía en las nubes, a continuación, otro árbol diferente y otro más. Aparecía una silueta de una nube que se intercalaba y me preguntaba:

—Tú, el que duerme allá abajo, ¿cuál es el árbol al que se le llama árbol?»

—Todos son árboles —le contestaba.

—Pero si son diferentes plantas, ¿por qué las llamáis igual?

Antes de que pudiese contestar, volvían las nubes con nuevas palabras: barco, mesa, paraguas... e inmediatamente, diferentes tipos de barcos, de mesas, de paraguas y la misma pregunta.

—¿Por qué llamáis igual a muchas cosas diferentes? —preguntaba la nube recién llegada.

«Extraños sueños». Al despertarme, continuaba pensando en las preguntas y en la posible respuesta. El lenguaje era un gran invento; unos signos dieron lugar a letras, las letras forman palabras, las palabras oraciones y frases con sentido, las frases permitieron escribir libros, los libros acumular y transmitir conocimientos y deseos a los demás. Los instrumentos marinos, los barcos, el conocimiento de las mareas, el descubrimiento de nuevos mundos, la brújula, la pólvora, la imprenta, el papel, el dinero, las herramientas más modernas, todo respondía al conocimiento aplicado y acumulado[15].

Día 7 de enero. Por fin he superado la enfermedad. He estado más de cuatro días enfermo, muy enfermo, con fiebre alta, tan exhausto que me impedía moverme del lecho. Tuve la buena ocurrencia y previsión, al distinguir los primeros síntomas de frío, de dejar, al alcance de la mano, jarrones de agua con ron que me aliviaron, me mantuvieron vivo y evitaron las infecciones. La previsión me salvó otra vez.

Cuando recuperé fuerzas suficientes, y me creí predispuesto a volver a la normalidad, alterné actividades físicas simples con las de recrearme en disfrutar de las habilidades adquiridas y de las ideas novedosas que podían serme útiles en las acti-

---

14   Probablemente es la imagen de Polifemo en la *Odisea*, cuando en la cueva desea comer a todos los compañeros de Ulises —Odiseo— y este con astucia le dice que se llama «Nadie» para evitar que los otros cíclopes le ayuden a capturarlos si escapaban.

15   Robinson está describiendo el proceso científico, la «ciencia» que será el gran motor del crecimiento y cambio de los siglos posteriores.

vidades agrícolas. Mientras construía las cosas, disfrutaba del proceso de hacerlas; ha sido un gran descubrimiento saber que el proceso puede ser tan reconfortante como el buen resultado. Paulatinamente, fui dedicando más horas a reforzar las vallas y los cierres de mi morada; algunas imágenes de las calles de mi ciudad aparecían en mis pupilas para recordarme cómo estaban trenzadas y construidas. Pensar en Inglaterra ya no era un tiempo de tristeza y de nostalgia; extraía conocimientos escondidos en la memoria, de los que no había sido consciente.

Día 12 de febrero. Repasando mis notas del diario, he querido incorporar en el texto referencia a otras cosas rescatadas del navío. Maderas de todo tipo y tamaño, telas, hierros, restos de vestidos, cuerdas y otros productos que, entonces, no sabía si servirían para algo. Poco a poco he ido encontrando la utilidad de todos ellos, para trabajar, para cazar, para pescar o para construir los cercados de la morada, bien compactos.

23 de marzo. El tiempo está siendo apacible. Pronto llegarán las tormentas y vendavales tempestuosos. He decidido engrandecer la cueva. Mayor espacio me permitirá especializar el espacio por usos. Empezaré por ensanchar y alargar el agujero bajo la roca, donde poder proteger adecuadamente las pertenencias, sobre todo alimentos y pólvora. He diseñado un plan de trabajo y un dibujo de lo que deseo lograr.

15 de abril. Hoy, por fin, he acabado los últimos tramos de la primera empalizada iniciada hace bastante tiempo. Es un esfuerzo que me produce satisfacción, por el trabajo realizado, por la creativa idea de construirla semicircular alrededor de la entrada de la cueva y por considerar la previsible evolución de la misma. Con el tiempo, dejará la morada oculta a posibles miradas del exterior. Esta idea de proteger «el castillo» de enemigos me admira, estando convencido de que no hay habitantes que puedan venir a la isla. Utilizar arbustos unidos con cable de hierro haría inexpugnable el recinto. Desde el interior de la cueva se divisa un espacio abierto; más allá podía vislumbrar la segunda empalizada, más alta y más tupida. Tenía previsto, desde que me convencí de que estaría mucho tiempo en la isla, iniciar la construcción, a partir del tronco de un árbol desconocido, de una tosca mesa y una silla con respaldo. Hacía tiempo que inicié la tarea y ya la tengo finalizada. No pasaría la inspección de carpintero alguno; sin embargo, será muy útil; aunque con seguridad no es cómoda, servirá para leer, escribir y comer sin tener que estar agachado. El incentivo a trabajar para disponer de esos bienes era, simplemente, sentirme cómodo, reproducir algunas de las cosas disponibles en Inglaterra. Construir la silla ha sido muy laborioso; cortar el tronco a la altura de la cintura y recortar la mitad superior como un semicírculo, para simular la espaldera de apoyo, requiere mucha paciencia. La construcción de la mesa ha requerido cortar diversos troncos, aplanar una cara, pulir la superficie y evitar agujeros tapándose con clavijas de madera, «tarea casi titánica». Pero no soy gandul. Haber superado la dificultad, mantenerla en pie sin que bailase al usarla me produce regocijo. El desafío superado me hace sonreír gratamente.

12 de mayo. He acabado de construir totalmente la segunda empalizada, también semicircular, de una altura superior a la interior. Los arbustos se convertirían en frondosos árboles que harían la función de doble muralla del castillo. Descanso frecuentemente después de cada tarea.

25 de mayo. He construido una estancia, dentro de la cueva, más protegida que las otras, donde guardaré mis «riquezas». Empiezo a racionar las galletas, que entran en la fase de escasez. He decorado la pared con el caparazón de una gran tortuga, cuya carne y huevos me sirvieron de alimento. «Poco a poco voy imitando las costumbres de la ciudad, aunque pueda parecer irracional». Decorar las paredes de la cueva es una de ellas.

30 de mayo. Todo iba demasiado bien. En los dos últimos días, una lluvia torrencial, de corta duración, pero de gran intensidad, derrumbó parte de la cueva, por deslizamiento de las paredes. He revisado los desperfectos; no son elevados. Sin embargo, me obligan a mejorar la construcción. Tengo que evitar problemas con la pólvora y los alimentos; la tormenta me ha hecho constatar la necesidad de preservarlos de la humedad y derrumbes en el futuro. De nuevo, la previsión era un factor decisivo de supervivencia; la pólvora, toda en un mismo lugar, comportaba gran peligro en caso de explosión.

15 de junio. Este día emergió, a lo lejos, lo que quedaba del destrozado barco de mi naufragio. La corriente iba desplazando trozos de madera a la playa, que pude recoger sin esfuerzo. La observación del resto del barco desde la distancia me ocupó gran parte del día.

24 de junio. La adaptación a las circunstancias es constante y obligatoria. Estos días confluyen muchos problemas a la vez. El derrumbe del techo de la cueva requirió un gran esfuerzo de reparación y ampliación. El ataque permanente de los pájaros a los cultivos obligó a construir un espantapájaros, como los recordaba de Inglaterra, que no funcionó, ya que los animales me desafiaban colocándose encima de la cabeza del mismo artilugio. El deterioro permanente de la valla del redil exigía su reparación para evitar que las cabras quedaran desperdigadas, aunque siempre regresan. El transporte de material, desde el bosque hasta la vivienda, exigía mucho tiempo y esfuerzo. He de repetir, periódicamente, los trabajos, por su construcción defectuosa. He aprendido que es mejor hacer las cosas lo mejor posible para no estar repitiendo lo mismo y con mayor riesgo de ser inútil.

25 de junio. Volví a caer enfermo, fiebre alta y escalofríos; las mantas no impedían que mis dientes siguieran castañeando. La suerte, esta vez, radicó en que unos días antes había encontrado una tortuga con muchos huevos, que me ha permitido sobrevivir durante el largo periodo que duró mi enfermedad. Durante esos trances, me acordaba de mi padre y su profecía de dificultades y de la soledad sin que nadie pudiera ayudar. Busqué tabaco, que en Brasil lo utilizan para curar todos los males, y lo encontré en un baúl, debajo de una Biblia. Leí unos escasos párrafos para reconfortarme. La combinación del humo del tabaco, el efecto de las hojas masticadas y el ron me debieron dejar aletargado.

Llueve, me siento enfermo, he rogado a Dios, ¡qué sorpresa para mí mismo! por mi recuperación. Mejoré un día y empeoré al siguiente; tengo fiebre, tiemblo constantemente. Experimento frío, calor, miedo y desánimo. Tengo que salir a buscar comida. Tengo alucinaciones. Un hombre viene dentro de una nube con una lanza, me ataca, viene hacia mí, se acerca, viene, viene, viene, se alza con una bocanada de fuego... Es tan real como la lluvia o los sonidos del viento.

Julio. Ya recuperado, realizo mis paseos habituales. Las lluvias son esporádicas. Acabo de regresar de una excursión desde la otra parte de la isla. He encontrado gran cantidad de uvas, caña de azúcar, cocoteros, limoneros dulces y otros muchos frutos silvestres. En mis correrías, constaté que la isla tenía otras partes de mayor fertilidad y belleza que el lugar donde había naufragado. Decidí, ya al principio del naufragio, no cambiar de ubicación con la esperanza de que otros barcos podrían ser desviados hacia el mismo lugar. La actividad cotidiana de leer la Biblia con ánimo piadoso, religioso, me sorprendía a mí mismo, cada día en menor intensidad.

Agosto. Empezó lloviendo esporádicamente, para dar cabida a una rutina; desde la mitad hasta final de octubre sufrí una lluvia diaria. Todos los días llueve.

¡Todos! En los primeros años, planté semillas en épocas incorrectas; no salió casi ningún fruto.

Febrero. Volví a plantar la semilla como siempre; confío en que germine con la humedad de las lluvias de abril y produzca una gran cantidad de fruto. He logrado tener cultivos de arroz y de trigo permanentemente con buenas cosechas. Con los años, espero que se conviertan en la fuente de manutención principal junto con los alimentos proporcionados por las cabras.

La miseria de la visión de la muerte, las alucinaciones y la vida en solitario me llevaron entonces a recordar los últimos días en York. He llegado a la conclusión de que Dios me ha castigado por mis decisiones y me ha dejado vivo para sufrir.

Sin embargo, no podía sentir la tristeza de haber sido esclavo en África, ni mis penurias para convertirme en un plantador en Brasil, ni el castigo o la oportunidad de vivir en aquella isla. Mi cerebro empezaba a guardar recuerdos solo de lo positivo y las fantasmagóricas experiencias durante la enfermedad aparecían como un recordatorio de la cara oscura de mi vida.

Julio. La enfermedad dejó espacio al disfrute. Los paseos, el encuentro de nuevas tierras bonitas y de selvas frondosas, el tiempo de ocio de pensar, el de contemplación de la naturaleza, el movimiento de las olas y del cambiante dibujo de las nubes, todo me hacía sentir feliz. Incluso, me siento como un lord de Inglaterra con sus tierras; paseo con mi alto e informe sombrero de piel de cabra, que me protege del sol y de la lluvia hasta el cuello, para evitar resfriados. Mi casaca de medio cuerpo, el cinturón donde cuelgo la sierra y el hacha, la correa sobre los hombros y la espalda, donde coloco las balas, el plomo, la pólvora y el carcaj para la escopeta o el fusil son mis atuendos habituales. Siempre me desplazo con mi sombrilla, sin la que muchos días sería imposible caminar en el exterior.

Agosto. Encuentro las uvas que había dejado colgadas al sol, ya secas y bien conservadas[16]. El transporte a mi morada permanente será más liviano y eficiente. Debía decidir cuántas, cómo y en qué momento transportarlas. Cada solución planteaba nuevos retos y cada superación, una satisfacción que me habría otras perspectivas a considerar.

Me voy sintiendo como el hombre esférico: consumidor, productor, agricultor, ganadero, inventor, innovador, historiador, escritor y lord de mis propias tierras. Y sin entender la razón, contento y triste al mismo tiempo.

---

16   Robinson, de nuevo, parece que conociera la fábula o leyenda de las tradiciones de los pehuenches de Argentina: *Los frutos del pehuén*. Un joven buscaba comida para el pueblo hambriento. Un anciano lo vio y dijo: «Los frutos del pehuén, árbol piñonero sagrado, son venenosos. La gente le lleva regalos, pero si los frutos se hierven hasta ser blandos y se tuestan al fuego, son muy alimenticios y hasta hacen una *chaur*, una bebida de celebraciones». Robinson también encontró nuevas formas de alimentarse y beber. No carecía de riesgos probar frutos silvestres, pero era la forma de mejorar.

CAPÍTULO 6.
MIS ACTIVIDADES PRODUCTIVAS EN LA «ISLA DE LA DESESPERANZA»

La alegría entre infortunios

Recorro mis dominios, siento que «Dios me ha coronado dueño y soberano de la isla». Deseo conocer el lugar, busco nuevos alimentos y un lugar elevado en la copa de algún árbol, para divisar tierra u otros bajeles. He decidido mantener mi casa, mi «fortaleza» y mi refugio en el lugar del naufragio. Descarto las opciones de moverme a lugares especiales y hermosos, valles y praderas verdes circundadas de bosques en otros lugares de la isla. Una cierta superstición me impide trasladar mi morada a otro enclave. En el interior y en lugares cercanos a la costa alejada de mi «castillo» he encontrado melones, cocos y uvas, que me ofrecen agradables bocados refrescantes. Con las uvas trituradas, preparar vinagre de vino, que actúa como protector de infecciones, me ocupa cierto tiempo y se mantiene en uno de los toneles que hicieron de balsa. Las uvas secas me proporcionan un buen postre alimenticio el resto del año. Con la cosecha de trigo y la de arroz, la leche, el queso de las cabras y las frutas silvestres, puedo vivir y estar suficientemente bien alimentado. Puedo tomar decisiones atrevidas en cuestión de cosechas. Mis modestos conocimientos se convierten en grandes logros para mi supervivencia. Ya no me parece un castigo de Dios haber sobrevivido.

Elaboré un cuadro sobre los periodos del año y la actividad agrícola más adecuada en cada una de ellas:

Periodo del año	Clima/Actividad a realizar
Mitad de febrero, marzo y medio abril.	Lluvias variables según los vientos; es el equinoccio. Mejor no sembrar.
Mitad de abril, mayo, junio, julio y medio agosto.	El sol al norte de la línea, sequía. Época de siembra.
Medio agosto, septiembre y medio octubre.	Lluvias cambiantes según los vientos y el sol. Mejor no sembrar.
Medio octubre, noviembre, diciembre, enero y medio febrero.	El sol al sur de la línea, sequía. Época de siembra.

Esta lista me ha costado años poder hacerla y me ha sido de enorme ayuda en mi vida en la isla. Entiendo el orden de mi padre con las cosas de su comercio.

El loro, un canto de suerte

Entre mis actividades predilectas, la que me supone un considerable esfuerzo es enseñar, más bien intentar, hablar al loro. Le digo, repito, una y otra vez, mi nombre, pero no he obtenido, hasta hace unas semanas, respuesta inteligible de ningún tipo. Escasamente salían de su gaznate, escasos sonidos y gorgoteos. He perseverado en el intento, por la necesidad de sentir alguna voz que no sea la mía. Es uno de los mayores castigos de vivir en la isla, no obtener respuesta de mis conversaciones con las cosas y animales.

Desde hace unos meses, estoy complacido con los primeros avances; el loro pronuncia palabras aisladas. El loro pronunció, por primera vez, «*Rrrrrobsonnn escrrrribe*». Desde entonces, el desarrollo de su lenguaje es rápido; me sorprende que sepa seleccionar la palabra y entender lo que le digo. El loro captó mi alegría y empezó a repetir «*Rrrrrrbsonnn escrirrrribe*» una y otra vez, mientras daba saltos sobre la rama horizontal, en que se apoya, situada sobre una estaca. Me sorprendió que fuese la palabra; *escribe* lo que dijo primero. A los pocos días yo mismo me escuché pronunciando «Robinson escribe», y probablemente es una expresión que solía pronunciar sin percatarme de ello.

Fabriqué algunas vituallas y productos para mi bienestar, principalmente por necesidad de tranquilizar mi mente. Estoy orgulloso de haber confeccionado una chaqueta con faldones hasta media pierna, mocasines que me sirven de calcetines y de un tahalí para llevar, en una bolsa las balas y en la otra, pólvora. Aprovechaba piel de cabra y de gato montés. Junto a la sombrilla, estos eran mis tres preciados tesoros.

Construí una pipa cuando se rompió la que encontré entre los restos del barco. La pipa era ingeniosa, pero poco digna de darle ese nombre. Aproveché un pequeño tronco que me insinuó la forma, una boquilla larga, recta, de la que surgía, como una seta, lo que podríamos llamar la cazoleta. Con una de las varillas de hierro ahueque el hornillo, el gran ensanchamiento, en el que se colocaría el hipotético tabaco. Con otra varilla de hierro, perforé el tronco para formar la caña. Aunque no fumaba mucho en pipa, me permitía seguir la costumbre de Brasil de tenerla en la boca y jugar con ella entre las manos. El tabaco lo solía masticar.

Como productor de herramientas, mi faceta de artesano mejoró lentamente. Llegué a construir un cesto —muy primitivo— para transportar pequeñas cantidades de grano, uvas, cocos u otras frutas. Era un dispositivo que me llevó a idear otro artilugio para poder transportar objetos, de mayor tamaño o de mayor peso, con mayor eficiencia.

El instrumento de transporte consistía en dos largos palos, colocados en paralelo; un extremo de cada palo iba tocando tierra y el otro, sobre mis hombros y unidos con una cuerda sobre mi cuello. Posteriormente, tras varios intentos fallidos, logré construir uno más eficiente. Mantenía los extremos de los palos separados el ancho de mi espalda, utilizando dos ramas, sujetas a los dos extremos de los largos troncos. Los sujetaba al pecho y cintura con unas correas de cuero, que distribuían el peso. El «carro» lo cubría con ramas de palmera, sobre las que colocaba las pieles cosidas de cabras, gatos u otros animales. Cada vez que debía corregir una actividad, recordaba una frase que mi padre me repetía constantemente: «*Cada hora de pensar ahorra muchas de inútiles acciones*». Podía transportar tortugas gigantes, troncos de árbol, los cestos cargados con la cosecha o las frutas. La nueva herramienta de transporte incrementó la capacidad de trabajo con menor esfuerzo.

Ordeñando cabras

Ordeñar las cabras fue uno de los trabajos que me proporcionó mayor asombro. No era una tarea fácil conseguir lanzar el chorro hacia el recipiente, múltiples y laboriosos intentos de extraerla de las ubres, hacerlo de forma que el animal se sintiera cómodo y estuviera quieto; simple explicación para una difícil tarea.

Ordeñar mañana y tarde a más de una veintena de cabras era, además, un arduo trabajo. Las cabras regresan sin necesidad de irlas a buscar, para su «festín» de grano y paja. Me proporcionan leche diaria, con la que hago queso y otros derivados. Las encerraba en el redil para ordeñarlas, como un protocolo diario entre ellas y yo. Los primeros intentos fueron duros, para las cabras y para mí. Al principio tiraba mucho de la urbe, la mantenía fuertemente apretada molestando al animal; otras, no apretaba suficiente o demasiado y la cabra se quejaba. No pudimos ser amigos hasta que las ordeñaba correctamente sin molestarlas. Les puse nombre y las llamaba una por una. Venían a mi llamada, eso quiero creer. En realidad, cuando una se acercaba, las otras acudían detrás. ¡Me gusta pensar que me entendían! Ordeñar es un arte. Hay que acariciar a la cabra, hablarle antes de empezar a tocarla, limpiar la ubre y cada uno de los mugrones, suave y enérgicamente, tirar hacia arriba y hacia abajo deslizando la mano, hasta que obtenía un chorro de leche grueso y con fuerza. La cabra iba comiendo tranquilamente si no me equivocaba.

Con los frutos encontrados en la «casa de verano», caña de azúcar, plantas de cacao, naranjos, limoneros, plantas de café y otras frutas comestibles, pude preparar mayor variedad de platos. Mi alimentación fue mejorando y me permitió despreocuparme del problema de subsistencia. Me sentía orgulloso de aprender a ser cocinero; reconocía el mérito de los marineros que hacían esa función en el barco y en las posadas. Había pasado de ser un nómada marinero a ser un sedentario, de ser un cazador a convertirse en un agricultor y ganadero. ¡Nunca pensé en convertirme en campesino y aquí estoy! ¡Si mis padres me vieran!

Miedo, por una huella en la arena

La Providencia acude en mi ayuda frecuentemente. Leo la Biblia diariamente —*Nuevo Testamento de la Reforma anglicana*—; mantenía, especialmente, protegidos los ejemplares de la reforma de Genève de Calvino y una católica papista. Encuentro a Dios en todas las cosas y fenómenos. ¿Qué es sino Providencia el hecho de que unos granos de arroz y de trigo cayeran en tierra, delante de la cueva, y dieran fruto? ¿No lo es que yo reconociera que era trigo y arroz? ¿Era casualidad que, al agitar el saco casi vacío, los granos llegasen a convertirse en semilla? ¿Qué es sino providencial que crecieran allí mismo sin ningún cuidado? ¿No es providencial que los reconociera y que supiera cómo plantarlos gracias a lo aprendido en mi cautiverio como esclavo?

Ahora me permito cultivar dos veces al año arroz y trigo. Es un proceso cíclico que posibilita ampliar la cabaña de cabras, poder disponer de suficiente paja y alimento para ellas y disponer de reservas de alimentos. Escribo mis avances agrícolas, puesto que se sitúan entre las experiencias más sorprendentes de mi vida de náufrago y de mi vida toda.

Lo que yo llamo «mi casa de vacaciones» está situada al otro lado de la isla, a unos noventa grados del «castillo», en un bonito valle situado en lo alto de una colina y separado del mar por un pequeño montículo o promontorio. Es en ese bonito lugar donde recojo muchos alimentos silvestres y la cabaña me sirve de residencia durante el tiempo de recolección. Ahorro tiempo y esfuerzo de ir y venir a la fortaleza; me distraigo mirando el mar desde la colina y me evita el coste de la monotonía. No siempre sueño con volver a Inglaterra. Cada vez menos.

Para enseñar al loro a decir palabras, me pongo en posiciones cómicas, dignas de un teatro, y uso expresiones que producirían risas en una función callejera en Inglaterra. Me coloco delante del loro, con los ojos enfrente de los suyos, un poco lejos para que pueda ver mi boca y mi lengua. Yo mismo me sonrío cuando pienso en la cara que debo poner al decir hola, con la boca muy abierta, enseñando la lengua, para que compruebe el movimiento. El loro reaccionó muy rápido; aunque al principio intentaba escapar, revoloteaba y se alejaba tanto como podía, creo que de miedo a mi expresión. Cuando perdió el miedo a mi proximidad, repetía varias veces el sonido hasta que, finalmente, el loro pronunciaba sonidos como palabras. Quedamos muy agotados tras cada sesión. Cuando el loro llegaba a pronunciar una nueva palabra, los dos saltábamos y yo movía los brazos arriba y abajo; el loro aleteaba las alas. Cada uno a su estilo.

El loro avanza muy rápido en su aprendizaje, el de pronunciación y el de comprensión del significado. Cada vez que aprendía una nueva palabra, yo saltaba de alegría, de forma eufórica; el loro repetía una y otra vez la misma palabra, también alborotado. Sabía pronunciar y conocía el significado de expresiones como «tengo sed», «puede llover», «buenas noches y buenos días»; más tarde aprendió a separar las dos expresiones y utilizarlas en el momento correcto. Son producto de mi esfuerzo y del loro. Me llevaba al loro a los campos cuando iba a revisar los espantapájaros.

Intenté muchos sistemas para ahuyentar los pájaros: colocar ropa colgada, dejar a los perros en el lugar, disparar en algunas ocasiones, y solo uno funcionó. Colgué los cuerpos de varios de los pájaros invasores repartidos por toda la parcela y obtuve un excelente resultado; los supervivientes nunca más se acercaron a la cosecha.

Empiezo a racionar, muy estrictamente, el uso de papel y tinta. Escribir me produce una gran tranquilidad de espíritu y lo hago cada vez más conciso; anoto ideas clave y brevemente, los acontecimientos singulares. No quiero agotar los utensilios de escribir; fabrico tinta con trozos triturados de una madera negra diluida en agua, aunque no sé si será de larga duración y me preocupa. No encuentro justificación para esa desazón. No tengo la esperanza firme de que alguien, en el futuro, pueda leer mis notas, pero lo hago pensando en ello. Escribo para mí mismo; el tiempo, la esperanza, la voluntad, el sueño… todos los elementos me impelen a hacerlo.

Los ingredientes de mi comida diaria eran, usualmente, uvas o fruta para desayunar, cabrito asado para almuerzo, pescado u otra carne y huevos de tortuga para cenar. Queso, pan, arroz y trigo cada día y un poco de leche por la mañana. No voy escaso de energía para hacer casi todo lo que planeo hacer, que requiere gran esfuerzo. La preparación de los ingredientes de forma distinta es también una fuente de placer; el resultado no siempre lo es, pues podría acabar siendo un producto incomible. Me compensaba pensar que era un aprendizaje y ejercía de incentivo a superar las dificultades mayores.

Construir una barca se ha convertido en una obsesión[17]; lo llevo intentando en repetidas ocasiones, en especial cuando las circunstancias me permitían disponer de tiempo, esfuerzo, voluntad, esperanza de conseguirlo y el sueño de volver a Inglaterra. No lo efectuaba racionalmente, pues cuando había realizado varias tareas, disponía de un tronco medio hueco; me daba cuenta de que nunca podría moverlo hasta el mar, o no sería una barca suficientemente grande para ir a otras islas. Era consciente de que mis conocimientos sobre las corrientes en aquellos mares eran insuficientes. Ello me decidió a construir una pequeña piragua para rodear la cos-

---

17   Sutra budista indio, de Sangha Suna, en la dinastía Qin del sur. En cien parábolas budistas, *El tonto come sal*, intenta explicar decisiones irracionales o desproporcionadas. La parábola dice: «Un tonto visitó la casa de un conocido y vio que tiraba sal a la comida; cuando volvió a casa, le tiró mucha sal a la comida y no pudo comerla». El autor de *Economía y fábulas* explica el caso en relación con un exceso de publicidad o del uso de factores, sin mantener una cierta proporción; es inútil y cuesta más que los beneficios extraordinarios recogidos.

ta con mar en calma. De la observación del mar y del cielo, aprendí a conocer y aprovechar el flujo y reflujo de las mareas y la previsión de tormentas en la isla, lo que, junto a mis conocimientos de marinero, me permitiría navegar sin excesivo peligro alrededor de la costa. La naturaleza ya no era mi enemiga; tan solo es una compañera con la que voy aprendiendo a convivir.

Constantemente, aparecían nuevas facetas en mi vida. El pensamiento, intrincado por caminos insospechados, me transportaba de las cosas cotidianas a las imaginarias y me descubre una nueva faceta de cada situación. El espectáculo de las olas y de las mareas me proporcionaba descubrimientos extraordinarios; la playa del naufragio se había extendido hacia la derecha y recortado a la izquierda. No podía imaginar que las playas cambian de forma. Veía formas en las nubes, rostros, montañas, islas; sentía la música del silencio, la de las hojas moviéndose al son del viento, la interesante y comunicativa conversación entre los pájaros. Casi podía distinguir el sonido de unas y otras hojas o ramas de las palmeras con los ojos cerrados y la dirección de las olas y de las mareas. Las tormentas expresaban música en mis oídos; ya no eran la amenaza de la naturaleza, eran conciertos exclusivos para mí. El ritmo y la cantidad de lluvia me producían estados de ánimo diferentes; el cambio de sensibilidad a la naturaleza me afectó e influyó en todas mis actividades. Cortaba el mínimo de ramas necesarias para mis necesidades; no mataba animales excepto como alimento. La naturaleza era querida debido a mi nuevo estado mental. El cambio, la transformación, es, paradójicamente, la constante permanente de la naturaleza, dentro de la monotonía que creía que me envolvía.

Hace aproximadamente un mes, en uno de mis paseos por la costa más lejana, encontré restos de una chalupa. Podrían ser vestigios recientes del naufragio y hundimiento de un barco. No debía de haber sobrevivido nadie o bien habían sido alejados de la isla y derivados hacia el interior del océano en las chalupas o botes de salvamento. La barca, medio destruida, contenía dos toneles de ron que recogí y transporté a mi casa. Este hallazgo me mantuvo alerta durante algunos días, por si aparecían sobrevivientes. Fue en vano. Recorría la costa observando, con el catalejo, indicios de restos en la playa o un bote a la deriva. Fue inútil. La tranquilidad del mar contrastaba con las tormentas que habían hecho naufragar el desconocido barco y habían obligado a arriar los botes salvavidas. Por las características de los restos, deduje que el bajel era de Castilla y que debía ir cargado de oro y plata. Los corsarios y piratas conocían muy bien las rutas de navegación del Caribe, pero los buques oficiales no siempre llevaban capitanes experimentados.

Desanimado de mi infructuosa búsqueda, volví a mis ocupaciones cotidianas. Productor, agricultor, ganadero y maderero. He aprendido a construir jarras, un mortero de piedra para moler y batir el grano, una especie de horno para hacer el pan y otros pequeños utensilios. Han pasado muchos años desde el naufragio, ¡muchos años!, y me siento suficientemente satisfecho para aceptar vivir en «mi isla» lo que me quede de vida. Me distraigo viendo el mar en calma, no me asustan las tormentas ni los huracanes, vivo tranquilo, duermo sin pesadillas, sufro espejismos de vez en cuando, veo barcos que nunca se acercan, veo, sueño con una isla a lo lejos, muy a lo lejos. Esos sueños impiden que desista de construir una barca para viajar. ¿Estarían habitadas? ¿Las habitarán antropófagos? No puedo controlar mis pensamientos ni mis sueños; el cerebro tiene sus propios deseos y necesidades, su propia vida, independiente de mi voluntad.

Mi vida transcurría plácidamente hasta que, en el aciago día de hoy, he regresado de la playa, ¡aterrorizado! ¡La playa de la huella! He visto una huella humana. Al verla, de inmediato pensé que algún náufrago, como yo, había sido lanzado a la isla. Continué caminando para buscar otras huellas. Me detuve repentinamente; algo extraño me llamaba la atención. Retrocedí, volví sobre mis pasos para observar la huella y cerciorarme de que era realmente lo que pensaba y no un juego caprichoso de la arena. No había duda. ¡Era una huella muy grande, humana, pero de proporciones nunca vistas en mi largo recorrido y contacto con gente! La primera reacción positiva se trastoca en miedo, terror e incertidumbre. He regresado corriendo a mi casa de campo, pero he decidido, sin descanso, ir corriendo a la fortaleza. ¡Tanto tiempo queriendo hablar con alguien y, ahora, salía huyendo con miedo al ver unas pisadas de hombre!

Han pasado varios días y no me atrevo a volver a aquella playa, ni a salir de los dominios de mi fortaleza. Necesito organizarme de nuevo. Desde aquel momento toda mi vida cambió, mi tranquilidad desapareció, mis sueños se durmieron, mis alegrías se compartían con miedo, mis actividades se hicieron pesadas y sin disfrute. Intenté regresar a la playa pocos días después. Cada vez que lo intentaba, el recelo, la turbación, el miedo y la duda impedían acercarse al mismo lugar, recordando el tamaño de la huella. ¡La imagen me estremecía! Descarté que la huella fuese mía de un paseo anterior; no había paseado por allí ni el oleaje la podía haber alargado uniformemente. Deje transcurrir el tiempo con un cierto control de la «playa de la huella». No volví a ver otra huella ni restos de movimiento de gente.

Lo bonito del paisaje, la satisfacción de la casa de la playa, la belleza de la naturaleza, la contemplación del mar, las puestas de sol, los tranquilos paseos por la isla…, todas las cosas usuales que hacían agradable la vida en la isla perdieron parte de su encanto. Tuvieron que transcurrir dos años en los que me he alejado de mis dominios, el menor tiempo posible, excepto para recoger los frutos silvestres. En esas salidas «viajaba» pertrechado entre armas y siempre con aprensión. ¡Cómo un pequeño cambio exterior puede afectar a la felicidad!

He decidido volver a recorrer la isla, afrontando la desazón que me acompaña y dispuesto a descubrir algún secreto de la isla. En otra playa, al otro lado de los acantilados, encontré esqueletos humanos y vestigios de hogueras que me confirman la presencia de caníbales. He pensado que la isla debe ser como su lugar o templo de festín. Al principio, pensé castigarlos por sus orgías en mi isla; me hacía la pregunta: «¿Me buscarán? ¿Me encontrarán? ¿Qué harán conmigo? ¿Podré rechazar su ataque? ¿Son muchos?». Las dudas me dominan el espíritu y acudir a la Biblia para reconfortarme era una salida cómoda. Desde el momento en que me dispuse a atacarlos, mi ánimo volvió a cambiar; el miedo desapareció. Esta vez mi voluntad se sobrepuso a las circunstancias y los miedos.

Superando el miedo

En ese periodo de semi retiro inquietante, continué escribiendo, brevemente, sobre mis actividades, mis adelantos, mis satisfacciones, mis miedos y mis angustias. Mejoré mis habilidades de artesano, de carpintero, de alfarero, de panadero, de pastelero y de constructor de canoas. Me reconforta disponer de objetos elaborados por mí, haber logrado avances en la construcción de herramientas más útiles, mejorar en la técnica de cultivo, en conocer cuándo y de qué forma cultivar, en saber transformar la leche en queso, en mantener un rebaño de cabras y haber enseñado a hablar al loro. ¡Habían transcurrido veinte años! Escuchar al loro, aunque con pronunciación muy deficiente, y escribir eran dos de mis actividades preferidas, junto con pasear y contemplar la naturaleza.

Rememoraba una y otra vez, sonriendo, la primera vez que sembré treinta espigas de arroz y veinte de trigo; lo hice antes de la época de calor y la cosecha fue muy escasa. Aprendí los tiempos de siembra. Ahora, que sigo «el calendario agrícola», tengo dos cosechas al año y sé que las semillas deben estar en tierra durante el invierno y durante marzo para nacer en abril. Producir no era el único aspecto a tener en cuenta como agricultor o ganadero; había que proteger el cultivo de animales conocidos, cabras, pájaros, liebres y otros animales que nunca vi.

Trabajar la tierra sin arado era muy duro y lento; yo tiraba del rastrillo y aireaba la tierra, yo recogía la cosecha. Con mis brazos, de los granos de la cosecha, a base de golpes con una estaca dura sobre una piedra ahuecada, obtenía la harina. Posteriormente, la sustituí del mortero de piedra por uno de madera, que era menos perjudicial para mis brazos. Cada cambio era una mejora. Aprendí a no hacer actividades inútiles, procuraba no destruir la naturaleza y no dejar huellas de mis actividades esparcidas por la isla para evitar que los visitantes antropófagos conocieran mi presencia. Debería vivir con lo que tenía toda mi vida. Las treinta cuarteras de arroz y de trigo que cultivo son suficientes para alimentarse.

Las estacas que había plantado alrededor de la cueva, a modo de fortaleza, se habían convertido en árboles y decidí construir una escalera para poder traspasar de un lado al otro de cada cercado. La protección en caso de ataques era casi absoluta. Era mi castillo de dos murallas y adicionalmente invisible si no se buscaba la cueva.

Construí cestos intentando recordar cómo lo hacían en los mercados de África, con ramilletes de ramas finas entrelazados y que servían para el arroz y el trigo. Construí una jaula considerablemente grande para el loro. Construí, de nuevo, una alquería para las cuarenta y tres cabras. Construí una larga mesa que sustituye a la anterior; dediqué varias semanas a cortar un árbol adecuado. Necesito mucha paciencia; la tengo, la he cultivado. Las vasijas de barro que voy construyendo se rompen fácilmente, por lo que he de hacer y rehacer una y otra vez el mismo proceso; los recipientes de ramas entrelazadas son más duraderos, pero no sé fabricar las vasijas de forma que tamicen el grano adecuadamente. Hacer todo lo que uno desearía es imposible.

Organicé el tiempo por tareas: leer la Biblia por la mañana y por la noche, pasear mirando el mar antes del mediodía, cocinar con nuevas fórmulas, descansar entre una y otra actividad. Alimentar a las cabras, ordeñar a las que no debían amamantar a los cabritillos. Descansar cuando el sol es irresistible y las tormentas feroces. Gozar de la contemplación de los colores cambiantes del firmamento y de las cambiantes corrientes del mar me produce una amalgama de tranquilidad y turbación.

Para hacer pan tuve que construir un horno. Amasar y cocer era muy laborioso. Tenía que hacer carbón con leña; la colocaba entre ladrillos cuadrados, limpiaba el suelo previamente, ponía la masa, la cubría con una vasija de barro, concentraba las cenizas sobre el conjunto y le daba calor. Era el horno dentro del horno. Con el azúcar de caña convertía el pan en bollos dulces de pastelería. Aprendí a hacer diferentes tipos de queso, a cortar la carne, a fabricar mantequilla, a conservar la leche a base de hervirla una y otra vez. El mosto, el agua de coco y el agua dulce eran mis bebidas usuales.

Una de las actividades extremadamente laboriosas y difíciles era fabricar utensilios de barro, ya que se rompían fácilmente, por lo que debía repetir la operación una y otra vez. Mejoré la técnica tomando trozos de ollas rotas, modelé la forma deseada, les puse leña encima y cenizas abajo, mantuve el fuego hasta que fueron cambiando al rojo; cuando vi que modificaban su color en blanco y empezaban a fundirse, al derretirse la arena mezclada con arcilla, mantuve la temperatura varias horas y obtuve unas ollas de barro bonitas. Una apareció coloreada por la arena que había goteado sobre ella. ¡Y esta es una de las actividades ancestrales de la humanidad, construir vasijas!

Aprendí a desollar animales, a aprovechar la piel, con la que disponía de una cama cómoda. Con las pieles, confeccione una especie de colchón y un edredón. Confeccioné el gorro de piel, que era suficientemente largo y caía sobre mi espalda, para evitar que entrase el agua de la lluvia en el cuello; evitaba resfriados consiguientes y me protegía los hombros del roce de la talega. Eran trabajos que venía haciendo esporádicamente para mejorar la casaca y el gorro. La escasez que sufrí menos soportable fue la de tinta y papel. Las monedas de oro que tenía guardadas no servían para comprar tinta; carecían de valor en mis condiciones. La utilidad era el factor más importante para tomar decisiones. Habría cambiado todas las monedas por varios litros de tinta. La utilidad pasaba a ser el criterio decisivo a la hora de valorar un bien.

Observando las olas, perfeccioné el conocimiento sobre la secuencia del flujo y el reflujo de las mareas del lugar; emergen conocimientos de mi memoria que no recordaba tener y que se habían ido acumulando en mi memoria. Me eran útiles para poder pescar, sin riesgo, a lo largo de la costa. Aplique esos conocimientos ocultos para explorar el resto de la isla y averiguar los lugares de desembarco probable de los navíos perdidos. De hecho, no podía ser perezoso si quería sobrevivir. Mis pensamientos estaban divididos entre el pasado, el presente y el futuro. Ya no vivía pensando en lo perdido en Londres y Brasil, excepto cuando el miedo me dominaba por la posible llegada de antropófagos. El futuro no existía fuera de la isla. Sentía un presagio inexplicable.

PARTE V

CAPÍTULO 7.
NOSTALGIA DE MI VIDA EN BRASIL

Progresar con amigos honrados

En las muchas horas en las que el cansancio y las condiciones climáticas no me permiten realizar actividad física alguna, intento descansar y, aunque no deseo ni pensar en el pasado ni en el futuro, no puedo controlar los pensamientos. En esa tesitura me esfuerzo para concentrarme en Brasil, en mis progresos, en las atenciones y generosidad del amigo del capitán Simao Oliveira; a este le considero mi salvador y amigo y confío plenamente en su honradez. Recurro a la Biblia con mucha frecuencia y doy gracias a la Providencia por conservar mi vida. Las narraciones bíblicas me condujeron a pensar en ciertas coincidencias: el mismo día que nací fue el mismo en que me salvé de la tempestad en Hull; el mismo día que me liberé de la esclavitud de los piratas es el mismo en que me salvé del naufragio.

¡Cada nueva vida empezaba el mismo día! Pensamientos similares me desviaban frecuentemente de mi deseo de que la mente no los controlara. Dejé de preocuparme y, desde entonces, me dejé deslizar por esas extrañas ideas.

Mi éxito en Brasil se debió a una serie de factores, circunstancias coincidentes. Las condiciones para mi cambio de suerte, sin considerar la necesaria e imprescindible ayuda del capitán Simao Oliveira, radicaron en la capacidad económica inicial que me brindó, la opción de compra de parcelas, a buen precio, que me ofreció su amigo Duarte Pacheco y la ayuda en formación y buen trato en los pagos de las deudas. Un cuarto factor, los favorables acontecimientos comerciales, en los mercados de azúcar y de café de Europa, al coincidir con los inicios de mis actividades productivas.

Estas condiciones, junto a la transferencia de conocimientos y técnicas de producción por parte de otros propietarios, me ayudaron a evitar la aparición de rendimientos decrecientes en mis parcelas. Sin aplicar nuevas técnicas productivas, el aumento de producción al aumentar la cantidad de trabajo o de la semilla hubiese ido disminuyendo. No utilizar proporciones inadecuadas de trabajo o cantidad de plantación en una determinada superficie de parcela permitió aumentar mis beneficios con nuevas parcelas. Los cimientos de todo ello radican en la capacidad de aprender que adquirí en la escuela y los colegios en York, donde mis padres insistieron en llevarme. Aquella capacidad me ha permitido aprovechar las diferentes oportunidades que se me han presentado en cada ocasión.

Entendiendo, en solitario, el mercado y los precios

La demanda de azúcar y café se incrementa constantemente y con ellos los precios. Los grandes propietarios aumentaban la producción a pesar del aumento de los precios de los factores, esclavos, herramientas y transporte, ya que quedaban cubiertos, sobradamente, por el aumento de precio del bien final vendido. El escollo más importante para aumentar la producción procedía de la limitación de esclavos procedentes de África, debido al monopolio ejercido por Castilla. El número de indígenas era insuficiente para las plantaciones y estaba regulado en leyes llamadas «*encomiendas o cupos*», de forma que no todos podíamos tener derecho a contratarlos. Muchos indígenas escapaban a la selva antes de trabajar en las plantaciones como esclavos. El monopolio de comercio y esclavos tenía su origen en el llamado Tratado de Tordesillas, entre el Papa de Roma, Portugal y Castilla, por el que esta tenía derecho de conquista de los nuevos territorios encontrados en América del Sur y Antillas, excepto Brasil para Portugal, a quien le corresponden también los nuevos territorios en África y Asia. Tratado no aceptado por otras potencias, en especial Francia, Inglaterra, Dinamarca y Holanda. Este tratado es una de las causas de conflictos permanentes entre las naciones europeas y origen de corsarios y desarrollo de la piratería. El comercio triangular, desde África con esclavos a Brasil y resto de América, de esta la producción de azúcar y café y la venta a Europa, se desarrolló en ese compulsivo periodo.

Solitario en la isla, dedico parte de mi tiempo de descanso a entender la vida económica en Brasil, sin comprenderla del todo. El asunto de ir a buscar esclavos, que fue la causa de mi naufragio, y su diferente sistema en América es una de las principales incógnitas para mí. Los esclavos[18] existían en civilizaciones antiguas; los griegos, egipcios, romanos y otros pueblos basaron en ellos su poder y su riqueza. Ahora, en América, el sistema permite que el sistema productivo se beneficie de mano de obra gratuita, aunque, aquí, son tratados como animales. Es como un retroceso en la humanidad. Yo no fui tratado como un animal; al revés, aprovecharon mis conocimientos y habilidades para hacer cosas. Esclavos singulares fueron

---

18   Hasta el propio Platón fue esclavo, aunque liberado por un admirador. En Grecia y Roma, los esclavos podían ser los maestros de los hijos de los propietarios, pues eran esclavos de guerra y entre ellos había pensadores y filósofos. Incluso, en mi cautiverio en África no perdí la condición de persona. En América, los esclavos eran tratados como animales.

bien tratados para cobrar rescate y también muchos fueron tratados, simplemente, como simples animales productivos.

En los primeros años en Brasil, no dejaba de sorprenderme y me fascinaba ver los ingresos elevados por la venta de café y azúcar. El precio de ambos continuaba subiendo en Europa, y el aumento de la oferta no los hacía disminuir. Me admiraba que, sin ser productos necesarios para alimentarse, ni para conservar alimentos o para vestir a la población, aumentase la cantidad que los demandantes deseaban adquirir con incremento de precios.

Escuchaba explicaciones varias; algunos aventuraban que el consumo tanto del café como del azúcar no respondía a una necesidad, sino al deseo de demostrar capacidad de compra de los adquirentes. Otros decían que la combinación del consumo conjunto, al endulzar el café, aumentaba el consumo de los dos; era como si cada uno fuese complemento del otro. Otros defendían la teoría de que era la novedad y un cierto culto sobre los efectos saludables de esos productos. Otros argüían que el aumento del nivel de vida de una parte de la población incentivaba al seguimiento de las costumbres de los más ricos. Otros defendían la teoría de que era un cambio de hábitos de consumo de la gente, que sustituye el consumo de unos productos por otros. Muchas opiniones diversas se barajaban en las tertulias de Brasil; todas me parecían lógicas, no podía elegir cuál de ellas podría ser la acertada o qué parte de peso tenía cada una en el comportamiento de los demandantes. El precio no funcionaba como la variable decisiva, que era lo que había aprendido de mi padre. Había otras variables que influían en la demanda de esos bienes.

El aumento del precio de los bienes finales incentivaba su producción, que exigía la contratación de un mayor número de esclavos para trabajar en nuevas tierras. El precio de compra de los esclavos también aumentaba por la escasez relativa en una proporción menor que los precios del producto final.

La explotación de más tierras acentuó las diferencias de rentas y riqueza entre propietarios e incentivó el cultivo en tierras de menor fertilidad, con una reducción de la producción por esclavo y por parcela.

El precio de los productos en Europa era suficiente para dar buena rentabilidad a los propietarios de tierras menos eficientes. Más esclavos exigía también más maquinaria para poder obtener el mismo beneficio por trabajo; el precio de los instrumentos de producción también se incrementó. Brasil llevaba cien años exportando azúcar, aprovechando la fertilidad de la tierra y el clima; había diseñado artilugios para triturar la caña, obtener el jugo tras hervir y separar los cristales —azúcar— de la melaza y aprovechar esta para fabricar ron. Todo se aprovechaba.

La diferente cantidad de tierras disponibles y la distinta fertilidad de las mismas generaron una desigualdad de rentas entre los propietarios. Esa diferencia acentuó la estratificación social, sin impedir el progreso económico general. El sistema no estaba exento de problemas en Brasil; había luchas permanentes con algunas de los centenares de tribus indígenas —tupinambá, guaraníes y los pataxí—, con conflictos entre sí por idiomas y culturas distintas.

La diferencia de rentas entre los colonos procedía, así mismo, de la proximidad a los lugares de embarque y a los mercados, ya que los precios tenían que compensar los costes de producir en las parcelas de tierras menos fértiles y, además, el transporte al lugar de embarque. Con precios iguales, esos costes se convierten en el elemento generador de mayor o menor rentabilidad de las parcelas.

Las diferencias de renta procedían igualmente de factores como la concentración de parcelas en grandes propietarios, las tierras arrendadas por algunos a otros propietarios que dejaron de explotar las tierras directamente, por falta de interés, por insuficiencia de miembros familiares interesados o por preferir dedicarse a otras actividades. La cantidad de tierras para la explotación por arriendo no era de gran cuantía; dependía de las familias dispuestas a alquilar, de la cantidad de personas sin tierras suficiente, para alimentarse con su propia producción, de la cantidad de semillas o materia prima ahorrada para utilizarla en las tierras de otros y de la cantidad de esclavos poseídos o que podían adquirir.

El efecto general del incremento del precio de los bienes finales, azúcar, café o tabaco, influyó y generó un nuevo coste superfluo a la producción, el coste de los sirvientes domésticos inútiles, como abrepuertas y cocheros.

Los bienes de lujo, como sirvientes sin hacer nada, se convirtieron en signos externos de riqueza y de renta, la ostentación y «*obligaba*» a mostrar el poder.

El destino de los ingresos decide el futuro

Yo no poseía ni muchas tierras ni esclavos al estilo ostentación; tenía sirvientes que me ayudaban en la plantación. Para mejorar mi capacidad de negociación de venta y reducción de costes, me fue útil aliarme con un vecino que tenía características similares a las mías. Hicimos operaciones conjuntamente: transportar, vender y adquirir recursos. Intentábamos llegar al mercado anticipadamente, adelantándonos a la llegada de las grandes cantidades de oferta por parte de otros hacendados de mayor tamaño. Nuestra producción era poco importante cuantitativamente. Obtenemos un precio superior al que se pagaba posteriormente, ya que siempre existían compradores que necesitaban el producto con mayor urgencia. Eran comportamientos que ya había visto en mi esclavitud en Marruecos, que utilicé en Brasil y que ahora, en la calma de la isla, entiendo completamente en toda su extensión.

Los ingresos obtenidos por mí tenían un destino marcado por orden de necesidad. Una parte iba destinada al consumo propio, otra a la manutención de esclavos y sirvientes, hasta la próxima cosecha. Otra parte era el ahorro imprescindible para adquirir las semillas y herramientas para producir, recoger y vender la siguiente cosecha. Otra, para aumentar la producción, que exigía mayor inversión y, por tanto, un incremento de ahorro procedente de la producción. Otra parte de los ingresos de la cosecha servía para cubrir las deudas, por la deuda contraída por la compra de la parcela y los intereses del préstamo. Otra parte de los ingresos la dedicaba a mejorar las parcelas con abono y riego.

En resumen, los ingresos se dividían entre el consumo, el ahorro y la inversión necesaria para aumentar la capacidad de producción. Es un sistema cíclico perpetuo en el que el ahorro era el eslabón imprescindible y la inversión el corazón de la actividad. De no hacerlo de este modo, la ruina podría aparecer si las condiciones del mercado dejaban de ser favorables. la inversión para el año siguiente era la fuente del crecimiento; la pasada ya era historia.

El incremento de los precios del café y del azúcar, también del tabaco, me permitió, sobradamente, hacer frente a todos los costes, ahorrar una parte de mis ingresos, muy superiores a lo esperado, que dediqué a invertir en comprar más parcelas y las herramientas más productivas. Con precios de venta en alza, con mayor producción en cada cosecha, con obligaciones de pagos casi fijos y estables, las ganancias netas se multiplicaron. Eso me sucedió en Brasil. Y ahora estoy en una isla desierta, «la isla de la desesperanza», donde nada de eso importa.

Frecuentemente, recuerdo las palabras de mi padre: «No podremos ayudarte si decides ser marinero», y las del capitán en el primer encuentro: «No te voy a cobrar por rescatarte, te pagaré por la barca y tu trabajo mientras estés en el barco. Será la ayuda que te servirá para empezar una nueva vida en Brasil. No todos tienen la suerte de empezar con un capital inicial que les permita vivir mientras encuentran trabajo». Ese capital inicial, la ayuda del capitán y su amigo sustituyeron lo que mis padres no podían hacer. La ayuda de mis padres llegaba de otra forma; la formación y el hincapié en que no fuese perezoso me proveyó de las herramientas para superarme. La dotación inicial, el conocimiento y la inversión parecen ser los factores clave del progreso individual y social.

Ahora entiendo un poco mejor el papel de los cambios de gusto en la demanda de un producto. En el caso del consumo de azúcar y café, o azúcar y chocolate juntos, me sugiere varias respuestas. La primera es que ambos se ayudan mutuamente en el mercado; la segunda, que aparezca una nueva función. El chocolate parecía tener características medicinales y energéticas, y mezclado con azúcar lo hacía más agradable al paladar, una tercera respuesta.

Lo que parecían necesidades superfluas se fue convirtiendo en un deseo, que quedó fijado como necesidad mental de los consumidores[19] y quedó como un consumo permanente. Eso es lo que me ocurrió a mí con el deseo de conocer mundo.

En Brasil, me comportaba como los otros propietarios que tenían éxito, aun sin entender todas las razones para hacerlo tal como ellos. Copiaba sus decisiones

---

19   Robinson, estaba comprobando la diferente función entre cubrir las necesidades y los ilimitados deseos. Donde la renta, la riqueza, los gustos, la ostentación y la aparición de nuevos productos afectaba al precio y a la cantidad de demanda, que sería cubierta con una oferta nueva.

en la compra de productos, en la venta a futuro de la producción, en la adquisición de esclavos en el mercado de subastas al alza y en la compra de nuevas herramientas. A menudo, me encontraba con que yo hubiese pagado una cierta cantidad y nadie ofrecía una cantidad tan alta. A los pocos minutos, el precio de la subasta se estancaba o bajaba. En el caso del mercado de esclavos, que se solía celebrar los viernes[20], el precio variaba si se ofrecía la compra de un «lote» de esclavos o toda la familia. No podía dejar de pensar en el trato como animales. Sabía que era común tener esclavos, pero tratarlos como animales desafiaba mi conciencia, y aunque intenté tratarlos bien, sabía que ellos no tenían libertad; estaban en la prisión de un océano infinito.

El mercado dejó de parecerme un simple lugar. Su funcionamiento implicaba muchas funciones. Permitía tener información para decidir aumentar la producción, continuar con el cultivo de los mismos o iniciar el de otros. Además, la decisión de continuar o cambiar de tipo de producción afectaba al uso de los recursos que se utilizaban para ello. El trabajo, las tierras, los ahorros se reasignan de un sector, sin que nadie obligue a los productores a hacerlo, solo decidiendo según sus intereses y los de los compradores.

El proceso desde la producción era muy diferente para cada producto. El de la caña estaba entre uno y dos años, el del café dos o cuatro años y el del cacao cada año o dos veces al año. La recogida del café era la primera acción. La venta del producto final necesitaba muchas actividades. La venta y compra en los mercados de origen, la preparación para el transporte, la pericia del transportista para llegar rápido y sin percances a su destino, la retribución de los marineros, los ingresos de los compradores y vendedores, el pago a los compradores de esclavos, a los cargadores en el muelle, el coste del transporte interior, el coste y riesgo del armador, las cantidades pagadas a los aseguradores contra el riesgo de naufragio, la pérdida de la mercancía o rescate en caso de piratería, es un largo proceso de trabajo y técnica. Se debía considerar en el precio la parte que iba a pagar a los bancos prestamistas por gestionar o transferir dinero, el coste de almacenaje de los mayoristas y el de los comerciantes minoristas. ¡Todos los que estaban involucrados debían obtener ganancias! ¡Es extraordinario! «Solo el trabajo del esclavo era gratuito, excepto el coste de manutención». No llegué a saber cómo el plátano, el café y la caña de azúcar, que procedían de Europa y eran originarios de África, se habían convertido en el producto más valioso para los negociantes.

Superando los miedos

Y ahora, en «*la isla de la desesperanza*», me siento reconfortado y conocedor de muchas cosas. Quizá hubiese visitado más mundo siendo un buen comerciante que no marinero. Dios me ha compensado con poder vivir y disfrutar en la natu-

---

20   De esta costumbre viene el nombre actual de «Black Friday» para los días de compras especiales.

raleza, aunque solo puedo hablar con el loro. Estoy conforme y me sobrevivirá, pues parece ser que los loros son centenarios. Fluctuaban mis pensamientos entre considerar el naufragio un castigo o un premio. ¿Continuaría viviendo siempre de la misma forma?

PARTE VI

PARTE VI

CAPÍTULO 8.
ADQUIRIENDO HABILIDADES Y CONOCIMIENTOS

La satisfactoria adaptación creativa

De todas mis experiencias en la isla, la de ser agricultor productor de mis propios alimentos es la que más ha transformado mi idea sobre los méritos de las gentes que se dedican a esa actividad. Me percibo de ello al tener que proveerme de mi propio sustento. Incluso, mientras fui esclavo, estuve liberado de esa pesada carga. Trabajar en la plantación de caña y cultivar tabaco, siendo una dura tarea, no hacía depender mi vida del esfuerzo diario y de las condiciones del clima.

Ahora, en la isla, como productor, transportista, almacenista, cuidador y consumidor de lo que produzco, sean productos agrícolas o procedentes de animales, comprendo la diferencia de vida de los habitantes de las ciudades y la del campo y la función imprescindible de los mercados en el proceso de intercambio. Pensar en el mercado de York, donde acudían los productores a vender las mercancías, me hace sentir, ahora, admiración por ellos. Con mis padres hacíamos salidas fuera de la ciudad y tengo imágenes del agricultor encorvado cuidando la tierra, arando, transportando pequeñas piedras y rastrojos, sembrando, protegiendo la cosecha, evitando que pájaros, roedores, conejos y otros animales destrozaran la producción. En aquel momento no pensé en la incertidumbre sobre la cosecha futura, o el miedo a enfermedades de los animales o del propio agricultor-ganadero o su familia. Si un animal caía enfermo o moría, la pérdida era considerable. Años alimentando a los animales, cada día, mañana y tarde, llevándolas a pastar o preparando la comida en el establo, cuidarlas, ayudar al nacimiento de los becerros, de los cabritos o de los cerdos, podían convertirse en humo y arruinar a la familia.

Miles de imágenes pasan por mis pupilas. Nunca, hasta ahora, me entretuve a pensar en el complejo entramado existente desde el momento de producir hasta el consumo. Además, los trabajos podían ser más fáciles de hacer en York, con herramientas adecuadas para cada función, pero el conjunto era de una complejidad considerable. El riesgo, siempre presente, de falta de compradores, de una cosecha escasa, de una caída de los precios, un cambio de gustos y otros acontecimientos aleatorios, fuera de control del campesino, me había pasado inadvertido. ¡Pobres campesinos!

El mercado, sin nadie que dirigiera el proceso, era el instrumento del intercambio. La decisión de autorizar un mercado por parte de los poderes, Iglesia, ricos y nobles, implicaba tal cantidad de cambios en el municipio, que la existencia de los moradores de la zona se veía transformada significativamente. Se desarrollaban nuevas profesiones, se construían viviendas, incluso iglesias y catedrales, que daban trabajo a muchas personas y creaban una corriente de contactos, que influyen en la forma de actuar y en la aceptación de nuevas formas de pensar y trabajar. El efecto inmediato para los poderosos era aumentar su riqueza, al incrementar su renta por los derechos como propietario del mercado o del territorio o sobre el trabajo de los campesinos. A los priores, les representaba más feligreses, más visitas a la villa, más limosnas, más prestigio, más comercio, que, en parte, dependía de sus tierras. Aparecían o se desarrollaban nuevas profesiones, nuevas técnicas de construcción, de cultivo, que se transmitían de unos lugares a otros con los viajeros. Todos ganaban, aunque unos mucho más que otros. Las ciudades parecen ser la concreción y acumulación de las mejoras del trabajo y de la producción. Allí, en las ciudades, también está la educación.

La línea del cambio

La realidad del campesino es ingrata. Hace unos días me desplacé a la parcela ya preparada para sembrar; estaba rastrillada para igualar la superficie, la había cavado para airearla, marcado los surcos para aprovechar el riego y limpiado de hierbas inútiles. La lluvia se adelantó, la tormenta y el viento no me permitieron la siembra y destruyó, en parte, lo que previamente ya había preparado. Seguro que esto les sucede a los agricultores de todos los países. Regresé a la morada para evitar caer enfermo.

Una vez resguardado de la tormenta, reanudé mis elucubraciones sobre las actividades en Inglaterra. Los campesinos tenían mucho que agradecer a los artesanos y productores de herramientas y utensilios, que les permitían ser más productivos con menor esfuerzo. No todos los campesinos podían utilizar los nuevos instrumentos de trabajo, puesto que el precio de los mismos dependía de los ingresos logrados. La cantidad de compradores, los costes de fabricación, la cantidad de oferta disponible y la capacidad de ahorrar eran los condicionantes de los ingresos.

En muchas aldeas, los campesinos realizaban las dos tareas, la de campesino-ganadero y la de pequeño artesano. Incluso muchos dedicaban una parte de su tiempo a trabajar en alguno de los negocios de tejidos. Las decisiones de los compradores incorporan los cambios de gustos, la emulación, la aparición de nuevos productos o nuevas funciones del anterior y los ingresos de la gente residente o visitante de la población.

La otra fuente para producir mayor cantidad era la disponibilidad y voluntad que los señores feudales o propietarios de grandes extensiones de tierra tuvieran para arrendar sus tierras o hacerlas trabajar. Recuerdo que mi padre explicó más de una vez que en Inglaterra se habían concentrado y traspasado la propiedad de las tierras comunales en manos de los pueblos a los aristócratas, que las habían cambiado de productos agrícolas a la ganadería de ovejas, más rentables para ellos. Esta decisión enriqueció a unos pocos y empobreció a muchos. Mi padre había hablado con otros comerciantes de la pobreza surgida entre los campesinos después de ese cambio. Se veían pordioseros en mayor cantidad y las compras en el negocio habían disminuido por los menores ingresos de los hasta entonces agricultores, que incorporaron a sus pecunias tener problemas de subsistencia alimentaria.

No sé si la forma de producir alimentos era similar en Inglaterra, dejándolas un año sin cultivo, para no agotarlas, como se hacía en Brasil[21]. No puedo saber, pero puedo imaginar que no era el caso, puesto que los campesinos trabajaban hasta agotar la tierra para poder alimentarse y pagar los utensilios y la renta de la tierra a sus propietarios. Existía una escasez de tierras para el cultivo, aunque no para las cacerías y paseos de los amigos de los aristócratas.

---

21   Robinson describe un sistema, el barbecho, ya descubierto ancestralmente por las tribus más primitivas, en las que no se había introducido el abono intensivo.

CAPÍTULO 9.
VIERNES Y LA METAMORFOSIS EN LA ISLA

¡Caníbales! ¡Miedo! ¡Superación!

Mi existencia transcurría plácidamente. Había aprendido a convivir conociendo las orgías de los caníbales en una playa más cercana a mi casa de verano y nunca cerca de mi fortaleza. Los visitantes no se adentraron en el interior; llegaban, hacían su festín y continuaban su andadura, que suponía el regreso a su tribu.

Decidí hace años, como si la voluntad pudiese dominar los sentidos, ni tener miedo, ni desear castigarlos. Me persuado a mí mismo permanentemente con argumentos religiosos. ¡Ellos no saben nada de las enseñanzas de la Biblia!, ¡no tienen conciencia de lo que está bien o mal! Este convencimiento me sirve para añadir tranquilidad a mi vida. La prudencia de no ser visto no desaparece de mi quehacer usual. Paseo parapetado en mis armas, escopetas, cuchillos, cinturones, gorros y demás pertrechos de objetos de caza y defensa. Siento escalofríos; mientras me visto con tal guisa de atuendo, hablo en voz alta: «Los caníbales no llegan a mis dominios», «tengo medios de defensa suficientes para repeler un posible ataque», «no les sería posible escalar mis dos murallas circulares de protección» y frases similares. Domino el temor, al menos lo creo; intento no sentir miedo, estoy equilibrado.

¡Qué extraordinarios son los sentimientos de las personas! Cambian ante nimias variaciones en las circunstancias exteriores de la vida. Hoy nos gusta una cosa, mañana la detestamos; hoy alguien es amigo, y mañana, por un solo hecho reciente, que nos moleste, deja de serlo; mañana desearemos lo que ayer despreciamos; ayer deseaba tener alguien con quien hablar, hoy solo la presencia de una huella me aterra. ¿Qué se ha hecho de mi deseo, de tener algún humano con quien conversar? Hoy tengo miedo de morir y, al naufragar, lo deseaba. Se modifica el sentimiento profundo en un proceso irracional y sin coherencia. Tengo un acompañante, el loro, con el que hablo y me reconforta con sus saludos. *«Rrrrobinsoooonnn, buenosdiaaaasss»*, me saluda.

Esta mañana, en mi paseo diario, divisé un grupo de caníbales, que habían desembarcado, esta vez, cerca de mi fortaleza. Sentí, de nuevo, un desasosiego creciente, por su proximidad, sin asimilarlo a una amenaza. Era un sentimiento nuevo; estaban en mi «isla», cerca de mi morada.

Me pertreche con mayor número de armas de lo habitual. Cargué a mis espaldas fusiles, escopetas, machetes, espadas, pólvora y proyectiles. Me dirigí a un lugar desde el que pudiese divisar los movimientos del grupo, sin peligro de ser visto. Acerqué el catalejo a mi ojo derecho y divisé diez salvajes, unos junto al fuego celebrando el festín, otros desembarcando de una canoa, similar a la que ya estaba en la playa. Los recién llegados iniciaron su camino hacia la hoguera, llevando consigo un indígena atado con los brazos a la espalda, al que su vigilante molía a palos cada vez que caía a tierra. Otros tres, más rezagados, caminaban lentamente; el del medio era un joven de color más claro, aceitunado. De súbito, el joven empezó a correr hacia delante; no sabía si era un juego o corría escapando de los otros. Me produjo un sobresalto, que se trastoca en inquietud, al comprobar que corrían en mi dirección. El joven era más veloz que sus perseguidores, y al llegar a la desembocadura del río, sin dudarlo, se lanzó al agua. Los perseguidores titubearon unos instantes, sin ceder en la persecución. La distancia se había incrementado. No me quedó ninguna duda de que era un fugitivo. Una fuerza desconocida me determinó a intervenir en defensa de la libertad del valiente muchacho. Una ráfaga de pensamiento me dio a entender que era la ocasión para tener compañía y poder disponer de una canoa.

Los acontecimientos se sucedían rápidamente. No tenía tiempo de organizar la siguiente acción. Debía improvisar, pensar rápido. Fugitivo y perseguidores seguían corriendo hacia donde yo estaba parapetado en la colina. El acosado llegó a mi altura, le hice una señal, me vio, se asustó, se detuvo un instante, le repetí la señal de acercamiento con una gran sonrisa y obedeció. Yo me resguardé, de nuevo, para evitar ser visto por los cercanos perseguidores. Al primero en llegar lo golpeé con la culata de la escopeta; el otro, varias yardas retrasado, se detuvo; le disparé sin otorgarle tiempo a preparar su defensa. Se desplomó en el acto. El «joven de color aceituna» se postró a mis pies en posición de adoración. Le hice señal de levantarse y le ofrecí una pistola; me señaló el sable que llevaba en el cinturón. Se lo di por la hoja de cortar, como protección; instintivamente retrocedí y coloqué la escopeta en posición de disparo. El chico se dirigió rápidamente hacia el indígena que yacía en tierra aturdido y, con un movimiento rápido de su brazo, separó la cabeza del cuerpo. Fue a comprobar si el otro nativo estaba muerto y, sin hacer ningún movimiento, regresó para devolverme el arma, postrándose ante mí.

El miedo me embargó de súbito; los otros caníbales podrían venir en busca de sus compañeros. Le entregué una espada al fugitivo y fui a comprobar qué decisión toman los otros caníbales, observándolos con el catalejo. ¡Quedé sorprendido!, ¡marchaban hacia las canoas con el prisionero vivo! Cuando hice el ademán de correr tras ellos, el joven me hizo señales con los brazos y entendí que no los siguiera. ¡El sonido de armas les debía recordar hombres blancos matando a distancia! No sabían cuántos éramos, ni estaban preparados para la lucha.

Viernes, la conversación

El joven era vigoroso, con largo cabello, piel de color oliva, labios delgados, nariz no demasiado ancha, dientes blancos y bien alineados. Ofrecía un aspecto distinto a los diferentes colores negros u oscuros, vistos en Brasil o en África. La posición de sumisión no implicaba miedo, tampoco desafío; la mirada, directa, viva y brillante, mostraba una cierta satisfacción. Supongo que era la alegría de estar vivo.

A pesar de la tranquilidad que me ofrecía su aspecto, no quería enseñarle mi vivienda, no me sentía plenamente seguro. Mientras pensaba en la siguiente acción, el joven se dirigió al lugar donde habían caído los indígenas y los ocultó, desplazando los cuerpos debajo de unos matorrales, cubriendo ambos con hojas y tierra. Posteriormente, supe que era para utilizarlos como alimento, cosa que no hicimos.

Le di queso, leche y pan, tras lo cual se quedó dormido. Lo dejé fuera de las dos empalizadas, retiré la escalera desde el interior del recinto; ya no le era posible escalar la alta cerca, no ofrecía peligro. La entrada a nivel de tierra estaba muy oculta; la construí por si se producía la ocasión de recluirme unos días, con las cabras, en el interior. Al acercarnos a la «fortaleza», no le mostré dónde estaba la escalera de subida, que hacía de entrada.

Cuando llegó cerca de donde estaba, al otro lado de la empalizada, el chico, se acercó corriendo hacia mí y me sentí amenazado. La cabra que estaba ordeñando, situada entre ambos, me servía de protección; dejé el cuenco en el suelo y puse la mano sobre el fusil. El joven se postró de rodillas como el día anterior. Semejaba una adoración; también miraba la escopeta. Su expresión era de asombro más que de ataque, a pesar de lo cual me sentía entre inseguro y alegre. Tenía compañía y había salvado a una persona de ser devorada por antropófagos. Mi aprensión se fue disipando a lo largo del día. El estado de ánimo varía con gran facilidad.

Dediqué tiempo a hacerle entender el nombre con el que nos dirigimos el uno al otro.

—Tú eres *Viernes*—dije. Esperé un momento mientras lo señalaba con el dedo.

—Tú eres *Viernes*—pronunció bastante claramente.

—No, no —exclamé.

—No, no —repitió él.

Tenía que intentar otro enfoque. Me señalé a mí mismo pronunciando «amo» y le señalé a él diciendo «*Viernes*».

Entendió en pocos minutos que su nombre era *Viernes* y el mío *Amo*; lo confirmé en varias ocasiones.

—Yo soy amo —dije.

—Yo soy *Viernes* —dijo él.

Salté de alegría mientras elevaba ambos brazos hacia arriba; él se quedó inmóvil, hasta que hizo lo mismo. Esto fue suficiente para la primera lección.

Explicarle el significado de las dos palabras era más complejo; requería abstracción para entender la simbología. Eran mis propios prejuicios los que limitaban su capacidad de aprendizaje. Al día siguiente, al ordenarle que recogiera unas piedras, las trasladara a otro lugar, tomase un tronco al hombro y lo colocara en el muro de protección, *Viernes* entendió perfectamente el significado de «amo».

Transcurrieron varias semanas. Viernes se adaptó fácilmente a las circunstancias. Aprendió a pronunciar más palabras: «sí» y «no», «comer» y «beber», «cabra», «leche», «mesa» y «silla» y los nombres de las cosas que utilizamos a diario. Los saludos por la mañana al encontrarnos eran constantes: «buenossss días» y por la noche al despedirnos «buenossss nochessss». Saludaba al loro como «loooooroooo». Frecuentemente soltaba expresiones que supuse eran de su idioma natal; a veces parecían palabras en castellano, de las que yo no comprendía el significado.

Pronto mostró su satisfacción por comer trigo, arroz y pan. Comprendía los trabajos sin necesidad de largas explicaciones, era observador y, cuando creía que ya sabía hacer alguna de las actividades que yo realizaba habitualmente, se sustituía sin que se lo pidiera.

Los cuerpos de los caníbales muertos los enterramos a los dos días del encuentro. Fuimos a la playa a deshacernos de los restos de las hogueras y de los desafortunados que habían sido medio comidos. *Viernes* me hizo entender que los caníbales no regresarían a la isla; pensarían en enemigos poderosos y no en personas solitarias que habitaban la isla. Eso me tranquilizó.

Para comunicar sus ideas, hacía gestos cómicos, expresiones de horror y sonidos guturales, imitaba el ruido de disparos y luego salía corriendo, alejándose de mí. Era un payaso. Me reía mucho, manifestaba alegría y yo estaba recuperando la suerte de tener compañía.

Las plantas, hierbas, árboles, piedras y cabras volvían a ser bonitas y atractivas. La compañía y conversaciones con *Viernes* me eran muy gratas; podía escuchar, hablar y compartir actividades. Pasear y comentar lo que veíamos era una de las actividades más satisfactorias. Cuando se acercaba corriendo, ya no se postraba; se quedaba quieto en espera de que dijera algo o lo mirara a los ojos.

Dedicamos bastante tiempo a pasear por la playa e intentar ampliar nuestra comunicación verbal. Pude comprobar que la capacidad de comunicación no verbal se desarrolla considerablemente cuando no existe lenguaje común y permite la convivencia sin dificultad. Quería enseñarle a hablar. Para mí, el sonido de una voz en inglés era inigualable como antídoto para la nostalgia. Mi vida iba mejorando aceleradamente al disfrutar de la compañía y las conversaciones con *Viernes*. Me parecía recordar la palabra «utopía» como «sin lugar» y como «ideal». Mi idea se parecía más a un proyecto imposible, como el de regresar a Inglaterra[22].

Un día me encontré explicándole a *Viernes* pasajes de la Biblia con la intención de enseñarle algunos de los principios del cristianismo. *Viernes* se esforzaba con interés en aprender a hablar y en entender mis explicaciones. Ganábamos confianza mutua; aunque le hago vivir entre las empalizadas y sin armas. Aprendía rápido, hablaba un inglés rudimentario y conocía el nombre de las cosas cotidianas. Un día me sorprendió con su entusiasta expresión.

—Mi tribu es la más poderosa, es la que mayor número de enemigos caza —dijo.

—¿Cómo es que siendo tan buenos luchadores fuisteis hechos prisioneros? —pregunté.

—Nos capturaron en la playa, cuando estábamos solos. Mi tribu no tenía canoas allí, no pudieron seguirnos —dijo.

—¿Vosotros también sois caníbales? —pregunté con temor.

—Comemos prisioneros de guerra —dijo—. Solo prisioneros.

Viernes continúo hablando, ajeno a mis preocupaciones. Yo estaba mentalmente paralizado.

—Es fácil llegar a esta isla —dijo—. Hay dos corrientes; una va por la tarde y otra regresa por la mañana —explicaba con gestos.

Continuaba hablando… No captaba mi turbación.

—¿Qué necesitaríamos para ir a tu isla? —pregunté, todavía impactado por la sorpresa y el posible peligro con *Viernes* caníbal.

—Dos canoas —respondió.

—No podríamos navegar con dos canoas —dije. Posteriormente, entendí que se refería a un bote del tamaño de dos canoas.

Me tranquilicé cuando supe que en su tribu había algunos blancos que habían naufragado hacía mucho tiempo y conviven sin problemas. Respetaban sus costumbres y no mataban indiscriminadamente, como los blancos que buscan gente de los pueblos y los matan sin razón.

—Unos blancos, se llaman *castelans*, matan mucho —dijo—. Todas las tribus escapar de ellos.

¡Hasta allí había llegado la infame reputación de los castellanos[23] por sus matanzas indiscriminadas, conocidas por todas las naciones.

Viernes captó mi preocupación y continuó explicando.

---

22   Más de cien años antes, se publicó la obra *Utopía* de Tomas Moro y quizás Robinson había oído hablar de la misma, aunque la esencia de esta era una crítica a la sociedad de su tiempo y su significado era «sin lugar» ha devenido en «proyecto ideal pero irrealizable».

23   Aunque Robinson se refiera a los que hablan castellano, no debería ser una actitud exclusiva de ellos, sino de los colonizadores de cualquier nación. El dominio de Castilla en las tierras de América explica el nombre de «castellans» a todos los colonizadores.

—No comemos todos los prisioneros, solo a los cazados en guerra o lucha —repitió.

—Está bien —dije.

—Ir de una isla a otra es usual, para pescar y buscar alimentos en la selva —continuó hablando.

—¿Es fácil navegar con las canoas que tenéis? —pregunté.

—Es una actividad de cada día —dijo.

Estas conversaciones renuevan la esperanza de regresar a Londres. Si había gente que había llegado y los indígenas navegaban entre islas, significaba que había posibilidad de encontrar barcos mercantes. La nueva posición mental de felicidad, con *Viernes*, me devolvía la esperanza de volver a Inglaterra.

¿Estaba moralizando cristianamente a *Viernes?*, ¿estaba realmente intentándolo?

Uno de los muchos días en que estábamos mirando el horizonte, viendo la inmensidad del océano, intenté explicarle el concepto de un Dios infinito y el del demonio. No era un tema que yo comprendiese en toda su complejidad, pero creía que podría transmitirle algunos conceptos. Señalando el cielo, el mar, los árboles y a nosotros, dije:

—Dios infinito, misericordioso, bondadoso nos ha creado a todos. Y todo lo puede.

—¿Dónde está Dios? —preguntó.

—Está en el cielo —dije mientras miraba hacia arriba.

—Nosotros tenemos a Benamuri, que está en lo alto de las montañas, pero si Dios está más alto, debe de ser más poderoso —dijo.

—Dios lo puede todo, ha creado todo.

—Benamuri no puede destruir a los malos, siempre debe luchar —dijo.

—Nosotros también tenemos demonios malos —dije.

—Si Dios es tan bueno y poderoso, ¿cómo no mata al demonio y así todo sería bueno? —preguntó.

—Dios creó también el demonio —dije.

—¿Y por qué creó al demonio, si es malo? Podría castigar a todos los malos y todos seríamos buenos —insistió.

—Dios espera al final de los tiempos y entonces perdonará a todos —pronuncié en voz baja.

—Bien, entonces, si al final de los tiempos todos son buenos, todo bien —dijo.

Cambié de conversación; mis conocimientos sobre religión no permitían responder a tan complicadas cuestiones. No entendía ni tan solo las luchas y guerras entre los que creían en Dios, incluso entre cristianos. La sutileza de la doctrina no creo que nadie la supiera ni a muchos les interesara y yo, ni la conocía. Intenté no volver a tratar el tema. Me limitaría a leer la Biblia. Con *Viernes* en la isla, mi vida mejoró. Mis aspiraciones de regresar a Inglaterra se avivaron; mi soledad dejó de ser un problema y mi fervor religioso, con la soledad, se acrecentó.

La primera especialización y el despegue

Distribuimos el trabajo entre los dos, desde la recolección de las cosechas al almacenaje y las demás funciones agrícolas. Sin embargo, la metamorfosis que experimentó la isla y mi vida fue profunda. ¡Estoy trabajando para mi sirviente!, me dije un día. Necesitamos más alimentos, consumir menos durante un tiempo para poder alimentar a *Viernes* con el *stock* disponible. Necesito ahorrar más cantidad de arroz y trigo para poder sembrar más cantidad para obtener más producción en la cosecha siguiente. Ordeño más cabras, produzco más queso, preparo más pan con el trigo ahorrado y comparto las uvas pasas con él. Busco nuevas tierras para producir más arroz y trigo. Será necesario buscar y roturar más tierras y construir un almacén de mayor tamaño. Estoy contento con la compañía de *Viernes*, aunque representa un trabajo extra.

Encontré un trozo de tierra cercano, en zona plana. Mejoramos las herramientas: disponemos de dos azadas de palo largo; reduce el esfuerzo y airea más profundamente la tierra. Hicimos surcos o bancales para permitir un riego selectivo con menor coste en tiempo y en agua. *Viernes* no se cansa nunca y hace los trabajos más rápido que yo. Empezamos a especializarnos.

Al dedicarnos cada uno a una actividad concreta[24], ahorramos tiempo de cambio de actividad, ganamos en destreza general y en habilidad. Sabía que *Viernes*, al cavar más profundamente que yo, generaba más fertilidad que redunda en mayor cantidad de producto por cada parcela. Es capaz de limpiar un trozo de tierra de piedras y rastrojos más rápido, rotura la tierra más profundamente, por lo que él se dedicaba a esas funciones y otras en las que era más eficiente y yo a las restantes. Había algunas actividades que las realizamos juntos, como nivelar y rastrillar antes de preparar los surcos, uno tirando del aparejo como si fuera un caballo o una vaca y el otro dirigiendo el tronco que hacía de arado.

Uno de esos días en que paseábamos por la isla, mirando el océano desde la colina, *Viernes* enmudeció de súbito y señaló al mar.

—Dentro de poco llegará una gran ola, que cubrirá parte de la playa.

—¿Cómo lo sabes? —pregunté.

—Las corrientes marinas y el viento vienen exactamente en la misma dirección y cuando eso sucede tenemos esas olas mayores que las usuales.

—¿Sabes qué clima tendremos? —pregunté.

—Si las nubes vienen de allí —señaló la derecha con el brazo—, indica tiempo seco; si viene del otro lado —señaló la izquierda—, se presentan lluvias —dijo.

Estas son la clase de conversaciones que manteníamos en nuestros paseos. Sus capacidades innatas o conocimientos adquiridos en la tribu eran siempre prácticos y útiles. El tiempo dedicado a enseñar inglés era sobradamente compensado. *Vier-*

---

24   La cooperación y especialización nos redujo el esfuerzo para lograr el mismo resultado.

nes era ordenado, buen comunicador y extrovertido y ayudaba a mantener conversaciones. Se divertía hablando con el loro; aunque se burlaba de su pronunciación, acompañándose de gestos con los brazos, el loro retrocedía alborotado chillando «veteeeee, veteeee, veeeeteeee», imitando a *Viernes* en el alboroto y en la pronunciación de las palabras.

En varias ocasiones, me detuve a observar su comportamiento y actitud en el trabajo. Tomó las herramientas, las cargó hasta el agua y una por una las fue limpiando, tal como me había visto hacerlo; retiró las partículas de barro que quedaban incrustadas y cada vez que finalizaba con una, la iba a depositar en su lugar. Cuando no quedaba ni una herramienta por cuidar, venía rápidamente y me preguntaba.

—¿Ahora qué hacemos?

—Pensaremos en las próximas actividades —dije.

—¿…?

—Podemos construir una canoa —dije.

—Hay que construir dos canoas —rectificó—, una canoa doble.

—Lo dejaremos para otro día, vamos a nuestro paseo por la colina —dije.

Viernes se detuvo bruscamente en el pico de la colina y señaló al horizonte.

—Mirar allí, es mi isla, está allá.

—¿Cómo puedes reconocerla? —dije. Simultáneamente, tomé el catalejo de la talega y miré con detenimiento. Era un día muy claro, sin nubes, transparente, absolutamente diáfano. ¿Quizás era la isla Trinidad, al norte de la desembocadura del Orinoco? Empecé a temblar. Mis piernas se debilitaban. Mi vista quedó fija en el horizonte. Perdí la noción del tiempo, regresé a la realidad cuando oí que *Viernes* me repetía, una y otra vez, zarandeándome suavemente, «¡Amo!, ¡Amo!».

Le expliqué que estaba muy ilusionado, contento, que pensaba en viajar allí. Esa posibilidad le hizo saltar repetidas veces. Regresamos a la «fortaleza», donde ya dejaba entrar a *Viernes*. Aquella noche no pude dormir. No creo que *Viernes* pudiera reconocer su isla, pero debería tener elementos comunes a los que vio en la distante isla.

Desde aquel día, uno de los trabajos permanentes fue construir una barca, como dos canoas, para navegar hasta la isla de los «caribs» o «carbs», como pronunciaba *Viernes*. Los dos estábamos ansiosos, queríamos navegar a su isla, a su poblado. Parte de nuestras conversaciones diarias se polarizaron hacia la isla de la tribu de *Viernes* y la construcción de la barca de mi salvación.

—Repíteme la historia de los náufragos en tu isla —dije.

Viernes leyó mis pensamientos.

—Solo comer prisioneros de combate, no náufragos —dijo.

Eran las normas de moral no escritas de los indígenas. Esta constatación me hizo entender la razón por la que *Viernes* aceptó, sin reparos, mis normas sobre los indígenas que abatimos. Para él, debían ser las nuevas normas que mejoraron las suyas. No le gustaban las matanzas indiscriminadas de indígenas por parte de algunos blancos. Y me sentí más animado a viajar a su tribu. *Viernes* quizá veía espejismos; yo con él.

En otra de nuestras andanzas, le llevé hasta el lugar desde donde se divisaba la barca que había quedado varada del naufragio posterior al mío. Viernes reconoció la similitud con la de los náufragos.

—¡Es igual a la que traían los blancos que ahora viven en mi poblado! —dijo.

—¿Podríamos ir en ella a tu poblado? —pregunté.

—Podríamos ir, pero esa es una barca muy grande para dos y no podremos moverla hasta el agua —respondió.

—¿Seríamos bien acogidos? ¿Seríamos solo náufragos? —pregunte de nuevo.

—Si vamos a mi isla, todos estarán muy contentos de «*ver a ti y a mí*», y aprender muchas cosas y no comer gente y plantar arroz y trigo y domesticar animales para comer carne.

—¿Quieres ir a tu isla? —pregunté.

Repentinamente, *Viernes* puso un semblante triste. Se me quedó mirando con asombro.

—¿Qué ha hecho mal Viernes? —preguntó—. Tú *no querer* a Viernes, *tú querer* que se vaya, pero *yo no querer ir*. Mejor matarme ahora.

—¿...?

—*Viernes* no quiero ir si amo no viene.

Era enternecedor. Le expliqué que no era mi intención que marchara solo. Iríamos juntos a su isla. Eso le hizo sonreír y saltar de alegría. Al volver a la fortaleza, el entusiasmo continuaba, puesto que el loro nos recibió con alborotos y batiendo las alas.

Viernes, al que le di armas y municiones, era un buen cazador, pero prefería utilizar trampas. Era un buen constructor de ellas, distinta para cada tipo de pieza. Demostró ser un buen conocedor del proceso de fabricación de canoas, conocía los diferentes tipos de madera y construimos una muy pequeña, la pusimos a flote y sirvió para rodear la costa, sustituyendo a la que yo había construido hacía tiempo. La nueva mostraba mayor estabilidad. Con el éxito de la primera barca, iniciamos la construcción de otra mayor. *Viernes* ahuecaba el tronco con fuego hasta que le mostré que era mejor utilizar una cuña de hierro. A la barca le añadí el palo —cedro viejo—, velas, ancla y timón para popa. Decidimos esperar para navegar en noviembre o diciembre, fuera de la época de grandes lluvias. ¡Habían pasado más de veintiséis años y podía esperar unos meses para intentar volver a Inglaterra! *Viernes* no esperaba ni programaba el futuro, sencillamente vivía. El tiempo del reloj no existía para él y para mí existían dos tiempos.

Ahora que veo posible regresar a Inglaterra, un sentimiento, que muy bien podría llamársele nostalgia prematura de dejar «mi isla», me embarga. He tenido que hacer de todo sin saber casi nada: carpintero, albañil, cazador, pescador, constructor, granjero, panadero, alfarero y aprender a hacer de agricultor. Esta fue la más importante para subsistir en la isla, física y mentalmente. Me sentí muy cercano a aquellos campesinos y arrendatarios que protestaban por el precio de la tierra o por las tierras sin cultivar que mantenían los grandes propietarios de tierras.

Los años transcurridos con la compañía de *Viernes* estaban siendo lo mejor de mi estancia en la isla. Pensaba como si ya estuviese fuera de la isla, como si estuviera camino de Inglaterra, como si las dificultades hubiesen desaparecido. ¡Qué absurdo! El cerebro, como siempre, sigue su propio camino. ¡Qué sorpresas me reservaba el destino antes de poder regresar a Inglaterra! Reanudé mi costumbre de escribir los acontecimientos más relevantes, de forma breve. Fui anotando, en el margen de los escritos, notas adicionales con tinta, que se mantenía semisólida, obtenida de la trituración de la madera negra. La esperanza de regresar a Inglaterra renovó mi deseo de escribir; deseaba dejar escritas las aventuras y pensamientos de un frustrado marinero.

CAPÍTULO 10.
ATACANDO A ANTROPÓFAGOS

Hablar, aunque sea mal, es mejor que no hacerlo

Viernes está siempre de buen humor y muestra, frecuentemente, su vena de payaso que me hace reír. En ocasiones, inventa o magnifica acontecimientos para sorprenderme. No siempre capta la ironía de mi respuesta y en esos casos se queda pensativo buscando nuevas ocurrencias. Enseñarle a hablar inglés se convierte en un teatro permanente antes de llegar a una pronunciación aceptable. Leerle o explicar pasajes de la Biblia, trabajar y pasear juntos mejoró mi vida, la cotidiana y la espiritual. He renovado mi anhelo de regresar a Inglaterra al haber aumentado la probabilidad de convertirlo en realidad. Ambos nos explicamos anécdotas y detalles de la propia vida. Le encanta conocer cosas de mi país, la ciudad y las viviendas. Se maravillaba de los múltiples trabajos diferentes y de los medios de transporte. «¡Es como magia!», exclama. A mí me sorprenden cosas de su tribu, en especial la organización social muy igualitaria. Los náufragos que acabaron en su isla tuvieron que adaptarse a las costumbres nativas, aprender algunas palabras para comunicarse y aceptar la igualdad y no la jerarquía usual de los civilizados. Según explicaba *Viernes*, los nativos aprendían el lenguaje de los náufragos antes que estos algunas palabras indígenas.

La cara de asombro era cómica cuando le señalaba la altura de los edificios de la ciudad de Londres. Miraba a la copa de los árboles, descendía con la vista hasta el suelo, volvía a levantar la vista y se dejaba caer de espaldas. Desde allí volvía a mirar la copa de las palmeras y cerraba los ojos. Repentinamente se iba a abrazar al tronco y decía:

—¿Viven allí arriba? ¿Cómo se aguantan?

Era yo quien tenía que cambiar de tema. *Viernes* podía mantenerse todo el día haciendo preguntas sobre lo mismo.

Uno de esos días en que *Viernes* se fue a pasear solo, mientras yo leía un pasaje de la Biblia, regresó exhausto y exaltado. Casi no podía articular palabra.

—Canoas, hombres, comernos. Muchas canoas, muchos salvajes, tres canoas y tres canoas.

No sabía si era una de sus bromas o era real, ni si eran tres grandes canoas o seis. Su insistencia me transmitió su aparente miedo. Pensé en seis canoas. Todos los buenos proyectos de viajar a las otras islas se desvanecieron, se trastocaron por el miedo a convertirse en prisionero o en alimento de antropófagos. Me rebelé contra el infortunio. El trabajo dedicado a ahuecar el tronco para la canoa, cortar el cedro para el mástil, coser trozos de viejas velas para construir una tosca y triangular y construir un timón en la popa se me pareció inútil por segundos. El esfuerzo de enseñar a *Viernes* y el interés por aprender a dirigir una canoa con vela y timón parecían superfluos. Fue solo un instante el que pensé en la inutilidad de la canoa.

Decidí luchar. No podía rendirme ante la dificultad sobrevenida. Divisamos en la playa a veinte salvajes y dos prisioneros con las manos atadas, uno de color blanco y otro de color oliva. En la orilla, tres chalupas, distantes varias yardas entre sí. Solo eran tres canoas, aunque de mayor tamaño de lo habitual. Entendí, entonces, que *Viernes* dijese «tres y tres canoas» refiriéndose al tamaño de las mismas. Tranquilicé a *Viernes* y fuimos a recoger armas, pistolas, fusiles, escopetas, machetes, pólvora y municiones. El prisionero blanco lucía una larga barba y permanecía atado a la barca; el otro, indígena, ya preparado para el festín. La mayoría de los captores permanecían desperdigados a lo largo de la playa, en la parte más alejada de nuestra posición. Los que podríamos llamar «cocineros» y el guardián del prisionero blanco permanecían cerca de este.

Tuve que improvisar la estrategia de ataque. De nuevo, tenía que decidir y pensar rápido; ya había pensado lentamente durante los meses anteriores, aunque no había previsto y pensado la reacción en una circunstancia similar. Ellos estaban distraídos, nosotros teníamos armas y podríamos contar con la sorpresa, con su miedo a lo desconocido y con la efectividad del armamento. Ellos no estaban armados; habían dejado los arcos en las canoas. Nosotros éramos dos y podíamos ser tres si logramos liberar al prisionero blanco. La hoguera se encontraba a medio camino entre las canoas y el frontal sinuoso de la arboleda de la selva; la canoa,[25] entre los cocineros y la playa. Tengo que pensar en el orden de ataque, simultáneamente los dos o uno primero; la historia de un domador en China que me explicaron de pequeño me vino a la memoria.

Nos acercamos sigilosamente a la canoa, donde estaba amarrado el «barbas», desde dos posiciones opuestas, el bosque y la playa. *Viernes*, manteniéndose escondido entre la maleza, aprovechando el límite del bosque. Yo reptando por la playa

---

25   «Fábula del domador de monos» de Lie Zi, de la época de los Reinos combatientes en China. El domador les daba a los monos tres castañas por la mañana y cuatro por la tarde. Siempre había quejas, un día cambió el orden, cuatro por la mañana y tres por la tarde. No volvieron a quejarse. Un simple cambio de orden puede reportar grandes beneficios.

junto al agua, con cierto desnivel en relación al resto. Cuando *Viernes* estuvo lo más cercano posible, en una rapidísima y silenciosa carrera. Redujo, de un certero golpe, al salvaje que permanecía junto al prisionero y yo desaté al «barbas», le entregué un mosquetón, pólvora y un sable haciéndole la señal de silencio. Nos preparamos para el ataque. A la señal del fuego, *Viernes* y yo, gritando con los más horribles sonidos, empezamos a correr hacia los «cocineros salvajes». Viernes logró derribar a tres antropófagos con tres certeros disparos; yo, al que estaba más cercano a la canoa; los demás salieron de entre los árboles en estampida hacia las canoas. En la huida cayeron dos nativos que quedaron extendidos sobre la playa; no se sabe quién los abatió. Logramos matar a dos y herir a varios indígenas, que se arrastraron hacia el agua; allí los recogieron los que ya habían llegado a las barcas. El prisionero blanco logró matar a un caníbal e hirió a otros dos. Yo estaba dispuesto a ir detrás de los que huían, pero fui detenido con unos ademanes por *Viernes* y el «barbas» que me hicieron entender que era mejor dejarlos ir. Yo estaba receloso, temía que pudieran regresar con refuerzos, nuevos miembros de la tribu.

—No llegarán lejos —parecía decir el «blanco», en español. Señalaba al cielo donde se veían nubes negras de la tormenta que se avecinaba y que no auguraba éxito en la huida.

—Si lo logran, sus explicaciones sobre gentes con gritos espantosos los hará disuadir de volver a la «isla» —dijo.

Viernes, con gestos señalando el cielo, ponía caras de horror, emitía gritos con sonidos escalofriantes. Imposible transmitir a través de su inglés lo mismo que conseguía con sus gestos. Pero entendió lo que decía «el barbas».

Miré a *Viernes*, que confirmó ambas cosas, la previsión de tormenta y la propuesta de no perseguirlos[26]. Celebrando el éxito del ataque, *Viernes* se dirigió a la chalupa que habían abandonado, y al llegar a ella empezó a dar gritos de alegría, abrazándose a otro prisionero que había permanecido oculto, sin poder moverse ni divisar lo que estaba sucediendo. Saltaban los dos juntos.

Encuentro familiar de Viernes

«Mi padre», escuché. «Mi padre», repetía, con una emoción extraordinaria.

—¡Hijo! —debía decir el padre, agarrándose mutuamente por estar vivos.

—Es mi padre —exclamó—. Ya estaba resignado a ser devorado y su alegría ha sido infinita al verme.

Intercambiamos algunas palabras, decidimos regresar al exterior de «mi fortaleza». Les preparamos pasas, pan, ron y queso para animarlos. Tras recuperar los

---

26   Una nota al margen: «cuando regresé a la isla me explicaron que se habían salvado del ataque de una gran cantidad de indígenas. Quedó una leyenda sobre habitantes extraños en aquella isla.

ánimos, una vez tranquilos y repuestos, nos explicaron que habían sido hechos prisioneros en una pequeña bahía, no muy lejos del poblado. Padre e hijo, eufóricos, no podían dejar de abrazarse. El otro prisionero, el blanco, al que llamaré «*el barbas*», era uno de los marineros del barco que había naufragado hacía años en «mi isla» y cuyo bote fue desviado hacia la isla de la tribu de *Viernes;* allí residían desde entonces. Mi sueño estaba más cerca de convertirse en realidad. Disponía de una piragua de los indígenas y tres expertos navegantes, *Viernes*, su padre y «*el barbas*». Mis esperanzas de volver a Inglaterra se convertían en un sueño posible; eso quería creer, a pesar de que los náufragos oriundos de Castilla y de Portugal no habían encontrado la forma de regresar a sus tierras de origen.

Aquella noche, sobre unas camas improvisadas de paja de arroz y ramas secas de palmera, los liberados se durmieron antes de llegar a estirarse; se desplomaron sobre las mismas, creo que ya dormidos. Mis pensamientos volaban a Inglaterra; imaginaba una travesía en un océano en calma desde la tribu de *Viernes* hasta las costas de Dover. Mi vida, de nuevo, parecía a punto de cambiar. Necesitaba distraerme de mis pensamientos circulares, por lo que decidí escribir la violenta escaramuza con los antropófagos.

Quién dispara y sus efectos/ primera y segunda escaramuza	Yo	*Viernes*	Castellano «barbas»	Escapan	Mueren — heridos—
1.ª descarga	2 muertos	3 muertos	1 muerto		
2.ª descarga	1 muerto	1 muerto	1 muerto	2 heridos	
En el momento de escaper			2 heridos	7 Ilesos	9-4-

La segunda especialización

Transcurridos unos días, supimos, por las explicaciones de los recién llegados, que «mi isla» no distaba excesivas millas de la de *Viernes*. «El *barbas*» nos explicó que el trayecto de venida ocupaba poco menos de una semana, con corrientes y vientos adecuados, dos como máximo en circunstancias menos favorables. La única precaución era hacerse al mar fuera de las épocas de grandes tormentas. Ambos, el padre de *Viernes* y «el barbas», aseguraron que podrían navegar y traer a los náufragos, castellanos y portugueses, para residir en la isla en poco menos de un mes. Las corrientes hacia la isla de *Viernes* eran desconocidas para ellos y podrían desviarse fuera de la ruta deseada. Decidimos correr el riesgo, ya que las corrientes parecían favorables y empezamos los preparativos para la partida con el objetivo de traer a los otros náufragos.

Le sonsaqué «al barbas» si las leyendas de las torturas de la Inquisición eran peores que la muerte; me confesó que sí, pero por razones religiosas, no por los marineros castellanos. «*El barbas*» insistió en que no teníamos que temer de los marineros ningún peligro; ellos mismos escapaban de la Inquisición. Esta información y el compromiso de controlar cualquier alboroto, el testimonio de *Viernes* y su padre, asegurando que ninguno era violento y respetaban las costumbres indígenas, ahuyentaron mis dudas de traerlos a la isla. Los náufragos habían adoptado las costumbres y ayudaban en los trabajos de reparación de las chozas y les enseñaban nuevas formas de construir. No me fue fácil llegar a confiar en la buena disposición de los cristianos «papistas»[27] al recordar a los inquisidores.

Cuando todo estaba preparado para iniciar la navegación, tuvimos que desistir.

—Si vamos a buscar a más de quince hombres a la isla y los traemos aquí, sin alimentos suficientes hasta la próxima cosecha, la situación será mucho peor de lo que están ahora y todos estaremos en peligro de sucumbir de hambre —dijo «*el barbas*».

—Es cierto, hubiese sido un error —dije—. La decisión de ir a buscarlos ahora no presagia nada bueno.

—No tenemos provisiones para tanta gente. Deberemos esperar a la primera cosecha dentro de seis meses para disponer de alimentos suficientes. Estamos obligados a ampliar la superficie de cultivo, sembrar parte de nuestro ahorro y a recoger la nueva cosecha.

La realidad se imponía; habría que trabajar para la futura generación de residentes, como cualquier familia para sus hijos. Era la constante de las sociedades y familias; todas las generaciones deben ayudar a las nuevas a empezar, ceder parte de su producción, renunciando al consumo —arroz o trigo, en este caso— para aumentar la inversión —la semilla de siembra— y obtener un incremento de producción total. La especialización se impuso, la segunda desde la llegada de *Viernes*. Nos permitió multiplicar la producción de arroz y trigo por unidad de trabajo. De la experiencia adquirida con *Viernes*, decidimos especializar las funciones desde el principio, para ganar en eficiencia, en ahorro de energía, tiempo y acrecentar las habilidades. Cada uno de nosotros se encargaba de las actividades para las que era comparativamente más eficiente y hábil. «*El barbas*» era un buen cocinero y se encargaba de preparar la colación. *Viernes* y yo nos dedicamos a construir nuevas herramientas de cultivo por tener habilidad adquirida; *Viernes* y su padre se dedicaban a construir chozas para almacenar los víveres; las construían herméticas al agua y

---

27   Los cristianos papistas eran los que seguían las normas de Roma. La Iglesia anglicana se había separado desde Enrique VIII.

se cuidaban de mantener las chalupas en buen estado. Yo programaba los trabajos, decidía el momento de roturar las tierras, prepararlas para sembrar, organizar el transporte de agua hasta cada parcela y las demás funciones agrícolas y ganaderas. La especialización no impedía trabajar en grupo ni ayudar a los demás cuando unos habían finalizado su tarea con antelación.

Ampliar las tierras de cultivo requería mayor trabajo en preparar el suelo, limpiarlo de piedras y hierbajos, roturar y volver a aplanar, sembrar, proteger los cultivos de ataques de animales, recolectar, desengranar, triturar el grano, proteger la paja y almacenar cada cosa en su sitio. Deberíamos preparar más rediles, capturar más cabras y ordeñarlas diariamente, producir queso, un bien durable para el consumo, recolectar las uvas y secarlas al sol. Muchas tareas estaban dirigidas a acumular alimentos y semillas para los esperados nuevos habitantes de la isla. En este periodo de acumulación de los productos agrícolas y de los proporcionados por las cabras, comemos los huevos de tortuga, pescado y otros animales de caza. Era época de trabajar, aumentar la producción, consumir el mínimo necesario, ahorrar el máximo para lograr un stock de grano, para alimentarse durante el año y poder invertir para la cosecha siguiente.

En el mes de octubre, ya con una nueva cosecha de grano y arroz, nuevas tierras fértiles preparadas, espacios para almacenar la producción, con dos rediles adicionales construidos, un mayor número de cabras y unas expectativas muy favorables del clima, los dos navegantes propusieron echarse a la mar. Con viento favorable y con nuestra bendición, partieron rumbo a la isla de la tribu de *Viernes*. Nuestras diferentes esperanzas viajaban con ellos. Volví a insistir a los navegantes que cualquiera de los hombres que decidiera venir, debería jurar respeto a las normas de la isla, acatar mi autoridad y defender el territorio y a los pobladores de los ataques desde el exterior y ayudar a la convivencia en la isla, «mi isla». El solsticio austral nos abrazaría cuando la isla estuviese poblada si los acontecimientos seguían el curso previsto.

Un nuevo sueño, regresar a Inglaterra y organizar la isla

Con buen ánimo y sin tener nuevos trabajos urgentes que cumplir, hasta la llegada de los castellanos y portugueses, guiados por el padre de *Viernes* y del «*barbas*», empecé a trazar un plan para la organización de la isla bajo la hipótesis de que yo pudiera viajar a Inglaterra. Elaboré una lista de cuestiones a considerar, la mayoría relacionadas con la organización de la producción y distribución de los instrumentos disponibles: la tierra y sus características, el trabajo y sus capacidades y el uso de las herramientas o utensilios disponibles.

La organización de su uso y distribución determinaría la trayectoria de la sociedad y su pervivencia o destrucción. Dada la diferencia de orígenes, de valores, de formas de entender la convivencia y los objetivos de cada grupo, la convivencia no sería fácil. Debo encontrar un sistema simple y aceptable para todos.

Empecé haciendo una lista de los diferentes recursos:

- Tierra útil para trabajar, bosques disponibles.
- Productos naturales que se deben recoger: cocos, uvas; las cabras: que se deben cuidar y ordeñar.
- Los lugares para vivir, que deben cuidarse, tierras comunales para utilizar conjuntamente.
- Trabajo disponible de todos los habitantes, aunque con características diferentes: habilidad, conocimientos, experiencia.
- Las herramientas para trabajar.
- Las armas y demás instrumentos disponibles para la defensa, los utensilios caseros construidos.

A medida que voy construyendo ese «plan futuro», voy comprendiendo la dificultad del mismo; hay muchas variables evolucionando separadamente, a ritmos distintos y con factores humanos en juego. La dinámica impondrá sus propios ritmos y rutas.

Mi experiencia en Brasil no me servía en demasía, pues el trabajo lo hacían los esclavos y no tenían derechos sobre la producción. Los conocimientos adquiridos entre los moros, mientras fui esclavo, tampoco me eran muy útiles, puesto que la mayor parte de los ingresos los obtienen de la piratería, de los rescates o venta de los capturados por los traficantes de esclavos. Mi experiencia en Londres no era suficiente para entender cómo se hacían las cosas allí; era demasiado joven y no capté, ni me interesaban, en aquella edad, ese tipo de conocimientos. Lo único que me ayudaba en mi propósito era mi objetivo de ayudar a los futuros miembros de la isla. No, no era suficiente. No obstante, no me desanimo.

Al problema de la coordinación para la producción en los bienes comunes se añadía el problema de la distribución del producto. Encontrar un criterio de distribución y reparto de los frutos obtenidos requería una gran experiencia de colaboración. Diferencias en la capacidad de trabajo, en actitud, en habilidades y en la necesidad familiar, complica encontrar un criterio equitativo indiscutible.

La imprevisible dinámica social

La diferencia de comportamiento de las familias respecto a su predisposición a consumir, hábitos de trabajo, hábitos de ahorro y de inversión introducirá una dinámica muy distinta en la propia sociedad. La suerte, la capacidad de las personas, su habilidad para el trabajo y otras características jugarían un papel importante en todas las actividades y relaciones, en el transcurso del tiempo. Unos tendrían más posesiones que otros, diferencias que generarían conflictos de intereses.

Me ponía a pensar en lo que sabía de Inglaterra. Mis padres habían podido tener una cierta renta, al dedicarse al comercio. Sabía que unas familias tenían privilegios, tenían tierras, y otras trabajaban mucho y no tenían casi nada. Se aceptaba como si fuera la única forma de organizarse. Ahora sabía que no, que las sociedades las podían decidir los habitantes y que eran consecuencia de decisiones anteriores, que se perpetúan. Mi padre me insinuó aceptar mis condiciones familiares, muy favorables socialmente, y que no era conveniente intentar cambiar del lugar recibido.

En Inglaterra, muchas familias trabajaban en las tierras por una retribución fija; otros tenían arrendadas las tierras, pero debían pagar una renta de uso a los propietarios; otros debían entregar una parte de la producción. En los últimos tiempos, los más perjudicados solían ser los que debían pagar una cantidad de dinero fijo. Estos últimos corrían el riesgo de no encontrar comprador o que la fluctuación de los precios les perjudique. Debían transportar y vender la mercancía y correr riesgos de robo, deterioro o de plagas.

En las ciudades, había muchas otras personas dedicadas a profesiones varias; algunos producían bienes o los transformaban, entre ellos los panaderos, carniceros, herreros, carpinteros, albañiles, maestros de obra. Otros contribuyen a la creación de riqueza como conductores de mercancías que los acercaban al mercado o lugar de consumo. Los conductores de carruajes y sirvientes podrían considerarse consumidores y no productores. Un grupo aparte lo formaban los maestros, los abogados, los policías, los aristócratas, los miembros del Parlamento, los miembros de las Iglesias y muchas otras personas que obtenían ingresos por sus servicios, no por los productos que producían. Los artesanos o productores de herramientas tenían que adquirir los elementos para poder transformar hierro, madera, piedras en martillos, muebles, utensilios de trabajo en el campo y arados.

En todos estos casos, un conflicto adicional emerge: establecer el precio de intercambio. ¿Valía lo mismo una hora de un artesano que la de un agricultor o de un médico o un parlamentario? ¿O el criterio podría ser el de la utilidad del producto que se intercambiaba, un criterio válido? Los deseos de los consumidores y sus caprichos jugaban, también, en el precio, sin que tuviera nada que ver con los costos de producirlo. Los inventores de herramientas útiles cobrarán una vez, pero sus inventos podrían servir durante mucho tiempo, aumentando la producción total.

¿Cómo se puede pagar esa capacidad?

Deseaba utilizar mis conocimientos para organizar la isla desde un punto de vista productivo y de convivencia. No tengo experiencia ni puedo aprender de otros. Tantas variables y las diversas formas de entender el mundo generarían una comunidad compleja. Este razonamiento me condujo a intentar elaborar una organización social práctica que sirviera en los primeros años.

La sociedad se complica. No puedo controlar las variables durante mucho tiempo; me conformo con iniciar un proceso a corto plazo. Si consigo regresar a Inglaterra, proporcionaré herramientas, animales domésticos, alimentos diversos para cultivar y bebidas alcohólicas. Enviaré elementos de defensa, armas ligeras, escopetas, fusiles, barriles de pólvora e incluso unos pequeños cañones. Intentaré convencer a carpinteros, herreros, albañiles, panaderos, que dispondrán de una parcela, que cederé a cada familia.

En mi ausencia dejaré a alguien a cargo de la isla, al «barbas», probablemente, para que la administre en mi nombre. Los nuevos habitantes podrían tener problemas con los antropófagos, los piratas, los corsarios y los bucaneros del Caribe y entre ellos mismos.

Esperando la llegada de la comitiva, *Viernes* y yo manteníamos las actividades cotidianas y nos especializábamos en algunas tareas. Todo era igual y todo era distinto, al mismo tiempo. Creía poder volver a Inglaterra. Dejaré para entonces mi plan de dar oportunidades a los habitantes de la isla.

CAPÍTULO 11.
EL BARCO DE AMOTINADOS Y EL ADIÓS TEMPORAL A «MI ISLA»

La esperanza alegra la vida

Los días pasaban lentamente en espera de la llegada del «barbas», el castellano», el padre de *Viernes* y los otros diecinueve náufragos.

Viernes solía levantarse con la claridad del día, usualmente antes que yo. Uno de esos días, en que salía a caminar, apareció muy exaltado en la cueva. Me despertó bruscamente.

—Amo, amo, ¡ya vienen! ¡Ya están aquí! —dijo.

—¿Quién viene? —pregunté.

—Las canoas con los de mi tribu —exclamó.

Me sorprendió que los emisarios hubiesen tenido tiempo de ir y regresar en el periodo de dos semanas. Decidí actuar con prudencia; nos dirigimos hacia un alto de la colina, desde donde, resguardados de la vista de los extraños, distinguí, con el catalejo, una pequeña embarcación con una vela triangular que se dirigía hacia la costa. No divisaba ningún navío de mayor tamaño. Observando detenidamente, me percaté de que detrás del cabo aparecía la proa de un navío inglés.

—¡La salvación! —dije en voz alta, sin moverme. «¡Poder regresar a Inglaterra!», pensé—. Viernes —dije—, no son los que esperábamos, es un barco inglés que envía un bote a tierra.

Al instante, me surgieron las dudas. No estaba convencido de mis palabras, no llegaba a comprender lo que podía representar aquel desembarco. ¿Qué podían venir a buscar en la isla? La duda me embargó y con ella muchos interrogantes.

—¿Qué podían venir a buscar o dejar? —le dije a *Viernes*.

Estábamos lejos de las rutas de los navíos ingleses; corrían el peligro de ser atracados o capturados por barcos castellanos o corsarios al servicio de la corona de Castilla. Podían ser también piratas o bucaneros dispuestos a abandonar a los prisioneros de un navío secuestrado, rompiendo la costumbre más rentable de solicitar rescate. Decidí ir a buscar armas, todas las que nos fuera posible cargar a nuestras espaldas.

Pudimos ver, ya desembarcados, a once hombres, de los que tres estaban atados y recibían golpes y empujones de otros tres, mientras cinco se alejaban de la canoa y se dirigían al bosque.

—¡Los blancos también comen a otros blancos! —exclamó.

—No los comen, es por otra razón que los traen aquí, quizás para matarlos o abandonarlos —dije.

La escena presentaba aspectos extraños. Los cautivos iban mejor vestidos que los captores, aunque un poco maltrechos, hecho que me incitó a una observación más detallada. Distinguí el uniforme de un capitán y el de dos oficiales entre los cautivos. «¡Un motín!», pensé inmediatamente.

Intervenir en la salvación de los cautivos, en aquellas circunstancias, no era como en el caso del ataque a indígenas. Aquellos no tenían armas de fuego, no sabían lo que les esperaba; los ruidos y gritos les generaron, sin duda, una extraña sensación. Ahora nos enfrentaremos a hombres blancos, acostumbrados a la lucha, convertidos en piratas y sin nada que perder por defenderse hasta la muerte.

Aquí y ahora me encontraba en una situación en que tenía que prever la respuesta al ataque por parte de los marineros amotinados. La estrategia se imponía; tenía que calcular la reacción de los marineros, calcular aspectos positivos y negativos. No podía amenazar simplemente; debería ofrecer alguna alternativa creíble y suficientemente motivadora, debería dividir a los miembros del grupo, para crear la duda sobre qué camino seguir. En un motín, unos pocos dirigen la operación; los otros siguen por miedo.

Algunos de los marineros se intrincan en el bosque. Decidí observar el grupo menor que permanecía en la playa.

De los tres marineros que permanecían en la playa, solo uno se quedó junto a la barca, el segundo empezó a caminar hacia el bosque y el tercero se estiró en la arena, más alejado. En aquel momento, tomé la decisión de salvar a los cautivos, sin calcular las consecuencias de un error en la misión. La esperanza vencía al miedo. Yo también tenía motivaciones positivas profundas para actuar: disponer de un barco inglés para regresar a Inglaterra, como respuesta a la ayuda del capitán y oficiales. La motivación para salir de la isla y evitar el riesgo de ataques caníbales fue suficiente para decidir rápido.

Un ataque con mucho riesgo, que acabó bien

Decidí no pensar en los posibles problemas para actuar. *Viernes* y yo fuimos a por las armas, cargamos con dos mosquetes, dos mosquetones y una escopeta al hombro, machetes en la cintura y dos cuernos de pólvora en la espalda y gran parte de las balas de las que disponíamos. Volvimos a la cima y nos asomamos al borde, con sigilo. Entre las varias alternativas de ataque, decidí acercarnos por el lado contrario en el que los marineros se habían adentrado en el bosque. Alguno podría estar rezagado. Los prisioneros y los marineros que los custodiaban no podían sospechar nuestro ataque. Los marineros que permanecían en el barco no estarían mirando a la playa; sin embargo, toda precaución era poca. El primero en vernos fue el capitán.

—Motín, motín —repitió balbuceando con los labios.

Le hice señal de silencio con el dedo índice de la mano izquierda. Le liberé de las ataduras, le entregué armas, que repartió entre los otros. Le di a entender, con señales, que había que librarse de los dos marineros que los custodiaban. No era momento para más explicaciones. A los marineros, que, en teoría, cuidaban la barca, los redujimos de inmediato, los amordazamos y los escondimos entre las rocas. Les expliqué a los oficiales cómo pretendía reducir a los otros marineros a medida que fueran llegando.

Habían desembarcado en pleamar y estaba anocheciendo, lo que ayudaba a nuestros propósitos de evitar que pudiesen escapar rápidamente antes de ser detenidos. Me preocupaba si alertaban a los del barco con alguna señal convenida.

Encargué a *Viernes* que escondiera los remos de las barcas, para evitar la fuga. Regresamos al bosque, a un lugar desde donde divisar a los marineros que regresan, procurando no ser vistos. Los marineros, al no divisar ningún movimiento, llamaron, repetidamente, a gritos a sus compinches. Se acercaron a la barca, comprobaron que no podían utilizarla, por falta de remos; tampoco tenían armas, que habíamos recogido previamente. Miraron, desconcertados, en todas direcciones; solo disponían de dos mosquetones, que se habían llevado al bosque.

Habíamos convenido con el capitán que *Viernes* y uno de los oficiales, en ropa interior, desde el bosque, les harían señales con la intención de que algunos marineros los siguieran. Llamaron su atención con gritos y gestos y algunos marineros salieron tras ellos, excepto dos que permanecieron junto a la chalupa. Los perseguidos adecuaban la velocidad al ritmo de los perseguidores, ya que el objetivo era mantenerlos deambulando por la isla y regresar a la playa cuando estuvieran cansados de la persecución y hubiésemos detenido a los restantes.

El capitán me advirtió de los diferentes marineros; los cabecillas eran irrecuperables y los que habían participado por miedo a las amenazas podrían aceptar un acuerdo. Entre los marineros en tierra había dos, decía el capitán, que volverían a intentar cualquier maniobra si quedaban libres.

Los marineros que regresaban de la persecución de *Viernes* y del oficial se encontraban desorientados y sin comprender la situación. Los marineros reducidos habían aceptado la propuesta del capitán, que les garantizó que serían exonerados del cargo de amotinados si participaban en reducir a los demás para recuperar el barco. Otro escollo vencido, provisionalmente. No sabíamos qué actitud podrían adoptar los restantes marineros ni los del barco en donde se encontraba el cruel cabecilla del motín. Ahora, la prioridad era apresar a los marineros que regresaban antes que pudieran poner en guardia a los del barco.

El marinero Richard, que parecía ser respetado por los demás, había aceptado la propuesta del capitán de colaborar. Cuando regresó el resto de los marineros del bosque, se dirigió, antes de que pudieran reaccionar a la sorpresa, con el grito:

—¡Compañeros! Estamos prisioneros de una guarnición de la isla, que ha liberado al capitán y a los oficiales y nos ha detenido a todos.

—¿Eres Richard? —preguntaron.

—Sí, soy Richard. Si os rendís sin lucha, el capitán os garantiza la vida y un buen trato que el gobernador de la isla ha propuesto —dijo—. Deponed las armas de las que disponéis y salvaréis la vida.

Transcurrieron unos largos minutos sin obtener ninguna respuesta. Se percibía el murmullo de los marineros.

—Aceptamos las condiciones de ser inculpados del cargo de amotinamiento si nos dan garantía —respondió uno.

—La garantía proviene de la palabra del capitán y la aquiescencia del «gobernador» de la isla. Debería ser suficiente —dijo.

Volvieron a parlamentar entre ellos, bajaron las armas y las dejaron en tierra, a la vez que decían:

—Esperamos que el capitán cumpla su palabra —volvió a hablar el mismo marinero.

Habían transcurrido más de dos horas desde la llegada de la barca a la playa, tiempo suficiente para haberse comunicado con los tripulantes del barco, que, al no obtener ningún tipo de aviso, dispararon dos cañonazos. A los pocos minutos volvieron a disparar dos más. Transcurrió un tiempo, que se hizo muy largo. Observamos que lanzaban al agua una chalupa repleta con, al menos, diez hombres. El capitán reconoció, con el catalejo, al contramaestre, uno del cabecilla de la conspiración, y a otros tres desalmados marineros. Si logramos apresarlos, podríamos idear un sistema para rescatar el navío, donde quedaban dieciséis marineros, siendo tres de ellos los más peligrosos. Nos escondimos de las miradas de los vigías desde el barco, pues podían sospechar, si observaban a los prisioneros y a pocos marineros.

Me dirigí al capitán.

—Capitán, si le ayudo a recuperar el navío, deberá aceptar mis condiciones. No discutir mi autoridad en la isla, comprometerse a llevarme a mí y *Viernes* a Londres, sin cargo alguno —dije.

—Señor, mi agradecimiento será perpetuo y seguiré vuestras órdenes mientras permanezcamos en la isla —dijo el capitán— y me comprometo a llevaros a Londres, sin cargo alguno.

—Hemos de concentrarnos en la captura de los marineros que vienen del barco; vendrán armados y prevenidos y no contamos con el factor sorpresa —dije.

—Podemos confiar en la participación a nuestro favor de los marineros en tierra; excepto tres de ellos, sería prudente que permanecieran ligados de pies y manos, amordazados y fuera de la vista —dijo el capitán. La situación estará equilibrada, nosotros siete contra los diez que llegan —añadió.

—Prefiero evitar el choque armado —dije. Evitará bajas, incluidas las nuestras. Hemos de intentar convencerlos de la propuesta que hemos acordado con los marineros en tierra.

—Los cabecillas deberán ser neutralizados, incluso con la muerte —insistió el capitán. No dejarán de intentar otro amotinamiento.

—Capitán, ofrece una salida al acorralado, evita problemas y transmite la confianza de que se cumplirán las promesas —dije.

Dos posturas negociadoras se encontraban, la militar y la comercial, la violenta y la pactista. En tierra yo tenía el poder y se haría según propusiera. Los marineros procedentes del barco fueron desembarcando del bote mientras se acercaban a la chalupa.

—¡Alto! —dijo el capitán.

Antes de que pudieran levantar sus armas, los oficiales abatieron al primero que intentó disparar, que cayó muerto sobre el agua. Un segundo marinero cayó herido. Los demás depusieron las armas; no sabían cuántos hombres podrían estar apuntándoles.

—Smith, Smith, conoces mi voz, soy Richard. Rendíos, puesto que además del capitán armado, el gobernador de la isla tiene cincuenta hombres apostados para hacer fuego a su orden —dijo. Habló con mayor contundencia que la vez anterior.

—¿Eres tú, Richard? —preguntó.

—Lo soy. Si no os rendís, inmediatamente seréis hombres muertos en unos segundos. Ya han caído dos, uno muerto y otro herido —gritó.

—¿A quién debemos rendirnos? —preguntó.

—A mí, soy el capitán. Los jefes del amotinamiento serán colgados al llegar a Inglaterra, si no lo hace el gobernador de la isla —dijo.

Ante aquella perspectiva, los marineros dudaron unos segundos en responder, que yo aproveché para dirigirme a ellos desde el interior del bosque. Iba a ofrecerles una generosa opción.

—Como gobernador de la isla, tengo el poder de decidir la muerte o la vida de cada persona, sea marinero o no. Mi propuesta de permitir una salida alternativa a la horca, que he ofrecido a los marineros apresados, la hago extensiva a vosotros. Los cabecillas, que me indique el capitán, tienen dos opciones: o quedarse en la isla o embarcar hacia Londres. Allí les espera la horca; aquí les ofrezco un trozo de tierra y los instrumentos necesarios para poder vivir. Estarán bajo mis órdenes; al primer intento de romper las normas serán hechos prisioneros y colgados. A los demás marineros se les condonarán las penas.

—¿Qué decidís? —pregunté.

—Debo castigar a los cabecillas del amotinamiento —empezó a hablar el capitán.

—Capitán, he propuesto una solución y mantendré mi palabra. Si estos marineros aceptan mi propuesta de quedarse en la isla, se hará como yo digo. De lo contrario, los dejaré libres, les daré una hora de ventaja y le autorizaré a usted que los capture y decida sobre ellos lo que considere más justo.

Habíamos ejecutado una magnífica interpretación, digna de una obra teatral. Fue tan convincente y motivador que los cabecillas aceptaron la propuesta de quedarse en la isla. Los demás marineros tienen la garantía de no ser colgados.

Aquella especie de magnanimidad del «Gobernador» resolvió uno de los problemas del momento. Me recordaba una de las enseñanzas de los hacendados de Brasil. Nunca acorrales al otro, déjale salida y, si es una negociación comercial, recuerda que los demás también han de salir ganando para mantener buenas y permanentes relaciones.

Atamos a los peligrosos, los dejamos separados entre sí. Los escondimos en las rocas, donde previamente habíamos mantenido a los anteriores marineros. Quedaban tareas difíciles.

Acercarnos al barco, abordarlo, apresar a los cabecillas y convencer a los demás de que su única salida posible, para evitar ser declarados proscritos, era la rendición y la cooperación. No es un intento fácil.

Alcanzar el barco, convencer a la tripulación de que todo estaba bien en tierra y eliminar sospechas sobre lo sucedido se requería para tranquilizar a los marineros que permanecían en el barco, antes de ofrecer la propuesta definitiva. Lanzamos una serie de siete ráfagas de disparo, contraseña de que la situación estaba controlada. Esperábamos que fuese suficiente para calmar las inquietudes.

Decidimos qué marineros se desplazarán al navío y cuáles se quedarían en tierra. A continuación, se reiteró el compromiso del «gobernador» de que serían absueltos de los cargos de amotinamiento, nombrando a cada marinero por su nombre, uno por uno. En total disponíamos de 10 hombres dispuestos a intentar la captura del barco. El capitán y los oficiales con tres marineros irían en una chalupa; en la otra, irían cinco marineros, a uno de los cuales se le otorgó el cargo de capitán de la embarcación. Partieron hacia el navío a medianoche; cada uno portaba armas de fuego y espada o cuchillo. La embarcación del capitán era la encargada de rodear el barco para intentar subir por la otra borda. La otra chalupa, con Richard, navegaría directamente hacia el navío para distraer a la tripulación.

La estratagema de acercamiento se vio facilitada por la popularidad del marinero Richard, que fue hablando y explicando a los del barco que les había sido muy difícil dar con los marineros que habían desembarcado primero y se habían adentrado en el bosque. El inconveniente principal lo constituyó la primera chalupa, que había quedado embarrancada en la playa y no podían moverla. Sin dejar tiempo a pensar demasiado en el tema, continuó hablando: «Ahora debemos regresar con algunos hombres más para rescatar al resto de los marineros y la barca».

Los restantes marineros, con el capitán al mando, subieron sigilosamente por estribor. Aprovecharon los momentos de desorganización y la curiosidad de saber qué había sucedido en tierra. El lapso de tiempo de sorpresa les permitió enmudecer a dos marineros a culatazos y apresar a otros dos en cubierta. Cerraron las escotillas para evitar la salida de los que estaban abajo. Los marineros que iban con Richard subieron al navío y se hicieron cargo del castillo de popa. Arrancaron la escotilla de la cocina para evitar la salida de tres hombres, que se encontraban dentro. Los recién llegados se hicieron dueños de la situación.

El capitán tomó el mando. El piloto fue, por orden del oficial, a apresar al cabecilla e instigador principal que estaba en el camarote del capitán, acompañado de tres hombres. Tras abrir la puerta, con gran estruendo, disparando a diestro y siniestro, lograron matar a un marinero y al cabecilla, que consiguió herir al piloto, que, con un disparo certero de pistola, atravesó la cabeza del truhan. El tercero se rindió. Los marineros peligrosos fueron encarcelados y aislados.

Conseguido el objetivo de la posesión del barco, dispararon los siete cañonazos acordados como señal de éxito. Quedaba pendiente el objetivo final, convencer a la tripulación de que aceptase navegar, de nuevo, bajo las órdenes del capitán y con la promesa del indulto.

Hubo una larga pero concisa y arreglada explicación sobre lo acontecido en tierra y la promesa del capitán y del gobernador de un perdón a los amotinados. Tras la aceptación de las condiciones ofrecidas, el fallecido jefe del amotinamiento fue colgado del palo mayor, con el objetivo de infundir temor y demostrar la autoridad del capitán a los que permanecían en tierra y a los restantes marineros. Desembarcaron a los peligrosos.

La celebración del éxito con el capitán inglés

En tierra, tuvimos que volver a representar una obra teatral. Me presenté con ropas de gala cedidas por el capitán. Tome nota del compromiso de los cinco amotinados peligrosos, de su aceptación de quedarse en la isla y respetar las normas y mi autoridad como gobernador, y en mi ausencia, la de mi representante.

Celebramos, con el capitán y los oficiales, el éxito de la estrategia, brindamos con ron, coñac y alimentos procedentes del barco: botellas de vino de Madeira, tabaco, galletas, carne, azúcar e incluso harina. Lo más útil y desagradable al mismo tiempo ha sido vestirse con camisa, pantalones, botas, guantes, zapatos, medias y el traje. Afeitado y vestido de gala, emocionado por mi pronto regreso a Inglaterra, me abracé al capitán sin articular palabra. Los dos habíamos conseguido lo impensable. La cooperación y confianza mutua habían dado sus frutos.

La Providencia, de nuevo, ha decidido que estuviese en la isla para salvar al capitán. Mis años en la isla habían sido una prueba que la Providencia ha puesto en mi camino. Ahora puedo ayudar a estos infelices; ha finalizado mi castigo por el comportamiento con mis padres, a los que no pude volver a contactar y habrían muerto infelices por perder a sus hijos varones.

Dejé unas notas detalladas para el «castellano», a quien dejaba como mi delegado. Le explicaba los pormenores de los acontecimientos, lo peligrosos que eran aquellos ingleses y dónde guardaba las armas y víveres. A los amotinados no les expliqué dónde estaba la «fortaleza» ni los bienes almacenados. En las notas, indiqué qué parcela les había cedido a los ingleses para su uso, alejada, por precaución, de las restantes. A los amotinados, les dejé alimentos para unas dos semanas, que es el tiempo máximo de espera previsto para la llegada de los nuevos residentes». Les conminé a respetar la autoridad de mi delegado, que llegaría con una patrulla de portugueses para residir en aquella parte de la isla. No entendieron nuestro acuerdo con los enemigos de Inglaterra para que dirigieran la isla, pero no dimos explicaciones. Era más adecuado dejar la incógnita en sus mentes.

Al día siguiente anoté el resultado de la intervención con los amotinados:

Primera escaramuza: 8 marineros amotinados, dos oficiales y capitán

Muertos	Rendidos	Apresados	Total
0	6	2	8

Segunda escaramuza: 10 marineros

Muertos	Heridos	Apresados / reducidos	Total
2	2	6	10

Abordaje del barco: quedaban 16 marineros a bordo. Después de la toma de posesión, reemplazamos seis por los que habíamos reducido en la isla y los dos oficiales.

Muertos	Rendidos/ apresados	Bajados a la isla	Se quedan en la isla
3	10	3	3 + 2

No estábamos seguros de que los amotinados dejados en la isla fueran respetuosos con lo pactado, pero estarían en inferioridad numérica con los castellanos, portugueses e indígenas, aunque pendía la sentencia del «Gobernador» sobre sus cabezas. En la isla se quedaban dos de los cabecillas de la primera barca y tres capturados en el barco.

Ya recuperado el mando del barco, dos marineros intentaron, de nuevo, crear conflicto. Hacían circular la idea de que Londres no respetaría el perdón al que se refería el capitán y el gobernador. El capitán los confinó y les aseguró que serían castigados al llegar a Inglaterra por su nuevo intento de indisciplina. Eso creó malestar y desconfianza entre el resto de la tripulación. Tuve que intervenir para evitar males mayores.

—Marineros, reitero y aseguro, por mi autoridad de gobernador, que serán perdonados. En prueba de buena voluntad, sugerí al capitán una propuesta aceptada por este, que reiteré delante de todos los presentes: liberar a los dos prisioneros, con la autorización del capitán. Era una estrategia de apaciguamiento. Antes de zarpar hacia Londres, comprobamos que los dos perturbadores desaparecieron del barco llevándose algunas armas[28].

Al irnos preparando para alejarnos de mi isla, no pude dejar de pensar en las tormentas, los remolinos, los arrecifes, los vientos del Este y NE que habían hecho naufragar a la embarcación de los castellanos y portugueses e impedirles llegar a su destino en México o Cuba, con el tesoro que transportaban desde Argentina, Buenos Aires o Río de la Plata.

Les dejaba en la isla todo tipo de bienes: vestidos, camisas, zapatos, herramientas, algunas semillas para plantar, entre ellas guisantes y hortalizas. Mi pensamiento no era ordenado, saltaba de un tema a otro, me imaginaba en Londres y recordaba Brasil; me entraba pánico si imaginaba que aparecía la imagen de un barco pirata que me recordaba mi tiempo de esclavitud. Mi pensamiento se movía entre pasado, presente y futuro, de ida y vuelta, todo mezclado, que me impedía disfrutar de la situación y perspectivas. Aprender a saber priorizar los aspectos positivos del momento es realmente difícil.

Me llevo conmigo, como preciados tesoros, mi gorro de piel de cabra, mi sombrilla, el loro y las monedas. Ya sin el largo bigote de estilo moro que me había dejado crecer, veintiocho años, dos meses y diecinueve días de náufrago se acababan. Me embargaba cierta melancolía. El día de hoy coincide, según mi calendario, con el aniversario en que salí de Inglaterra y con el que escapé de la esclavitud.

Tardamos unos días en hacer los preparativos para marchar. Mientras hacíamos las maniobras de zarpar, divisamos las dos chalupas en que llegaban los nuevos residentes y nos hizo demorar la partida, el tiempo justo para explicarles la nueva situación. La sorpresa de encontrarse con habitantes ingleses, que deberían aceptar su autoridad en mi nombre, y las perspectivas de mi marcha eran acontecimientos inesperados. Quedaban esfuerzos superiores a los que había supuesto en mis reflexiones sobre la isla.

Al ir acercándonos a Inglaterra, los pensamientos empezaron a hacerse más mundanos y más utilitarios. ¿Me encontraría costumbres muy diferentes a las que conocía? ¿Vivirían mis hermanas? ¿A qué se dedicaban mis sobrinos? ¿Sabría cómo comportarme y valerme en la nueva situación? Sentía una gran aprensión inmersa en un mar de alegría. La suerte está echada.

---

28   Una nota al margen decía: «No llegaron nunca a la costa».

PARTE VII

PARTE VII

CAPÍTULO 12.
LONDRES, VIAJE DE NEGOCIOS A LISBOA

Londres

A mi regreso a Londres, me he encontrado con muchas novedades. La ciudad me es desconocida. Voy caminando por algunas calles empedradas sin barro y hay policías de uniforme que patrullan las calles. Es contradictorio a lo que me habían explicado sobre la proliferación de compañías privadas que ayudan a recuperar lo robado, por ineficacia de la policía oficial. Me advirtieron que, en caso de alborotos graves en la ciudad, podría intervenir el ejército regular. Me siento sumergido en un mundo desconocido. Los carruajes continúan circulando por la izquierda para evitar que los caminantes sean golpeados por los látigos de los cocheros. Escucho muchos vocablos nuevos, desconocidos para mí, sin que pueda conocer el significado con exactitud.

En la casa de mis padres en York, no quedan recuerdos suyos, ya que hace años que murieron. Al visitar la oficina del abogado de la familia, ahora en manos de sus hijos, me informaron que yo ni constaba en el testamento, ni tenía ningún derecho sobre la herencia de mis padres. Me suponían muerto. Murieron creyendo que había fallecido. ¡Qué tristeza para ellos! Visité a mis sobrinos, hijos de mi hermano mayor, uno marino y el menor dedicado a la administración pública. Confraternicé con ellos; les visitaba con cierta frecuencia. Por conversaciones con el joven, supe de las complejas relaciones del poder en Londres. De su hermano, aprendí sobre la situación exterior de Inglaterra y que las relaciones con las colonias de América eran conflictivas. Los contactos y reuniones con ellos también sirvieron para ilustrarme sobre negocios y el auge del comercio entre naciones de todos los continentes. Me informó del poder creciente de las grandes compañías inglesas.

Internacionalmente, Inglaterra había logrado situarse como potencia económica en el mar, a expensas, sobre todo, de Castilla y algo menos de Francia. El Parlamento continuaba representando la soberanía del pueblo y el rey estaba bajo su control y el de las leyes. La Gloriosa Revolución y ejecución del rey fue una reforma en que el Parlamento tomó el poder y perdura hasta hoy. Mi sobrino me explicaba las maravillas de los avances en Inglaterra. Mis preguntas lograban introducir algunos aspectos negativos.

—Las normas constitucionales en nuestro país son muy diferentes a las de otros países, y su aplicación es más flexible, más pragmática —dijo mi sobrino.

—¿En qué se constata esa diferencia en la vida cotidiana? —pregunté.

—Los derechos de los ciudadanos son más respetados y pueden expresar sus opiniones, la gente causa menos revueltas y de menor virulencia que en otras naciones —respondió.

—Se ve pobreza y pillastres en las calles de Londres y atracos en los caminos —dije.

—En Londres y otras ciudades el control de los pequeños delincuentes es muy difícil. Además, hay grupos de maleantes organizados —exclamó.

—Y desde el punto de vista del comercio y su peso internacional, ¿qué ha pasado con Inglaterra? —pregunté.

—Como ya sabes, por conversaciones anteriores, la derrota de la flota de Castilla por nuestra marina cambió el dominio del mar. Inglaterra empezó a tener peso y se adentra en América del Norte y en algunas islas del Caribe. Logró romper el monopolio del comercio de esclavos de Castilla y Portugal —dijo.

—Castilla sigue siendo muy poderosa por lo que he oído —dije.

A partir de esta interrupción, mi sobrino se expandió en numerosas explicaciones positivas:

—Castilla sigue siendo poderosa en tierra, pero mantiene guerras en muchos frentes y la Corte está arruinada. Castilla recibe el oro y plata de América, pero debe pagar por los productos textiles fabricados en Holanda, que son los que, en última instancia, enriquecen y consolidan su poder comercial. Los corsarios de otros países fueron los que consiguieron romper el monopolio. Atacaban a los barcos de la Corona de Castilla, que transportaban oro, plata y otros productos.

—¿Los corsarios de otros países? —pregunté—. ¿De Inglaterra también? —insistí.

—Los corsarios son similares a los piratas, pero atacan y actúan bajo las órdenes de la corona de alguna otra nación. Esta los ayuda, les da cobijo y los protege. En Inglaterra, muchos de esos piratas o corsarios se han convertido en «respetables» hombres de negocios y legales, a través de la compra de acciones de grandes compañías comerciales. Es otra de las grandes transformaciones.

—Los corsarios, ¿son todos de Castilla, Francia o Inglaterra? —pregunté.

—Los más numerosos son los que trabajan a las órdenes de Castilla, aunque suelen ser mercenarios corruptos que siempre tienen un precio. En Inglaterra, algunos importantes corsarios a las órdenes de Inglaterra se han convertido en héroes oficiales; F. Drake es el más conocido.

Conversaciones como estas me hicieron entrar en un rápido conocimiento de los cambios políticos y sociales. Las guerras de religión parecían haber finalizado en el continente; los conflictos, desde la reforma luterana y calvinista en Suiza, se habían trasladado al resto del mundo; ya eran guerras mundiales, que se libran en territorio de otros. En Europa, la pérdida de Flandes por la poderosa Castilla había permitido convertir Holanda en un floreciente territorio de comerciantes e industriales, especializados en paño y otras mercancías. Ámsterdam era la capital del dinero, de las Bolsas de Comercio, de las finanzas, como le llaman ahora. Habían conseguido ser los únicos europeos que podían comerciar con Japón, por no mezclar negocios y religión. Mi sobrino, capitán de navío, conocía todos estos pormenores y la creciente tendencia a ir a Asia a comerciar.

Entre los vocablos nuevos, que están popularizados e incorporados al inglés, me encuentro con *bankruptcy, banking, consols* —consolidados—, *democracy, royalism, terrorism, conscription, guillotine, magazine, interesting, boring, sentimental* y otros muchos. ¡Hasta el inglés de mi juventud es diferente al actual! Los juegos de azar, al alza y a la baja, también han proliferado.

Las reuniones con mis sobrinos y sus amigos me eran útiles para poder tomar decisiones sobre mis posesiones en Brasil. Decidí mantener los negocios allí a través del capitán, amigo mío. La señora, viuda del antiguo administrador en Londres, ha conservado adecuadamente mi escaso patrimonio, aunque ella misma tiene ciertas dificultades de recursos.

La sorpresa de ser rico

He recibido una carta de Lisboa, enviada por el capitán que portaba otra procedente del Brasil con buenas noticias. Mis colegas brasileños han cuidado de forma muy rentable mi plantación, que me ha proporcionado, al día de hoy, excelentes rendimientos. Los propietarios del «navío amotinado» me han entregado doscientas libras como recompensa. La suerte me sonríe. Me sentiría mucho más feliz si pudiese explicárselo a mis padres.

Soy realmente rico. Afortunado por haberme encontrado con amigos generosos y bondadosos. Entre resolver asuntos de negocios, visitar a los sobrinos con cierta periodicidad, alternar con comerciantes y políticos, cuidar de la granja con la familia, transcurren mis horas de actividad. Sobre la familia escribiré en otro momento, cuando tenga todo resuelto y organizado.

—Inglaterra ha logrado un cambio de estatus e influencia en otras naciones. En otros países, incluso leen a un filósofo inglés llamado John Locke —dijo un comerciante.

—¿Qué es lo extraordinario de este filósofo? —pregunté.

—Defiende el derecho natural frente al derecho divino de los Estuardo —afirmó.

—Tiene mucho éxito en Europa —dijo otro—. Incluso en Francia.

—Hay cambios muy importantes —dijo un comerciante—. Además, los nuevos aristócratas terratenientes, aunque no tienen la fuerza militar, respetan a los «*squire*» ingleses. Incluso ¡juegan a cricket con el jardinero! —exclamó un tercero.

—Los comerciantes son respetados y valorados, se conciertan matrimonios mixtos con miembros de la aristocracia. La palabra plebeyo está en desuso y la de gentilhombre se ha extendido —añadió un tercero.

—¿No es similar en todas las naciones de Europa? —pregunté.

—En Francia, el absolutismo sigue en la Corte; en Castilla también. Los reyes continúan considerando su poder como delegación divina y las protestas son más virulentas y generalizadas —respondió mi interlocutor principal. En Inglaterra es el Parlamento el que ostenta el poder y no el rey, que ya no es «descendiente» de Dios desde la «Gloriosa Revolución», y el Parlamento llamó a un descendiente de la casa de Orange para tomar el trono.

—Me han comentado que el juego, la bebida y los duelos son frecuentes en Londres —dije.

—Cierto, no todos los cambios son positivos, hay lacras sociales importantes.

—Las leyes son muy estrictas, pero no parece ser suficiente —dijo otro asistente a la reunión.

—Las leyes del Parlamento se aplican suavizadas por los jueces locales, ya que no disponen de una policía muy eficiente. Esta práctica hace más comprensibles las sentencias y la ley.

—La práctica de adecuar las penas a la realidad atempera las protestas —dijo otro asistente a la reunión.

Lisboa. Encuentro con mi amigo el capitán

En Londres, he podido captar la dinámica de los cambios sociales, políticos y comerciales; decidí trasladarme a York, desde donde planeo mis próximos pasos. He decidido viajar a Lisboa, donde reside el capitán, mi salvador y amigo, que probablemente tendrá noticias detalladas de mis plantaciones en Brasil, ya que le dejé como representante de todas mis actividades y administrador de las rentas generadas, incluso como heredero de mis bienes en caso de fallecimiento. Compré pasajes a Lisboa para mí y para mi criado *Viernes*. La travesía fue tranquila.

Al encontrarnos, momentáneamente, ni el capitán ni yo nos reconocimos. La memoria nos trasladó a los rasgos y aspectos de antaño y nos abrazamos efusivamente. Mostramos júbilo por el encuentro y por estar ambos vivos y en buenas condiciones; me explicó con detalle que mi socio en Brasil vivía. Los apoderados habían muerto pasando las funciones a sus hijos, también muy honrados, competentes y muy acaudalados, que le habían enviado detalle exacto de todas las operaciones realizadas en mi ausencia.

Con la hipótesis de mi muerte, los representantes dieron cuenta a la autoridad competente de Brasil, que decidió, mientras no diese señal fehaciente de vida o muerte, que las rentas se repartieran, un tercio para el fisco y dos tercios al Monasterio de San Agustín, que guardarán y podrían usar parcialmente para reparaciones y ayuda a los pobres. No parecía que existieran inconvenientes para recibir la parte de las rentas no gastadas que anualmente se enviaban al convento. Tampoco ninguna dificultad habría para demostrar que estaba vivo y que yo era yo. Debería ir a un notario en Lisboa, delante del cual el capitán justificaría quién era yo, que estaba vivo y, posteriormente, al remitir la documentación a Brasil, todo quedaría legalizado. Mi socio podría atestiguar mis derechos ante el fisco de Brasil. El Fisco no devolvió ni un moidor.

—¿Cómo pudieron los apoderados comunicar al fisco mis bienes y rentas, si había escrito que tú, el capitán, eras mi heredero? —pregunté.

—No había seguridad de tu muerte —dijo. Mis derechos no podían ejercerse hasta que pudiese demostrar el fallecimiento o transcurrieran un determinado número de años, que no recuerdo cuántos eran.

—Los primeros años llegaron las rentas con toda normalidad. Tuve necesidad de usar parte de ellas por dificultades comerciales. A partir del onceavo año, por orden del Estado, la distribución de las rentas se atribuyó por ley entre el fisco y el Monasterio.

El capitán me explicó y presentó detalle minucioso del uso personal de la parte de mis rentas: cuatrocientos cuarenta *moidores* —moneda de oro equivalente a veintisiete chelines—, sesenta cajas de azúcar, quince fardos dobles de tabaco, que se perdieron en su barco al regreso a Lisboa en el onceavo año de mi desaparición. Me entrego en el acto, ciento setenta moridores portugueses y los títulos de posesión de una parte del buque de su propiedad, que servía como garantía de pago. Le pregunto si el pago de la deuda le ocasiona alguna dificultad y, al responder afirmativamente, le acepté cien moidores y le entregué el recibo y el compromiso de que, al recibir los derechos de mis posesiones, le devolvería lo que ahora me entregaba y daba por pagada la deuda.

Ni siquiera viajé a Brasil. Seguí los consejos del capitán. Todo el proceso ha transcurrido perfectamente sin necesidad de viajar por mar. El notario de Lisboa ha certificado que estoy vivo, ha aceptado al capitán como garante, ha inscrito en el Registro de Propiedad las tierras de Brasil y ha enviado el comprobante al socio y a los representantes. Aunque dudaba de instalarme en Brasil definitivamente, no estaba dispuesto a hacerme católico, condición importante para evitar que la Inquisición intentase ordenar mi muerte con cualquier excusa. Decidí regresar a Inglaterra.

A los siete meses de mi estancia en Lisboa, recibí varios documentos que detallan la evolución de mis negocios en Brasil. Un documento firmado por los descendientes de mis representantes. Indicaba los movimientos desde el último día en que sus padres habían liquidado cuentas con el capitán y un saldo positivo de mil ciento setenta moidores. En otro documento se detallan las cuentas de los cuatro años, entre la liquidación al capitán y el momento en que aún no había intervenido el procurador fiscal de Brasil. De ese periodo disponía de treinta y ocho mil ochocientas noventa y dos cruzados —tres mil doscientas cuarenta y un moidores—. Otro documento del prior del monasterio decía haber recibido rentas durante catorce años y que disponía de ochocientas setenta y dos moidores restantes. Del fisco, que en teoría dedicaba los ingresos a otro monasterio, no me devolvieron ni justifican ni el uso ni el destino, ni tan solo respondieron a la petición de información.

Los documentos iban acompañados de una carta de mi socio, manifestando la alegría porque estuviese vivo. Me relataba con todo detalle los avances y mejoras de la plantación, la producción anual, la superficie sembrada y el número de esclavos activos. Me enviaba recuerdos y los mejores deseos de su familia, y me animaba a ir a Brasil a tomar posesión de mis propiedades. Solicitaba instrucciones para rendir cuentas a partir de aquel momento. Como regalo familiar me envió pieles de leopardo de África, cajas de confitura y piezas de oro sin acuñar. En la carta había un centenar de cruces, que indican otras tantas bendiciones, y expresaba que su familia había rezado muchas avemarías por mi salvación. «En el mismo transporte desde Brasil, me llegaron más de mil cajas de azúcar, casi tantos rollos de tabaco y cierta cantidad en oro». En el mismo barco, que por seguridad viajaban en convoy[29], llegaron los bienes y los documentos.

La impresión que me produjo ser tan afortunado me provocó un desmayo y me hubiese desplomado si el capitán no me hubiese sujetado firmemente. Caí enfermo por varios días y considero que solo los cuidados del capitán me mantuvieron vivo. Una vez recuperado de mi postración, me explicaron que habían temido por mi vida.

Con más de cinco mil libras en mi poder, unas rentas de más de mil libras anuales de las plantaciones en Brasil, la primera decisión que tomé fue devolverle a mi amigo, el capitán, los moidores que había aceptado de su deuda. Le entregué un documento notarial por el que quedaba liberado de la deuda de cuatrocientos setenta y dos moidores que él mismo había comunicado que me adeudaba; redacté otro documento por el que le hacía recaudador de todas mis rentas de Brasil que permitiría que el socio de Brasil se las enviase directamente. En otro documento indique una cláusula que le otorgaba cien moidores de renta vitalicia para el capitán y cincuenta para su hijo. Compensaba, parcialmente, la deuda de reconocimiento y amistad con mi benefactor y salvador.

Recompensé a la amiga viuda, ya muy anciana, con cien libras esterlinas, por su honradez y lealtad, tal como hizo su marido, el anterior administrador. Mi pro-

---

29   El convoy era un conjunto de barcos, que para evitar el ataque de piratas viajaban juntos para disuadirlos.

pósito era evitar que pasara penalidades económicas mientras viviese. Envié cien libras a mis hermanas, una viuda y la otra con un marido a medias, pues siempre estaba sin hacer nada. En Inglaterra no podía confiar en nadie para gestionar todos estos trámites, por eso había preferido encargar al capitán portugués esa delicada función, y que demostró, una vez más, su lealtad, honradez, conocimientos y buenos consejos. Decidí regresar a Londres por tierra. Mi fortuna llegó al banco a los siete meses.

Comunicaría a mi socio y mis representantes en Brasil que, definitivamente, no me establecería allí. Seguí los consejos de mi anciana amiga, que aconsejaba vender gran parte de los bienes que me pertenecían. Los socios remitieron al corresponsal en Lisboa, en piezas de ocho, la cantidad correspondiente a la venta, previa firma del documento de venta, que delegue al capitán, igual que de todos los otros trámites. La cantidad transferida era algo inferior a la que indicaba el documento. La diferencia correspondía, según decía un documento muy largo y lleno de términos desconocidos, a la comisión bancaria. Las letras de cambio fueron pagadas inmediatamente en libras a la presentación en el banco de Londres.

Cambios financieros por decidir

De todos los cambios y novedades que encontré, yo destaco, por sorprendente e inesperado, el circuito del dinero. Ya no viajan físicamente para pagar o cobrar deudas; estamos en un nuevo mundo, el del papel dinero, que sin moverse físicamente, se puede transferir a otro y cobrar en diferente moneda. También transferí a Londres los Bonos del Estado depositados en Brasil, relativos a mis ingresos durante los años en que no di señales de vida.

El auge del comercio había permitido la constitución de compañías por acciones y el engrandecimiento de la Compañía de las Indias Orientales. Las compañías tenían numerosos propietarios, que evitaban el riesgo sobre su fortuna personal; eran responsables, exclusivamente, de la parte depositada en lo que llamaban acciones. Deberé investigar más este tema, es muy complejo. Evita la aversión al riesgo y permite acumular grandes cantidades para realizar negocios de mucho valor. Algunos de los ahorros que yo poseía los podría invertir en esas acciones y participar de las ventajas de una gran compañía.

Aprender el funcionamiento del dinero papel, del dinero bancario y del sistema de pagos internacional me sería conveniente, aunque me era incomprensible, de momento. Me parece que no anula el riesgo, pues deposita demasiada confianza en los bancos, aunque el mecanismo parece funcionar de forma útil. Conociendo los problemas de seguridad y las quiebras de bancos en épocas anteriores, no estaba muy seguro de que el riesgo de confiar en ellos no fuese más alto que el transporte físico y el riesgo de antaño. Debían de ser dudas por mi desconocimiento.

Antes de partir de nuevo hacia Inglaterra, escribí una carta a los apoderados y al socio en Brasil, comunicándoles que me trasladaba a Inglaterra. Les daba las gracias por su honestidad, buen hacer. Al socio le agradecí su esmerado cuidado, éxito y capacidad de hacer negocios y el cuidar mis intereses como los suyos. Al prior del monasterio le comuniqué que los moidores sobrantes, que no habían gastado, los dedicase una parte para el monasterio y otra para los pobres.

Tenía preparado mi viaje por mar hasta Burdeos y de allí a Londres. En el último momento decidí retirar mis maletas del barco y viajar por tierra. Consulté con mi amigo, el capitán, la mejor ruta para llegar a Londres con el objetivo de conocer Europa. Fue una suerte cambiar de criterio, puesto que, supe más tarde, de los tres barcos del convoy, uno fue atacado y apresado por argelinos y del naufragio del otro se salvaron tres personas. Esta vez tomé la decisión más beneficiosa: huir del mar.

El capitán me informó de varias rutas alternativas para ir desde Lisboa a Londres; la más corta era ir por La Coruña, cruzar el golfo de Vizcaya hasta la Rochelle, París, Calais y Dover. Otra ruta consistía en ir a Madrid y a París directo. He decidido ir por Madrid, Navarra, Pamplona, Pirineos, Fuenterrabía, La Gascuña, Languedoc, París, Calais y Londres. He elegido un criado marinero inglés y, de los seis sirvientes de la expedición, dos son míos. Me acompaña *Viernes*, como siempre. Mis ansias de conocer mundo parecían poder cumplirse por esta vez. Y creía que sin peligro alguno.

PARTE VIII

PARTE VIII

CAPÍTULO 13.
CONOCIENDO HISTORIAS DE EUROPA

Superando peligros

Me decidí a viajar por la ruta más larga: Lisboa, Madrid, Pirineos, París y Londres, que me permitirá conocer e informarme de la historia de territorios desconocidos para mí. El contacto con personas viajeras me permitirá escuchar experiencias y compartir conocimientos de la vida actual y la opinión de la gente. Me serían útiles en mis relaciones posteriores.

Teníamos previsto viajar un caballero inglés, *Viernes*, yo y dos jóvenes caballeros portugueses, que viajan hasta París. Me correspondía, por edad, hacer las veces de capitán de expedición. Convenimos en permanecer unos días en Madrid para ver la corte del poderoso Imperio de Castilla. En las calles se palpaba la decadencia de la casa de Austria, con un rey enfermizo y sin descendencia, y un aspirante de la casa de Borbón, emparentada con la absolutista Corte francesa.

En ruta hacia Navarra, donde había nevado cuantiosamente, nos llegaron noticias alarmantes sobre un gran espesor de nieve al otro lado de los Pirineos, circunstancia que nos aconsejó pernoctar veinte noches en Pamplona, una ciudad bulliciosa, con gran vitalidad, con acumulación de viajeros procedentes de diversos lugares, que traían noticias de diversa índole y de lugares remotos. Las noticias sobre la nevada se confirmaron por unos franceses que acababan de llegar del otro lado de los Pirineos, dos de cuyos guías aceptaron acompañarnos en el camino a la inversa.

Pamplona era un lugar de paso de peregrinos que iban a la tumba de Santiago. En la iglesia de Sta. María de Eunate confluyen, tres o cuatro rutas o caminos de orígenes distintos. Aunque Roma y Santiago[30] eran católicas, nos encontramos

---

30   Más tarde se conocerá como uno de los «Caminos de Santiago». En la Iglesia, confluyen la ruta francesa, la de Aragón (Somport) y la de Roncesvalles. Posteriormente se añadiría en ese camino la ruta del sur. Aún hoy, en muchas ciudades de Europa, se puede ver marcada la ruta

peregrinos de distintas creencias, como si fuera Jerusalén, centro religioso de cristianos, judíos y musulmanes.

Una de las informaciones más sorprendentes, obtenidas de varios peregrinos procedentes del centro de Europa, era la posible concentración de poder, en los reinos de Europa, en manos de los Borbones, cuestión que podía plantear nuevos conflictos armados en territorio europeo.

La caravana y los caminos de Europa. Santiago primero

La caravana se fue ampliando con más viajeros y expertos conductores. Bajo el consejo y dirección de los guías, acordamos las condiciones del viaje y la organización de defensa en caso de encontrarnos en situaciones peligrosas. Los viajeros asiduos nos habían advertido que, en tiempos de nieve, los lobos hambrientos bajan a los valles y atacan, no solo a los que se alejan de la caravana, sino al grueso de ella. Decidimos pertrechar a cada uno de los viajeros con armas y municiones suficientes para repeler un posible ataque. Antes de iniciar la partida, organizamos las horas de viaje, el tiempo de descanso, quiénes y cuántos harían de vigía simultáneamente, la jerarquía de los involucrados y el sistema de defensa en caso de ataque masivo de los lobos. El número de viajeros se ha visto ampliado, según me consta, en doce caballeros: franceses, castellanos y portugueses con sus sirvientes respectivos.

En una de las escalas previstas en la ruta, coincidimos con unos viajeros que hablaban entre sí un idioma con cierto parecido al francés y al castellano que se dirigían al *Principat d'Andorra*, un país situado entre las montañas de los Pirineos, creado por Carlomagno como país independiente en el 788, y donde en 1288 se estableció un sistema político muy especial. La soberanía conjunta del arzobispo católico de Urgell —permuta entre el obispo y el conde de Barcelona— y el conde de Foix —Francia—. El Parlament o «Consell General» se constituyó en 1419. La razón por la que salió a conversación este pequeño país fue por el idioma hablado —catalán— por unos viajeros, que se dirigían al pequeño país, y por haberse refugiado allí algunos cátaros, que escaparon de la persecución organizada por el Papa y los reinos de Castilla y Francia. Era una cruzada en Europa con la experiencia de la Cruzada para conquistar Jerusalén.

Entre mis recuerdos de las travesías por mar, había escuchado los problemas existentes entre las naciones y comentarios sobre un escritor inglés, Shakespeare, que hablaba de los problemas de las sociedades, discriminación por color y colonización de unos por otros[31].

---

a Santiago en recuerdo de aquellos años.

31   En 1611 se había publicado la obra «Tempestad» de Shakespeare en el que hablaba de esos problemas, por ello quizás Robinson tenía una ligera referencia de los comentarios escuchados de algunos profesores o viajeros.

Llegamos a divisar Languedoc y la Gascuña, tierras fértiles, donde dos enormes lobos merodeaban continuamente a la caravana. Un guía se distanció del grupo y uno de los felinos le atacó. *Viernes*, sin miedo, se acercó al galope, mató al animal de un solo disparo y salvó al malherido guía. El otro lobo huyó dejando el caballo del guía moribundo; hubo que sacrificarlo, pues es sabido que no pueden recuperarse de una rotura de huesos.

Los aullidos de las numerosas manadas resonaban en las montañas. La cantidad de lobos, que suponíamos nos acechaban, hizo prevenirnos contra un posible ataque nocturno. Preparamos los relevos de vigilancia, con cambios cada dos horas y reforzada con cuatro grupos. No sucedió nada aquella noche. Al alba continuamos la ruta.

Atravesando el Languedoc, un viajero francés, que hablaba inglés fluidamente, nos explicó la historia de los cátaros o «*bonos homes*» o «hombres puros», cuyos castillos destruidos estaban en zona francesa. Los cátaros[32] eran una rama de la Iglesia católica, creada en el año 1022 en Toulouse, que no aceptaban algunos de los principios de Roma, sus riquezas y los métodos de la Inquisición o de la «Santa Inquisición», cuya misión era perseguir herejes para matarlos o torturarlos si se les consideraba que eran que difundieron herejías o por supuestos hechizos de brujos o brujas. En 1209 el Papa ordenó una cruzada interna, provocando la destrucción de todos los castillos y dando muerte a los «herejes». Entre los principios que los cátaros querían implantar destacaban: «la igualdad de hombres y mujeres», la «negación de la resurrección de Cristo», pero no su mensaje; la «teoría de que Dios creó el cielo y Satanás la tierra y las cosas materiales»; estas diferencias los llevaban a una lucha permanente. En 1244 desaparecieron casi definitivamente, aunque se pueden ver, dice el guía, los restos de castillos a lo largo y ancho del sur de Francia.

Transcurridos dos días, la caravana tuvo otro encuentro inesperado. Un oso de gran tamaño se aproximó lo suficiente para que nos pareciera peligroso, aunque sin presentar ningún tipo de amenaza. Lo más probable es que buscase comida. *Viernes*, temerario, fue a provocarlo, sin conocer el peligro de hacerlo, pues parece ser que, si un oso empieza una persecución, no la abandona hasta coger la pieza o perder la posibilidad de llegar a ella.

—¿Puedo ir a saludar al oso? —dijo *Viernes* mientras corría directamente en su dirección.

—No hagas tonterías, es muy peligroso —le chillo, pero ya no podía oírme.

Conociéndole, sabía que iba a hacer una de sus inesperadas acciones de payaso, en este caso, muy peligrosa. Provocó al oso lanzándole una piedra, que enfureció al animal, se revolvió sobre sí mismo y salió tras el atacante. *Viernes* se subió a un

---

32   Todavía hoy se pueden visitar en toda la zona francesa, alrededor de Toulouse, y la región de Ariege, y restantes territorios, los restos de los castillos incendiados en la cruzada por el rey de Francia contra los católicos disidentes» los cátaros».

árbol; el oso se encaramó tras él, que se fue desplazando a la punta de la rama, aunque el oso no cayó en la trampa y se detuvo antes de que aquella se rompiese. *Viernes* zarandeando la rama, nos pidió no disparar al oso y se fue deslizando hacia la punta de la rama hasta que pudo saltar a tierra. El oso empezó a retroceder, hacia atrás, con toda prudencia. Antes de que tocase tierra, aprovechando la indefensa posición del animal, *Viernes* le clavó una estocada en la oreja que lo dejó muerto. Los demás estábamos horrorizados. El «payaso» *Viernes* quería desollarlo para hacerse un abrigo, pero teníamos miedo y sentíamos la presencia de las manadas de lobos. Le ordené que regresara.

Los guías nos aseguraron que las manadas de lobos hambrientas, que habían bajado de las montañas y se mantenían en las llanuras, acudirían rápido al olor de la sangre y se repartirían el oso según costumbre de la jerarquía. Anochecía; nos adentramos lo más rápidamente que pudimos en el bosque, permanecimos al acecho, sin atrevernos a penetrar en el desfiladero que nos llevaría al otro lado del valle. Los lobos se habían colocado en los dos flancos del paso esperando nuestra llegada. El temor de los miembros de la caravana se acrecentó al encontrar restos de caballos y huesos de personas en los límites del bosque, por lo que preferimos adentrarnos en el interior del mismo, que ofrecía mayor defensa ante un posible ataque de los lobos, cada vez más cercanos y excitados.

El ataque de los lobos en los Pirineos

Temiendo un ataque masivo, preparamos la defensa, decidimos una formación triangular parapetados tras los árboles y las tiendas, formando círculos interiores, los caballos en el centro, juntas las cabezas, para permitir su defensa a coces, en caso de que algún lobo llegara hasta ellos. La preparación fue providencial, si bien teníamos esperanza de que no atacaran aquella noche, si lo hicieron de forma masiva y feroz. En el primer intento, de forma tímida; en el segundo, masivamente y a la carrera. Me producían más terror los aullidos que el ataque, hasta que tuve un animal lo suficientemente cerca para ver sus colmillos y sentir la vibración de mi cuerpo al unísono del ronquido de la garganta de un lobo gris. Nunca había sentido la muerte tan cerca. Pocos lobos atacantes habían superado el círculo de fuego que rodeaba el campamento; la gran manada atacó una y otra vez, hasta que, de súbito, como respondiendo a una orden, se detuvieron. Habíamos causado estragos en las manadas. Esperábamos que volvieran a la carga tarde o temprano. Fueron horas de nervios, difícil de conciliar el sueño; era un tiempo propicio para contar historias del pasado y eludir el miedo.

Durante la noche, uno de los guías nos explicó parte de la historia de la Orden de los Templarios y su asesinato en Francia. La Orden del Temple —1118-1312—, también llamada Orden de los Pobres Caballeros de Cristo y Orden del Templo de Salomón, dependía directamente del Papa. Los reyes no tenían potestad sobre ellos, ni tan solo el poderoso rey de Francia, y esto precipitó su caída. El Papa autorizó la Orden cuando necesitó la ayuda de los «Monjes Guerreros» para salvar Jerusalén de los infieles de Mahoma, para financiar sus guerras y Cruzadas y para mantener su poder. Eso decían los narradores. En Inglaterra ya sabíamos del poder de Roma y del «Papa», y en Brasil conocí más leyendas sobre el tema.

Las dos razones ocultas por las que el Papa de Roma y el Rey de Francia parece que acordaron, según muchos narradores, la destrucción, muerte y asesinato de los partidarios de los templarios en una sola noche y sin opción de escapar o defenderse, fueron de tipo político y económico.

Los Templarios obtuvieron posesiones, castillos, tierras y oro por donaciones de los señores feudales que iban a luchar a Tierra Santa. Recibían dinero de los peregrinos que iban a Jerusalén y herencias de los señores; muchos de ellos morían en combate. Acumularon riquezas de sus propias conquistas y de una estrategia de instalación geográfica que les permitía cobrar por la estancia en sus puertos. Se convirtieron en poderosos prestamistas a los reyes, que no pudieron hacer frente a las deudas de guerra. Esta es la razón económica. La razón política para su destrucción fue el miedo a su poder; los reyes y el Papa no se atrevían a ir contra ellos. Los Templarios organizaron sistemas de préstamos y créditos a reyes y la Iglesia de Roma, crearon un mecanismo de pagos en todos sus centros fortificados del Mediterráneo. Se atrevieron a desafiar la norma del rey si la consideraban injusta, hasta que Felipe IV de Francia, muy deudor de los Templarios, pactó con el Papa su aniquilación para que ambos recuperaran su poder a costa de los Templarios. En 1307 la mayoría de los templarios fueron asesinados y los líderes quemados como herejes en la hoguera. En una noche se apresaron a todos los que no pudieron salvarse. Se salvaron unos pocos, a los que no pudieron dar caza[33]. Cuenta la historia, decía el narrador, que el Gran Prior de la Orden, mientras estaba en la hoguera, profetizó que el Rey moriría sin descendencia y el Papa moriría antes de un año. La realidad cumplió la profecía: el hijo del rey moriría de accidente y el Papa falleció a los pocos meses.

El dominio de los Templarios se debió al poder económico y político logrado por dos aciertos: el conocimiento adquirido de sus miembros y el funcionamiento como una red de telaraña interconectada, que le permitía obtener información de todos los lugares. Incluso los «enemigos infieles de Mahoma» respetaban a los miembros de la orden por mantener sus compromisos, continúa la leyenda.

Con estas historias en la cabeza, el miedo a los lobos se disipó exteriormente. De madrugada, sin haber sido atacados de nuevo, reanudamos la marcha. En la primera villa que encontramos, vimos barricadas y retenes de vigilancia, y restos de lobos caídos en el ataque de la noche anterior.

---

33   En el año 2007 se prepara la firma por el Papa las actas de exculpación de los Templarios aceptando el pergamino de Chinon, aunque aún hoy no está autorizada plenamente.

Una leyenda de lobos aparecía en mi mente con fuerza. Uno de los viajeros, sueco, me había explicado una leyenda de las montañas de Sognefjellsvegen. Dos lobos iban persiguiendo a un jinete y su exhausto caballo y se encontró, en medio del lago helado, una anciana que casi no podía caminar, que le puso en la disyuntiva de decidir entre salvar su carga de dos sacos de alimento o a la anciana. Tiró la carga a la nieve, subió a la anciana al trineo y consiguieron salvarse, anciana, caballero y caballo. La moraleja que me transmitió era clara: «Siempre hay un medio de salir de toda dificultad que se presente; se trata de buscarlo». Esa idea quedó en las mentes de los suecos, decía el narrador, y también en la mía. Suecia es, ahora, un Imperio que ha vencido al poderoso Zar de Rusia y ha unido las tierras nórdicas. No pude profundizar mayormente en la leyenda ni en la historia de Suecia, ya que el viajante sueco ya no sigue en la expedición.

En la villa, quisimos conocer los sistemas de protección de aquellos ciudadanos, que suponíamos expertos en el tema de la defensa contra los lobos. Sin embargo, no tenían experiencia en ataques tan masivos a los poblados. Los residentes no recordaban una nevada ni de tal envergadura, ni tan prolongada. Muchos nos daban consejos, que habían recogido de historias y versiones de otros «expertos» sobre cómo defenderse de los lobos. Unos decían que era mejor estar sobre los caballos para intimidar a los lobos, otros que era más prudente dejar a los caballos como comida, otros que era mejor ir andando con el caballo al lado, otros que los lobos tienen odio a los caballos y los buscan; en fin, había opiniones de todo tipo. Mi conclusión es que no existe un sistema generalmente válido de defensa. Por suerte, no volvimos a ser atacados. Un nuevo guía nos condujo hasta Toulouse. De noche, el recuerdo de las fauces de los lobos, a pocos metros de mi cara, me producía escalofríos y terror, y la sensación de verme muerto perdurará mucho tiempo o quizá siempre en mi memoria y en mis sueños. A los seis meses de la salida llegamos a Londres.

Londres, de nuevo

La vieja amiga de la familia me ha venido disuadiendo, con éxito, durante casi una decena de años, que no era prudente regresar a la isla para comprobar cómo habían funcionado las relaciones entre ingleses, portugueses, castellanos e indígenas, y eran pocas las ocasiones en las que me sentía tentado a volver a «mi isla». Tomé decisiones para cuidar de mis familiares; al hijo mayor de mi hermano le otorgué una generosa renta anual en mi herencia; al segundo, juicioso y honrado, le ayudé para que triunfase como capitán de navío en la adquisición de un barco. Me casé con una buena esposa y madre con la que tuve tres hijos, dos varones y una niña. A todos ellos les quedaría una buena renta para vivir su existencia.

Entre las muchas conversaciones que tuve con políticos, comerciantes, agricultores, capitanes de barco, contramaestres y gente en los *Coffee House*, llegué a acumular un cierto conocimiento de los cambios del mundo en términos políticos, comerciales y bancarios, aunque he de aceptar la dificultad en entender estos últimos. Debería profundizar en el tema. Escribir me es muy útil para aprender y me permite releer las novedades y revivir los acontecimientos del pasado o las novedades. Este efecto de escribir lo había adquirido en la isla.

El Parlamento es una institución poderosa en la que, actualmente, se escucha a gente no rica ni poderosa; los comerciantes tenían un gran poder de comunicar sus necesidades, de forma directa o indirecta, y las Grandes Compañías por Acciones sustituyen poco a poco a la aristocracia terrateniente. El Banco de Londres era una institución muy poderosa; la Bolsa y los bancos se habían convertido en los nuevos ejes de la actividad comercial y de poder.

Asistí a muchas conversaciones sobre los principales cambios económicos y políticos; escuché, sin participar, en otras muchas discusiones en las que los interlocutores daban sus opiniones, sobre todo. Algunas me parecían ficticias en un primer momento; la repetición de los argumentos en diversas ocasiones me llevó a concluir que muchos eran ciertos, aunque, en ocasiones, exagerados.

Confirme una vez más que «Inglaterra había sustituido a Castilla en la supremacía del mar», pues la Corona de Castilla, endeudada excesivamente por sus guerras en Europa, se vio obligada a vender los derechos del monopolio de esclavos y ceder el estricto monopolio de comercio con América. Me sorprendió que en Inglaterra hablasen de la «Armada Invencible de Castilla», lo que en Madrid se conocía como la «Grande y Felicísima Armada de Castilla». No podía dilucidar cuál de los dos títulos era más irónico, el original o el que le pusieron los marineros ingleses. La historia de la derrota era distinta según quien la explica: fue una tempestad para los castellanos, fue la poca maniobrabilidad de las naves castellanas por su tamaño y su peso para los ingleses, fue la incompetencia del almirante que la mandaba para los expertos, fue la estrategia de las pequeñas naves inglesas, más rápidas en adaptarse a las cambiantes condiciones del mar, o fue la estrategia de enviar pequeñas naves como antorchas contra las naves castellanas. Todas y cada una de esas razones debían de tener su parte de razón. No me importaba demasiado; nos habíamos salvado de Castilla, la papista, la de la Inquisición. Castilla se hundía por sí misma, llena de válidos, regentes, deudas, guerras y corrupción. Los mercenarios, que si no cobraban desertaban, acababan de cerrar el círculo de desprestigio y decadencia que coincidía con lo que habíamos visto en Madrid.

¿Inglaterra recogería esos mismos problemas a medida que se hiciera más poderosa? Probablemente.

En el campo político, Inglaterra había consolidado el *Act of Settlement,* por la que se prohibía que pudiese establecerse un rey católico en el país; el Parlamento había elegido rey a un holandés, lejos de la línea de sucesión, que firmó la libertad de prensa y el *Bill of Rights*, que establece que el poder emana del pueblo y no de Dios. Cambios muy avanzados en relación a las otras naciones europeas. Estas y otras noticias no eran totalmente nuevas para mí, pero se confirmaban como ciertas. Necesitaba escribir estos cambios para ser totalmente consciente de los mismos.

Adquirí mucha información, que no me era posible asimilar en su totalidad. Tomo nota de ello para leer posteriormente. Inglaterra había firmado el *Tratado de Utrecht*, por el que se consolidaba Inglaterra como una nueva potencia marítima. Castilla cedió el monopolio de la trata de esclavos, Gibraltar y Menorca, a cambio de paralizar la ayuda a Catalunya, aliados en la Guerra de Sucesión. De Francia obtuvo Terranova y la bahía de Hudson. Inglaterra adquirió también el derecho a comercio limitado con América del Sur, que se convirtió, en la práctica, en una flota permanente. En mi ausencia había nacido la Gran Bretaña, que agrupaba Inglaterra, Gales y Escocia, y estaban liberados del poder papal de Roma en todos los territorios. Era libre de conquistar o de comerciar con los territorios libres del mundo. Un siglo realmente provechoso para Inglaterra.

En el aspecto comercial, las transformaciones generadas tenían el mismo nivel de importancia que las políticas. Se había incrementado el comercio con Asia, creado las «Grandes Compañías de las Indias Orientales» y las «Compañías de las Indias Occidentales», verdaderos monopolios que ejercían el poder de los negocios y con sus propios ejércitos. La «Compañía de los Mares del Sur» de Inglaterra había comprado a Castilla la deuda del Estado y la deuda externa —deuda en manos de extranjeros—, a cambio de obtener el privilegio del monopolio comercial con Sudamérica. Al poco tiempo quebró, y con ella muchos pequeños propietarios y prestamistas a los que se les había otorgado títulos de propiedad. Mi criterio sobre que el riesgo de caída de los bancos era fundamentado quedaba avalado por la realidad y la historia de las crisis.

El sistema de propiedad por acciones no evitó las crisis bancarias. Los préstamos al Estado, los bonos y los títulos públicos arrastraron a la ruina a los poseedores de los mismos, al no ser reembolsados. Inglaterra ya había arruinado a bancos y orfebres de Ámsterdam anteriormente; las crisis por quiebras bancarias se sumaban a las tradicionales por inversiones mal calculadas, inversiones en explotaciones en minas sin oro o plata en América y otros engaños similares.

El mundo del dinero me intranquiliza. Me es desconocido. Ya no es un simple medio para facilitar el comercio.

PARTE IX

CAPÍTULO 14.
EL DINERO Y EL PODER

Los sujetos cambian, los intereses se mantienen

Desde mi llegada a Londres, procedente de Lisboa, cargado de conocimientos, de sombrías historias del pasado de Europa, entusiasmado con las noticias de mis rentas de Brasil y esperando conocer la cuantía en libras, he decidido aprender lo más posible del nuevo sistema.

Quería dedicar los esfuerzos necesarios a introducirme en la parte de la sociedad londinense que me es alcanzable. Debería encontrar mis embajadores privados para ello. A los pocos meses, ya he adquirido nuevos conocimientos sobre la vida y las costumbres comerciales. He comprobado el auge de la agricultura como suministradora de alimentos para las grandes aglomeraciones urbanas y el necesario cambio desde la producción, la distribución y la venta en los mercados. Continuaban en los lugares de siempre, Billingsgate Market —pescado—, Covent Garden —frutas, verduras y flores—, Smithfield área —carne— y los múltiples mercados callejeros, pero con una actividad mucho mayor que la que recordaba de mi juventud.

En mi ausencia, Londres sufrió un gran incendio que destruyó edificios antiguos e incluso iglesias, que fue aprovechado para la construcción de nuevos y majestuosos edificios, incluida la Catedral de San Pedro. Las flamantes mansiones están ocupadas por los viejos aristócratas y los nuevos ricos. Las grandes compañías estaban tomando el control económico del comercio exterior y ganando influencia en el Parlamento. El Banco de Inglaterra, la Bolsa de Valores, las Compañías de las Indias Orientales, la de las Indias Occidentales, las de África, las compañías de seguros —en especial, la Lloyds— ofrecían una nueva imagen de Londres.

América continuaba siendo comercialmente importante y las relaciones con Asia permitieron extender rápidamente su influencia. Las grandes compañías se estaban especializando en aquellos nuevos territorios y, siguiendo su estela, se abrían caminos los comerciantes pequeños y medianos. La conexión entre grandes compañías y parlamentarios era frecuente por la posesión de acciones de estos en aquellas.

Proliferan los matrimonios mixtos entre aristócratas y ricos terratenientes, lo que ha venido a estimular a muchas otras familias, de menor rango, con intereses económicos y sociales distintos a los de aquellos, a intervenir en política y estar interesados en la subida de escala social, emparentados con familias venidas económicamente a menos.

El aumento de la población y el comercio ha permitido un crecimiento de los ingresos de muchas personas y con ello la capacidad de compra y la contratación de sirvientes y personas para el trabajo, muchos de ellos, agricultores, empobrecidos por los cambios en la posesión de la tierra. El incremento de la demanda de productos locales incentivó a aumentar la productividad agrícola, la especialización y la fabricación de herramientas más eficientes. La invención permitía a los productores aplicar innovaciones, incluida la mejora de los medios de transporte. El circuito población, producción, comercio, especialización, nuevas herramientas y medios de pago actuaba como activador de actividades; ayudó a la creación de fortunas. La gran demanda de café, de azúcar y de cacao procedentes de Brasil y productos exóticos de Asia generó enormes fortunas, en ambas partes.

El dinero ágil, la mayor simplicidad de pagos internacionales y las transacciones en diversas monedas y países, con menor riesgo, estaban acelerando el comercio. Recordaba «historias de dinero» que me explicaba mi padre. Con ironía, se reía de la vieja costumbre de muchos orfebres y banqueros, que frotaban los laterales de las monedas de oro y plata para obtener metal extra para disponer de más polvo para generar monedas extras. A pesar de la teoría de Gresham, de la época de Isabel, «la moneda mala siempre desplazaría a la buena en circulación», continuaban circulando monedas de oro, plata y cobre, aunque su valor de compra había cambiado mucho.

Ahora, los sujetos se habían ampliado; ya no eran orfebres personales que ofrecían garantías personales por su prestigio; hoy, nuevos y numerosos sujetos, cuyo objetivo era obtener ingresos de las transacciones y custodia, eran llamados bancos.

El nuevo mecanismo para apropiarse del esfuerzo de los demás era simple, adaptándose nuevas formas a renovados instrumentos. Cuando ya no fue posible continuar con la práctica de esquilmar las monedas, los especuladores y la codicia exagerada encontraron un nuevo sistema de ganar de forma fraudulenta[34]. Algunos bancos y prestamistas otorgan préstamos muy por encima de los depósitos de que disponen, lo que reduce las garantías y la posibilidad de hacer frente a la exigencia de devolución de los depósitos. Los documentos emitidos por los bancos, indicando que los depositantes disponían de aquel montante en el banco, acabaron funcionando como dinero, ya que el respaldo de garantía del emisor favorecía un uso

---

34   Aún hoy, en el Siglo XXI, las monedas conservan esas marcas laterales.

del documento, haciendo la función de dinero. Esta práctica favorecía el desarrollo del comercio, pero también creaba las bases de la crisis de confianza.

El poder adapta los mecanismos a su favor

La reciente creación del Banco de Inglaterra se convirtió en emisor de dinero, garantizador del mismo y prestamista a particulares. Las crisis por impago de la deuda por el Gobierno, la incautación del oro por la corona y la guerra civil habían generado mucha inestabilidad y desconfianza; el banco venía a estabilizar las finanzas.

Cuando las crisis se convirtieron en frecuentes, la simple sospecha de fraude provocaba el pánico y aceleraba o creaba la crisis real. Cuando los depositantes acudían a retirar su dinero, el banco no disponía de la cantidad suficiente para devolver los depósitos y, en consecuencia, la crisis estallaba, aunque el banco fuese muy rentable.

La realidad seguía su curso; las leyes se implementaron posteriormente, siempre con sesgo a favor de los que legislan o de los grupos de poder. La conexión personal entre el poder político y las grandes compañías por acciones dio lugar a monopolios y a negocios, no siempre bien seleccionados. El riesgo, en aumento, dio origen a la necesidad de asegurarse los capitales y las operaciones. Algunas de las antiguas *Coffee House*, donde se jugaba y bebía, se transformaron en casas de seguro e intercambio, destacando la popular *Coffee House Lloyds* de Londres [35].

El poder de los financieros, conocidos como «*Money Man*», iba en aumento; el auge de las compañías por acciones permitió el anonimato de los accionistas; la responsabilidad limitada al capital en acciones facilitó tomar riesgos elevados, que se convirtió en costumbre. Al principio, a estos nuevos sistemas de financiación se les llamaba «las *finanzas holandesas*», de donde Londres las copió, convirtiéndose en la primera plaza, sustituyendo a Ámsterdam.

Los nuevos instrumentos y operaciones se desarrollan rápidamente; las operaciones a futuro, que había visto en mi cautiverio en África, son usuales aquí. Comprar la cosecha del año próximo a precio pactado era una vieja práctica, pero comprar el posible éxito de una operación comercial era aceptar riesgos nuevos y desconocidos.

Los documentos que indican un depósito del comprador en el banco se llegan a usar como si fuera dinero real. Los bancos aceptan el documento como garantía, adelantan el dinero a cambio de un descuento en la cantidad a prestar y se reservan el derecho a reclamar la cantidad total si no era satisfecha al acabar la operación.

Otras veces, era el mismo vendedor quien, con el documento de compromiso de compra, negociaba sus propias compras y pagaba con ese documento. Los pro-

---

35   La Lloyds continúa siendo una de las empresas más importantes del sector en nuestros días.

veedores aceptaban si tenían confianza en el emisor del documento. Si resultaba que alguien en la cadena *quebraba* —palabra nueva en mi vocabulario—, se producía una crisis en cadena. Bonos del Estado, bonos de compañías, pagarés y letras de cambio eran los nuevos sistemas que facilitaban las transacciones.

Los nuevos comportamientos y nuevos sujetos implicados hacían creíble el rumor de que algunos piratas y corsarios habían intercambiado barcos y rehenes por documentos comercializables o acciones en la Bolsa de Londres, convirtiéndose en legales hombres de negocios. No parecía descabellado aceptar esas teorías, ya que muchas de las historias sobre piratas sanguinarios, que mataban y hundían a los barcos, no coincidían con lo que yo sabía. Los capitanes eran expertos navegantes y disponían de información desconocida por otros comerciantes.

Leyendas de piratas y bandoleros

A los piratas les interesaba mucho más tomar y pedir rescate por la tripulación, los pasajeros y por los navíos que no hundirlos y matar a tripulantes y pasajeros. Los capitanes piratas tenían conocimientos marítimos, eran capaces de pilotar barcos de gran cabotaje y navegar en aguas de todo tipo, sabían leer cartas marítimas, podían fondear sin tropiezo y deseaban recuperar de sus abordajes las cartas e instrumentos de navegación. De hecho, parte de las torturas que tenían lugar tras una captura se ejercían sobre los oficiales que escondían o eliminaban las cartas marítimas.

Las declaraciones de cautivos sobre torturas crearon una leyenda de un comportamiento sanguinario de los piratas entre las gentes. Los piratas también preferían reducir las pérdidas propias aprovechando su marca de terror[36]. A medida que los barcos se hicieron más rápidos y bien pertrechados de armamento, los piratas y corsarios fueron disminuyendo.

Si en el mar había piratas, en tierra había bandoleros, algunos muy populares y famosos, como Jack Shappar, aplaudido por las multitudes en su camino a la horca; en Londres tenía fama de que distribuía lo robado entre pobres. Estoy asistiendo a la creación de un mundo desconocido, donde las reglas han cambiado y los cambios son acelerados.

El auge del comercio y la prosperidad de grandes negocios no impedía la proliferación de jóvenes marginados que atacaban a los viandantes en las callejuelas

---

36   Como en el marketing actual, los piratas utilizaban su bandera como marca. Para crear miedo, motivar a rendirse y evitar muertes por los dos bandos la bandera intimidaba a los barcos mercantes. La decisión era racional. Hay dos piratas famosos uno, que alcanzó el título de Sir Henry Morgan por saquear la colonia de Castilla en Panamá, invirtió en la Compañía de las Indias Orientales y más tarde se le nombró gobernador de Jamaica. Otro pirata famoso en el Índico, fue William Dampier, participó en la Compañía de las Indias Orientales y en la Compañía de las Indias Occidentales. Se convirtió en científico naturalista.

de la ciudad, ni tampoco la de bandoleros a caballo que robaban a los ricos en los caminos, con una cierta complicidad de los pobres. El progreso producía un efecto paradójico: mejoraba a unos y aumentaba las desigualdades y la pobreza de otros.

La relativa paz en Inglaterra contrastaba con las más violentas protestas en Europa. La sociedad inglesa había cambiado tan rápido en pocos años que se me hacía desconocida en algunos aspectos. Sorprendía que personas de distintas clases sociales coincidieran en los novedosos baños termales en Bath y se les prohibiera llevar armas en su interior. Los duelos no están prohibidos y son frecuentes en esta época, aunque pocos lo son a muerte. Eran cambios profundos en una sociedad que probablemente debía su tranquilidad a la *Revolución Gloriosa*, que instauró la monarquía constitucional. Este es un argumento que se suele utilizar en las conversaciones callejeras y en las más cultas entre parlamentarios.

El dinero, el comercio y el poder están entrelazados en estos días en múltiples líneas. Compañías, Parlamento, producción agrícola y producción a gran escala de algodón, seda y otras actividades están en manos de unos pocos privilegiados, pero ha generado un cierto bienestar entre la población que ha ido mejorando a su sombra.

CAPÍTULO 15.
LOS GRANDES CAMBIOS EN LA VIDA

La imperceptible revolución social desde arriba

Físicamente, la ciudad había cambiado, pero la sociedad había creado nuevas relaciones y podías entender el futuro que estaba apareciendo; es como si a mis ojos el futuro se manifestase y solicitase su espacio. El futuro va desplazando al presente mientras este aún se mueve con reminiscencias del pasado. Yo soy un ignorante del pasado y del presente. Las conversaciones con gente de edad avanzada me permitieron descubrir costumbres y opiniones del pasado, de mis padres y de mi niñez que ya no existían y su evolución, conocer las actuales, completamente nuevas para mí. Sin embargo, las reminiscencias ya no juegan un peso en la sociedad actual. El más importante de los cambios, en contraste con mis recuerdos, es que las personas no se conforman con seguir siendo lo que eran sus padres o sus antepasados. El argumento que mi padre usó para intentar convencerme de que no me hiciera marinero fue que era mejor mantenerme en mi estatus familiar, ni más pobre ni más rico. Ese valor clásico ya no tiene absoluto sentido en la sociedad actual.

En el campo de los negocios, los más importantes ya no eran de tal o cual propietario; ahora tenían nombres que no identificaban al propietario o propietarios. Incluso en Brasil los hacendados eran conocidos por su nombre y las haciendas por el nombre del propietario. Las grandes compañías sustituyen a los propietarios individuales; la Compañía de las Indias Orientales, la Compañía de las Indias Occidentales y la Compañía de África pertenecían a muchos propietarios, aunque uno de ellos dirige las empresas. El cambio se reflejaba en el comportamiento de los negociantes, en los productos que se comercializaban y en las garantías de las actividades. Las compañías de seguros de riesgos estaban proliferando. Probablemente los intereses de los proveedores, clientes y trabajadores no serían considerados de la misma forma que antaño por los propietarios identificables. los cambios son acelerados y es difícil entenderlos desde el pasado.

La información que voy recopilando y la observación de la realidad me muestran la proliferación de nuevas mercancías provenientes de Asia. Diamantes, especies, seda, pieles de animales exóticos, cerámica china o japonesa, todos fluían en los mercados, ya que no estaban restringidos por monopolios como en el caso de América. En Asia, las Grandes Compañías intentaban actuar como monopolios, pero no les era posible, y en los mercados de destino, tampoco lo conseguían totalmente. Medianos y pequeños comerciantes se arriesgaban en el comercio con los países de Asia por su alta rentabilidad, sin restricciones para su comercialización en Europa.

Mis relaciones me permiten alternar en los clubs o grupos de negociantes, obtener información muy valiosa para tomar decisiones sobre mis bienes y conocer el mundo cambiante.

Una nueva clase de negociantes se desarrollaba en el comercio; comerciantes especializados y, a la vez, comercios mayoristas de gran variedad de productos se atrevían a viajar personalmente a Asia. Un nuevo comerciante se introducía en los negocios, en aquellos que tenían recursos para invertir o comprar grandes cantidades de mercancías, para contratar personal y para realizar por cuenta propia sus propios negocios de importación. Eran los nuevos ricos y algunos, pocos, antiguos aristócratas que querían seguir los cambios y utilizar sus recursos y no vivir exclusivamente de las rentas de las tierras.

Los países de Asia tenían una organización comercial muy desarrollada y no eran dominados como las colonias americanas; no eran tribus aisladas, sino sociedades complejas. Las grandes compañías disponían de ejércitos propios que, en ocasiones, ejercían la función de ejércitos nacionales, como sucedía con Inglaterra. Los pequeños comerciantes carecían de protección propia, aunque, paradójicamente, la presencia de las grandes compañías en los mercados lejanos les servía de protección indirecta. Los ladrones, atracadores y piratas no distinguían entre ejércitos nacionales y los de las Compañías, lo que les hacía disuadir, en muchas ocasiones, de ataques a comerciantes extranjeros que enarbolaban la bandera de un país poderoso.

El mundo que yo conocía ha desaparecido; el mundo nuevo está en constante transformación. Tengo la sensación de que nada se queda mucho tiempo de la misma forma. Se requiere un gran esfuerzo para entender los cambios y las nuevas reglas de los negocios. Un cambio muy importante se ha dado en la producción textil: los grandes poseedores de materia prima la reparten a domicilio para su tratamiento y se crean centros de producción de gran dimensión, que permiten una gran cantidad de producción en relación al sistema artesanal familiar anterior.

El comercio de productos escasos, exóticos y de difícil sustitución permitía un precio elevado en los diferentes mercados de destino, que compensaba los altos riesgos y costes de obtención. La competencia se desarrollaba, incluso, entre grandes compañías, incluso entre las de un mismo país. Factores como la capacidad de negociación, el volumen de contratos y la posibilidad de discriminar precios en los mercados de destino les permitían mantener un cierto grado de monopolio, sin renunciar a comerciar en países distintos para no entrar en competencia directa.

Quedaba un espacio comercial para los pequeños comerciantes, que prosperaba a la sombra de las grandes. La comercialización, la negociación, la capacidad de distinguir las mercancías valiosas y la habilidad en el regateo eran factores determinantes para el éxito. La costumbre de ir acompañado de un nativo en los mercados de origen asiático era habitual en las negociaciones, debido al idioma y la importancia de conocer las necesidades[37] del otro y por las costumbres y protocolos de los negocios.

La substitución de la negociación desde el propietario aislado a los gerentes o representantes de los propietarios era un cambio de sujetos de poder y probablemente de la sociedad misma. El rumbo de la dinámica no era controlable ni previsible totalmente.

Mis anotaciones de los cambios son muy extensas; todo me parece nuevo, necesario de conocer y fácil de olvidar. Incluso, leyendo las escuetas notas, en ocasiones, ya no recuerdo el significado exacto de lo que representa la idea. Conservo muchas de ellas en hojas separadas. Continúo leyendo la Biblia, hábito que ya no he dejado desde que lo inicié en la isla, «mi isla».

Cambios en mi vida

Mi actividad diaria es muy ordenada. Por la mañana temprano, tras «despejarme con agua fría» y vestirme adecuadamente —quería compensar el tiempo de harapos de la isla—, desayuno con dos tostadas a medio dorar, un trozo de cerdo, dos salchichas, un puñado de habas negras, un huevo al agua y con un tazón de café y leche como final. Una vez tomado ese primer sustento, me organizo el resto del día en solitario. Las actividades diarias eran similares todos los días, aunque siempre había algún detalle singular. Finalizado el desayuno, me coloco encima un manto de lana, ya fuera en invierno o en verano, para mantener un cierto aislamiento de mi cuerpo respecto a la temperatura exterior. Me cubro con el sombrero, un machete y una barra de madera, como una reminiscencia de la vida en la isla.

Dejaba ir las vacas y las cabras en el campo y el perro como conductor. Era un perro que recogí en la calle, excelente, estaba muy bien adiestrado. Antes de salir saludaba al loro, que me correspondía con un *rrrrrobinssoooon*. Las habitaciones situadas en el primer piso, sobre las cuadras, recogían el calor de las mismas y, para las necesidades fisiológicas, allí habíamos construido un pequeño habitáculo en el piso, justo sobre las cuadras que se limpiaban diariamente. En todas las tareas era ayudado por los criados y por *Viernes*. En el trayecto, saludaba a otros campesinos

---

37   Es una costumbre todavía necesaria actualmente contar con un nativo para hacer negocios con cierto éxito o, al menos, sin altos riesgos de engaño.

y vecinos e intercambiaba alguna observación sobre el clima. Excepcionalmente, comentábamos cosas de Londres.

Teníamos agua en abundancia en la propiedad. Disponíamos de un riachuelo en la finca, no muy lejos de la casa. Decidí construir una especie de canal que transportaba el agua hasta las dependencias donde se cocinaba y un desvío para el abrevadero de beber los animales.

Estoy, un cierto tiempo, con la familia, explicando novedades, escuchando sus comentarios y después me retiro al despacho. Clasifico y archivo algunos documentos. Al mediodía descanso antes de ir a reuniones o al banco. Asisto a las sesiones de conocidos a comentar la prensa y noticias sobre Inglaterra y el resto del mundo. Cada día, dedico un tiempo a leer lo que conservaba de mis escritos y suelo añadir alguna nota al margen. Siempre me sorprendía, a mí mismo, con aventuras olvidadas. Me complacía mucho la relectura.

Mi costumbre de Brasil de alternar con hombres de negocios me resultó muy útil y deseaba continuar con aquel hábito en Inglaterra. Hacía algunas caminatas con *Viernes,* el cual me hacía observaciones sobre las cosas que le eran extrañas y me veía obligado a verbalizar lo obvio, no siempre fácil. Cada semana me desplazaba a Londres a conocer la marcha de los negocios, de acontecimientos comerciales y conocer noticias del extranjero.

La actividad que me era menos grata era la de anotar las cuentas. Las compras de materias para semilla, para alimentar los animales, para abonar los campos y el coste de los siervos. Los gastos familiares son la comida, vestidos, ropa y demás elementos de la vivienda, por otro. En una tercera libreta, desgloso los ingresos según el origen: la venta de leche, la venta de corderos, la de vacas y la de algunos vegetales. Era muy tedioso. Una libreta para cada gasto, ordenada por fecha, guardadas y sujetas con una cuerda una vez transcurrido el año. Las archivaba en el armario.

No podía sumar todos los gastos de la misma forma; unos son fijos, independientemente de que tuviera 5 o 10 animales; el coste de los siervos solía ser estable, el coste de mantener las tierras limpias y los canales disponibles para el fluir del agua era elevado, pero eran esporádicos. Me importaba saber si todos los pagos eran inferiores a los ingresos; si era el caso, no me preocupaba. Pero algunos meses los ingresos eran inferiores a los gastos, que compensaba con los mayores ingresos de periodos anteriores. No me preocupaba demasiado; las rentas de la granja eran adicionales a mis otras rentas.

No podía conocer el coste exacto de cada actividad; algunas eran conjuntas, tenía que hacer un cálculo de coste total de un periodo e intentar cubrir los gastos con los ingresos totales. Era un experto en control. La producción en Brasil exigía un control absoluto de cada clase de gastos y del origen de los ingresos. En Brasil no necesitaba llevar un control tan detallado de tantas cosas diferentes. El sistema de control era similar al que aplico ahora y estoy seguro de que mis conocimientos de administrador ayudan a obtener rentabilidad de mis actividades. La operación de vender leche es mucho menos rentable que la de criar terneros y venderlos a los dos meses, pero incorpora menor riesgo. Si los costes eran variables, los ingresos también lo eran; los precios en el mercado fluctúan en función de muchas variables, en especial las decisiones de las empresas grandes. Las grandes compañías decidían sobre los precios y la rentabilidad y afectan a la de los pequeños campesinos y ganaderos. Era una situación nueva en los mercados de alimentos, ya fuesen pescado, carne, verduras o flores.

El futuro tenía nuevas formas, nuevos sujetos y nuevas organizaciones. El dinero era el instrumento del poder y los bancos su instrumento.

PARTE X

CAPÍTULO 16.
MI FÁBULA SOBRE LA ISLA

Mi nueva motivación, mejorar la «isla»

Las relecturas de mis propias notas me han permitido dar respuestas a algunas de las incógnitas que me han ido surgiendo a lo largo del tiempo.

Ubicado en la tranquilidad de la granja, me aventuré a escribir una especie de fábula sobre el futuro de la isla. Me interesan cuatro cuestiones fundamentales: la producción, el consumo, el ahorro-inversión y las relaciones sociales que se derivan del proceso.

Toda sociedad necesita producir para sobrevivir. Puede ser la caza, la recolección, la recogida de frutos silvestres o cualquier otro mecanismo que permita obtener lo que se necesita, empezando por alimentos. La guerra, la conquista o la colonización es un método que no consideraremos producción, ya que lo que hacen es apropiarse de lo que otros disponen, han producido o ahorrado.

Del conjunto de factores de que disponen, los dividiremos en:

- Tierras comunes: no pueden dividirse en parcelas; los bosques, zonas de producción de cocos, limones, caña de azúcar, uvas y otras frutas deberían utilizarse de forma colectiva y cooperativa.
- La cabaña de cabras, que al mismo tiempo que no puede crecer ininterrumpidamente, pues es necesario mantenerla según la cantidad de alimentos con los que podamos mantenerlas, exige un sistema de trabajo y dedicación constante. Organizar las comidas, ordeñarlas, sacarlas a pastar y cuidarlas para que no enfermen.
- Las parcelas de cultivo individualizadas por familias deberían ser similares para cada grupo familiar —supuesto familias de cuatro miembros—, considerando el trabajo, la fertilidad y la distancia al hogar.

En cuanto a la organización de las diferentes actividades, debía considerar que:

- Habría trabajos, como la siega y recolección del grano o del arroz, que necesitaba la colaboración de todos, en el corto tiempo necesario para evitar los efectos destructores de lluvias prematuras imprevistas.

- Se debería separar la paja del grano, que era una función que podía ser colectiva por una mayor eficiencia; todos deberían contribuir y ser retribuidos en proporción.

- La conservación del grano, triturado, antes de su conversión en pan, podía ser una función colectiva, guardándolo en unos espacios comunes.

- la caza y la pesca requieren un tiempo indeterminado y unas capacidades especiales para lograr capturar la presa.

- El mayor número de habitantes en la isla permitiría y exigiría una especialización en ciertos trabajos, ya que ninguna familia podría ser autosuficiente para proveerse de todos los bienes y herramientas que necesitaría para producir.

- La especialización logra que se aumente la producción por tiempo de trabajo, se adquieren habilidades, se evitan tiempos inútiles y repetición de actividades; convendría valorar la participación en la producción por algo más que el tiempo dedicado o los frutos —pesca o caza— logrados, en algunos casos nulos.

Toda producción requiere trabajo. Todos los métodos de producción requieren tiempo, esfuerzo, ingenio y colaboración de otras personas. Las tareas son muchas: plantar, recoger, guardar, proteger y, en muchos casos, cocinarlos. El transporte también requiere tiempo, esfuerzo y se ha de considerar productivo como plantar, pero se ha de medir de forma diferente para su retribución.

Dividiré el territorio cultivable en parcelas que adjudicaré entre las familias, cuyo derecho de uso se extendería a los herederos. Aunque yo no sé si soy, realmente, propietario, pues no he inscrito el territorio en ninguna oficina de registro de propiedades de un país. Las familias no deberían pagar alquiler durante los diez primeros años, transcurridos los cuales generarían rentas, pagaderas a quien enviase a cobrar en mi nombre.

Supondré que, en principio, todas las familias pueden producir en sus parcelas una cantidad de alimentos suficientes para alimentarse hasta la próxima cosecha y ahorrar para semillas del año próximo.

Independientemente de producir suficiente para el consumo y la semilla —inversión—, el comportamiento de consumo de las personas o familias será distinto; unas tendrán preferencias a consumir menos que otras, lo que determinaría que su capacidad de ahorrar aumentaría.

- El comportamiento sobre la inversión —cantidad de semilla en el campo—, que depende del ahorro anterior, será distinto según familias y la capacidad cuantitativa será función del ahorro previo.

- Los diversos comportamientos en ahorro, pero sobre todo en su uso, en inversión o no, generan una desigualdad dinámica; a mayor inversión, más diferencia de ingresos en el futuro y la desigualdad irá creciendo entre familias.

- Mantener un tamaño distinto de la familia afectará al consumo, al ahorro, a la inversión de cada familia y a la producción total de la sociedad.

- Las diferencias pueden venir de la mala suerte, en las cosechas o en las enfermedades, que afectan aumentando la desigualdad.

- la sociedad puede crear un sistema de ayuda o de préstamo a los necesitados, pero si no son donaciones, tendrán un coste en intereses, que les restan recursos para ahorrar o invertir.

- Podrían, incluso, aparecer unas familias sin tierra, por perderlas en el juego o en los duelos, y la necesidad daría lugar a pillajes, robos, atracos y otras actividades perversas.

- En una sociedad especializada, en la que unos se dedican a la agricultura, otros a la ganadería, otros son artesanos, otros transportistas y otros enseñan, será necesario establecer equivalencia de retribución, por esfuerzo, por habilidad, por dificultad o por cualquier criterio aceptado por la comunidad; es un problema de difícil cálculo.

Para avanzar, voy a dividir la sociedad en cuatro tipos de familias, de acuerdo con su comportamiento con el trabajo, el consumo, el ahorro y la inversión. Les daré un nombre imaginario para seguir construyendo mi fábula: los Smith, los García, los Silva y los Kairi. Voy a suponer que cada familia está formada por cuatro miembros, que poseen una parcela de igual tamaño, calidad y fertilidad; la distancia de la vivienda a la propia parcela es similar y todas disponen de los mismos recursos y herramientas para producir. Están en armonía; si una familia descubre una nueva y mejor forma de hacer las cosas, la transmite automáticamente a las otras sin coste alguno.

Está claro que una familia que incremente el tiempo de trabajo, aunque aparezcan rendimientos decrecientes, obtendrá mayor producción que otra que dedique menos tiempo. Intervienen otros factores, como la habilidad, la experiencia, el conocimiento y la suerte; sin embargo, podemos suponer que a más trabajo, mayor producción.

El otro componente decisivo para la producción total que una familia puede lograr proviene de la propensión o preferencia por consumir o por ahorrar. El ahorro es la diferencia entre la producción que les corresponde y el consumo realizado por la familia. El comportamiento respecto al ahorro responde a diversas influencias: costumbre social, hábitos familiares, miedo a imprevistos, preferencias entre hoy y mañana, expectativas de ingresos futuros o de aumento de los miembros familiares.

Una vez determinado el ahorro, el factor más importante es la inversión, la cantidad que quieren dedicar y dedican a semilla para el año próximo . Suponemos que existe tierra libre en la isla. Los que decidan aumentar la siembra —inversión— podrán disponer de más cantidad de producto al año siguiente y la desigualdad de rentas se acrecentará.

La decisión de aumentar la superficie de parcelas a cultivar significa estar dispuesto a trabajar más tiempo que anteriormente. Unos preferirán utilizar gran parte de su tiempo y sus capacidades en trabajar y producir. Otros preferirán descansar o dedicarse a hablar con los vecinos o pasear. Unos terceros ahorrarán mucho, pero no les gustará invertir o correr riesgos y preferirán cubrirse de riesgos futuros, por lo que mantendrán gran parte de lo ahorrado en la alacena. Otros preferirán dedicar el tiempo a descubrir nuevas formas de trabajar y construir nuevas herramientas más productivas, y otros se dedicarán a inventar. Todas estas diferencias de comportamiento son causas de conflictos potenciales por las desigualdades que generan. Otras causas de conflictos, el uso de la fuerza, la colonización, la explotación de recursos de otros, la esclavitud, etc., no las consideraremos en nuestra pequeña isla. Es un oasis en la realidad.

El comportamiento sobre la inversión determina la nueva estructura social

Los hábitos de las familias, en cualquiera de sus actividades, no son aleatorios; responden a los orígenes y cultura de la sociedad en la que se han desarrollado y de sus valores. Supondremos que todas las familias actúan de acuerdo con los intereses, valores, preferencias y valoración personal y social de la comunidad en la que crecieron y continuaremos considerando los cuatro grupos homogéneos entre sí.

Los Smith, de origen anglosajón, preferirán tener el mínimo de interferencias de los otros miembros comunitarios y de cualquier organización global. Los García, que proceden de una cultura latina, con existencia de señores feudales poseedores de tierras y ejércitos poderosos, podrían arrendar las tierras y dedicarse a otras funciones. Los Silva, involucrados por colonizaciones en una sociedad muy desigual, con algunos sujetos muy poderosos y una numerosa población sin tierras, podrán contratar o usar esclavos para sus actividades. Los Kairi, familias pertenecientes a tribus con un régimen comunitario de producción, sin criterio de propiedad privada de la tierra, poco habituados a la explotación agrícola privada, supondremos que preferirían trabajar, sin ser esclavos, a cambio de una retribución. No puedo imaginar una tribu autosuficiente en la isla, por lo que se requiere participar de alguna manera en la producción total.

Los primeros años, todas las familias empiezan en las mismas condiciones. Trabajan igual cantidad de tiempo y obtienen la misma cantidad de producción —arroz o trigo—. La producción total de la comunidad será la suma de las cantidades producidas por cada una de las familias, aunque cada una tiene derecho a lo producido por ellos mismos. La cantidad recibida de la recogida de bienes de las tierras y bienes comunales será proporcional a su contribución a la recolección, transporte y mantenimiento.

Cada familia es libre de consumir la cantidad de arroz o trigo que desee de su propia cosecha o de la retribución por su trabajo comunitario. Un comportamiento diferente a la hora de consumir determinará la cantidad de ahorro. Como ya sabemos, la cantidad de ahorro condicionará la cantidad de inversión —semilla plantada para la próxima cosecha— y esta decidirá la producción del próximo año.

Supondré que el grupo de los Smith decide un año consumir un poco menos que en años anteriores y ahorrar una cantidad mayor de la producción. Supondré que las familias García no desean cambiar sus hábitos de ocio y consumo y deciden ahorrar la misma cantidad que en años anteriores. Supondré que las familias Ferreira deciden consumir lo mismo que en años anteriores, pero gastan menos en servidumbre y lujos —le permite ahorrar arroz—, y deciden ampliar sus tierras con nuevas parcelas de cultivo —ya que dispone de arroz extra y de tierras que están libres, ha arrendado o comprado otras—. El grupo de familias Kairi decide consumir un poco más de arroz que en años anteriores para satisfacer su nueva capacidad de consumir. Suponemos que no hay esclavos en la isla.

Las familias Smith, que, en años posteriores, dispondrán de superior cantidad de arroz ahorrado que las demás familias, podrán dedicar más cantidad a consumir, a sembrar mayor cantidad en la parcela disponible o ambas cosas. Plantar una cantidad superior en la misma parcela o en otra nueva implica dedicar una cantidad de trabajo superior a lo habitual. Si lo hace en la misma parcela, le aparecerán rendimientos decrecientes —aumentar la cantidad de un factor manteniendo constante otro, la tierra en este caso—. Si pueden cultivar en otra parcela, el rendimiento por trabajo y por semilla será mayor que en la parcela antigua. La cantidad de producto obtenido, al año siguiente, será mayor que antaño. Y así sucesivamente. Como hay tierras libres disponibles, no entraremos en el detalle del pago por el uso de las mismas.

Las familias García dispondrán de la misma cantidad de ahorro que en años anteriores, ya que han decidido consumir la misma cantidad que anteriormente; podrán sembrar la misma cantidad, procedente del ahorro, y obtener la misma cantidad de producto en la siguiente cosecha. En todos los casos, se supone que no hay malas épocas ni quebrantos.

Las familias Ferreira, que también disponen de un ahorro de arroz superior a años anteriores, están dispuestas a sembrar más cantidad, pero no a dedicar mayor cantidad de tiempo a trabajar. Podrían contratar trabajo para poder cultivar más tierras con su excedente de arroz —o trigo— ahorrado. El pago por el trabajo no podría ser superior al aumento de producto obtenido por ello. En realidad, se podría ir aumentando la contratación de una nueva hora —si es la medida del trabajo— en el caso de que el producto obtenido fuese superior al salario y coste de semilla; es decir, intervendrá el concepto marginal: a un aumento de una unidad de factor le deberá corresponder una cantidad marginal superior de producto—. Hemos introducido un cambio social muy importante, el de personas que trabajan para otros a cambio de una retribución.

Las familias Kairi, que han decidido consumir más que en años anteriores y han podido ahorrar menos, obtendrán menor cantidad de producto en la siguiente cosecha. Suponiendo que mantienen su comportamiento en el tiempo, el producto obtenido se irá reduciendo y la reducción de la cantidad de inversión afectará, finalmente, a la cantidad de consumo. La reducción de calorías consumidas acabaría afectando a su capacidad de producción y a la propia existencia del grupo. Podrán alquilar su propia parcela y ofrecer su trabajo a las otras familias. Obtendrían ingresos por ambos conceptos. Las familias de este grupo están acostumbradas a un sistema comunitario y sin propiedad de la tierra, o uso exclusivo de la misma. La organización en la isla no permite un sistema en el que pueden ir aumentando el uso de tierras a medida que las anteriores agotan o reducen su capacidad de producir. No se trata de que sean menos trabajadores, sino unas normas sociales diferentes que deben cumplir.

Se supone que se han agotado las tierras libres para todas las familias. La realidad es más compleja; los comportamientos de los individuos y familias son diferentes. La desigualdad crecerá; es un hecho demostrado.

Los cambios sociales continúan

Las diferencias de renta entre las familias introducirán una dinámica de cambio en la sociedad y en todas las actividades productivas y las de consumo, las de ahorro y las de inversión. Convertirá las desigualdades en diferencias en todos los aspectos de la vida, incluidas las opciones de progresar.

Tendríamos una isla con una clara diferenciación social. Unos dispondrán de tierras y cantidad de arroz suficiente para utilizarlas; otros dispondrán de cantidad suficiente de semillas para sembrar, dado su nivel de ahorro, pero sin tierras ni trabajo suficiente para utilizarlas; otros serían propietarios de tierras y arroz para sembrar, en cantidad mayor de lo que pueden o quieren utilizar por sí mismos y otras familias, sin tierras —las han perdido por garantías de préstamos no pagados— que solo podrían ofrecer trabajo para subsistir.

No vamos a considerar otras familias, que no tienen tierras, no tienen trabajo en tierras de otros, o no suficiente para alimentarse. Sin embargo, si necesitan alimentos producidos por otros. Esta situación supera las diferencias de renta y genera nuevos conflictos sociales y pobreza.

Los Ferreira, los Smith, los García y los Kairi, manteniendo los mismos comportamientos que anteriormente, siendo los mismos que al principio, forman la nueva estructura social de la isla. El futuro irá perpetuando estas diferencias. Las decisiones sobre la inversión determinarán la evolución futura de cada familia y de toda la sociedad. Los que controlen las inversiones tendrán el poder sobre la producción y decidirán qué bienes producir, en qué cantidad y de qué forma. Esta capacidad de decisión marcará nuevas fuentes de conflicto y de desigualdades. La independencia de la isla, con familias distintas pero autosuficientes, probablemente es una quimera mía. La fábula me permite entender mejor la evolución de la sociedad compleja de Inglaterra y otros países europeos.

Las familias, que alquilan tierras y contratan trabajo, esperan obtener una rentabilidad suficiente para hacer frente a los costes: el alquiler de la tierra, la retribución del trabajo, la reposición de la cantidad de semilla plantada, el arreglo de las herramientas y utensilios, compensar su propio trabajo de organizadores y cubrir el riesgo de una mala cosecha. Desde el punto de vista de toda la comunidad, estas familias son positivas, mantendrían utilizados los recursos disponibles, darían trabajo a los «sin tierra», aumentan la producción total de la isla, permitirían una población creciente sin reducir el consumo. Creo que son unas figuras poco corrientes en las sociedades actuales. Los aristócratas podrían realizar esta función, pero están más interesados en las fiestas y en no trabajar la tierra por sí mismos. Pueden alquilar sus tierras a los que tengan ahorrado, producto suficiente —arroz o trigo— como semilla y como pago al trabajo de otro, además de su propio consumo.

En la Inglaterra actual, hay algunos de estos personajes que actúan de esa forma. Los cambios producidos en la propiedad de la tierra y la privatización de las tierras comunales, llamado *«enclosure»*, han permitido el desarrollo de gente adinerada, que alquila las tierras a los aristócratas a cambio de una renta anual. A la vez, tenían que contratar trabajo para el cultivo de las tierras. El empobrecimiento de muchos campesinos, sin tierra, hizo que muchos de ellos tuvieran que trabajar por una cantidad estipulada y otros se trasladaron a Londres, que con una población creciente requiere alimentos. Los nuevos sujetos, interesados en aumentar las ganancias por tiempo de trabajo y por tierras alquiladas, mejoraron las técnicas agrícolas incrementando la producción por hora de trabajo.

Es sorprendente que una decisión que empobreció a muchos, acabe generando un crecimiento del conjunto social y un nuevo orden social. Las grandes compañías también responden a este nuevo sistema social[38].

Los intereses contrarios se intensifican y generan nuevos conflictos

No puedo imaginar cómo evolucionará la isla en los próximos años. La historia de Europa está llena de guerras, entre naciones y civiles, dentro del propio país. ¿Cómo evitar una evolución similar en la isla? ¿Cómo lograr que en los próximos años no se creen esos conflictos? No lo sé. Voy a pensar un poco en las nuevas normas en Inglaterra, para obtener alguna idea práctica para la isla.

---

38   Robinson, sin saberlo, está describiendo al nuevo sistema económico: el capitalismo. Estaba naciendo en esos tiempos en Inglaterra, la Ciencia Económica se fundó pocos años después y la Revolución Industrial estaba preparándose.

En la isla tenemos ingresos posibles por: a) trabajo de la tierra de otros, b) por la renta de la tierra de los propietarios, c) por la venta del producto obtenido, d) por el ahorro, si lo conviertes en inversión o si haces un préstamo a los que pueden usarlo, e) por el trabajo de hacer herramientas, que aumentan la producción por hora de trabajo y, finalmente, f) por la invención de nuevas herramientas o nuevas formas de cultivo.

No tenemos, de momento, otras rentas, de profesores, de soldados, de reyes, de políticos, artistas, clérigos de la calle y de alto rango, siervos domésticos —abrepuertas, cocheros, jardineros, mayordomos, etcétera—, mercenarios, pagos de deudas por guerras perdidas y otros tipos de intercambio de dinero.

No hemos considerado las diferencias de renta de la tierra, por cantidad ofertada, por fertilidad distinta, por proximidad a la zona de consumo. Tampoco la diferencia en retribuir el trabajo según la cantidad disponible de gente sin tierras, las capacidades y habilidades del trabajo, etc.

Dos conclusiones me parecen obvias, al llegar a este punto de la fábula. Las familias que consiguen invertir son las que, a la larga, adquieren el poder económico y deciden la marcha de la sociedad. Tienen la capacidad de influir en el poder político o formar parte de ese poder.

Estaba esperando la visita de mi sobrino, el capitán. Cerré la libreta de mis recuerdos y dejé la fábula en este punto. Continuará.

CAPÍTULO 17.
REGRESO A «MI ISLA»

Mi vida en Bedford, la familia

No había considerado volver a viajar para conocer mundo. Mis ansias de aventura se habían apaciguado y adormecido por la monotonía feliz de la vida cotidiana familiar. Sin embargo, deseaba regresar a la isla para comprobar si, con los años transcurridos, mis esperanzas de una sociedad armoniosa se habían convertido en realidad y perduraban, entre gentes de valores tan diferentes. No me motivaban nuevas aventuras, pero si mi deseo de cumplir el compromiso de llevar artesanos y herramientas que aumentarán la capacidad de producir más cantidad y diversidad de productos con menor esfuerzo.

Al poco tiempo de mi regreso a Londres, adquirí una gran casa-granja en Bedford, alejada del mar y con el río cerca, con tamaño suficiente para hacer de agricultor y ganadero. Con mi esposa y tres hijos, disfrutaba cuidando y mejorando mis tierras y el ganado. La diversidad de animales de que disponía —gallinas, cerdos, ovejas, caballos y vacas— me permitía vivir y vender en el mercado. Compré nuevas herramientas y utilicé las técnicas más eficientes del momento.

Conocedor de la importancia de usar los últimos avances, estuve atento a cualquier novedad. Adquirí a buen precio un carro a otro campesino que no lo necesitaba, y me proveí de un arado de hierro, que profundiza la tierra más que los arados tradicionales y generaba mayor cantidad de producción por acre. Las azadas, rastrillos para alisar la tierra y otros muchos utensilios que me eran desconocidos y que los vecinos usaban con frecuencia. Para conservar los alimentos, utilicé los sistemas tradicionales: el aire, el humo, la salmuera, la miel, el vinagre, e incorporé el azúcar.

No tenía deudas, vivía tranquilo, me dedicaba a la granja y a algún negocio comercial directo. Compré acciones de grandes compañías que generaban una alta rentabilidad. Mi padre y mi madre también estarían contentos de saber que vivía cómodamente, aunque nunca hubiese imaginado que acabaría de granjero. Yo tampoco. Dios me había reservado un destino que causó estragos familiares por mi temperamento aventurero. He podido formar una familia.

Un día, inesperadamente, mi esposa me sugirió que podía emprender otros viajes y lo expresó directamente.

—Se que tu pasión oculta es conocer mundo —dijo—. Podrías hacer otro viaje, ahora como comerciante. No me parece mal, has cuidado bien de nosotros —exclamó con una voz trémula, nada usual en ella.

—No siento necesidad de ello —respondí—. Soy feliz con vosotros —dije mientras pensaba en nuestra vida.

—Como si hubiera leído mi pensamiento —mi mujer continuó hablando—. Quiero que seas feliz.

La felicidad que las palabras de mi mujer produjeron en mi ánimo taponan más profundamente mis adormecidos deseos de viaje.

—Soy feliz aquí contigo —pronuncié con emoción—. Te agradezco tus generosas palabras y doy gracias a Dios por tenerte a mi lado —dije.

Sin embargo, el ofrecimiento de mi mujer, con el transcurso del tiempo, volvió a arponear mi recóndito y sepultado recoveco aventurero. La granja, enclavada en el distrito de Bedfordshire, cercano al Great Ouse, era más de lo que nunca hubiese soñado poseer. No podía, ni quería, ni era razonable volver a prescindir de lo que tenía por aventuras peligrosas.

Desgraciadamente, la Providencia me volvió a poner en un doloroso trance, el repentino fallecimiento de mi esposa. La desgracia acaeció pocos meses después de su generosa invitación y me sumergí en una tristeza paralizante durante largas semanas. Entonces y solo entonces me di cuenta de que su voz trémula respondía a una enfermedad de la que no me dijo nada.

Los preparativos del viaje

Aún sumido en la pesadumbre por mi desgracia, mi sobrino, que acababa de regresar de un viaje a Bilbao, me propuso un viaje a Asia. Sus entusiastas explicaciones sobre el comercio en Asia y las posibilidades de comercio en Indochina eran motivadoras. No me tentaron sus palabras. Solo tomé en consideración mi idea, que no explicité, de volver a «la isla», a «mi isla». Este pensamiento se combinaba con mi deseo de no moverme de mi granja, mis negocios y la familia. La vacilación del primer momento se transmutó en posibilidad a las pocas semanas. El entusiasmo y la insistencia de mi sobrino me hicieron decidirme a ir en expedición para detenerme en «la isla». Me sentí interesado por historias de Asia, con el solo placer de conocer sobre nuevos mundos. Me reuní con gente que me pudo explicar cosas útiles y no tan útiles de aquellas tierras[39]; algunas fábulas me gustaron por su enseñanza contra

---

39   Historia del budista Bunsen , que circula por el Himalaya, Tailandia, Myanmar, Camboya y Sri Lanka: «El Cisne de plumas doradas». Al morir, un *bodhisattva* renació como un cisne con plumas doradas. Fue buscando a su esposa e hija, en el viaje, dejaba una pluma de oro para

la avaricia y el abuso del otro. La cultura es antigua y distinta a lo conocido por mí, pero seguro que tiene principios recomendables.

Organicé los asuntos de las rentas y la gestión de la granja mientras durase el viaje. Había hecho amigos entre los otros granjeros y uno de ellos estuvo de acuerdo en cuidar de la granja, a cambio de gran parte de los beneficios de la producción.

La conversación con mi sobrino se desarrolló muy distinta a la que había imaginado:

—Me quedaré en la isla —dije.

—¿Quieres quedarte en la isla? —preguntó mi sobrino con escepticismo.

—No definitivamente, espero que me recojas a tu regreso —dije.

—No será posible —me contestó sin vacilar—. Los que han fletado el barco no permitirán que me desvíe al Caribe con la carga de mercancías de Asia. Si nos acompañas, en pocos meses podrás adquirir buenos productos y hacer muy buenos negocios en Londres —insistió—. Podemos parar en la isla a la ida.

Transcurrieron unas semanas y, ante la posibilidad de viajar con mi sobrino, la perspectiva de regresar en unos meses y con la probabilidad de hacer negocios rentables, me decidí a navegar de nuevo. Le comunicaría la decisión a mi sobrino.

—Bien, me has convencido. —Me enrolé como comerciante.

A partir de aquel momento, me entregué a una actividad frenética: comprar productos que les serán útiles en la isla, informarme de los productos que son valorados en aquellos países de Asia, visitar los bancos y las compañías en las que tenía acciones para establecer claramente mis derechos y los de mi familia, visitar a los abogados para establecer mi testamento y que el fisco no se quedara con gran parte de mis pertenencias. Establecí un periodo de 15 años, en base a la experiencia con mis posesiones y rentas en Brasil, para que los descendientes pudieran hacer uso de los bienes si no daba señales de vida. Serviría como testamento, aunque regresaría a los pocos meses.

El tiempo que transcurrió entre la propuesta de mi sobrino y el momento de la partida me sirvió para recopilar relatos sobre las Indias Orientales, principalmente de comerciantes que habían regresado de aquellos mercados. La mayoría solía disponer de una fortuna considerable y explicaban maravillas de la naturaleza y de sus ciudades. Eran prolíficos en relatar las enormes oportunidades que ofrecían países tan expertos en comerciar. No narraban inconvenientes, o no los tuvieron o los olvidaron, recordando exclusivamente los aspectos jocosos. El consejo en que todos coincidieron en darme fue prevenirme sobre la conveniencia de no llevar objetos

---

la felicidad de la gente. Regresó con su esposa, que desplumó al cisne y perdió la capacidad de dar plumas de oro. El que uno se intente aprovechar de todo a costa de los otros es una actividad que genera pobreza. El autor del libro *Economía y Fábulas* lo aplica a los impuestos excesivos, en términos modernos.

religiosos a Japón; allí eran muy estrictos con este tema y, en principio, solo Holanda podían comerciar con ellos; no obstante, solía haber japoneses comprando en China. Otro consejo en el que muchos insistieron fue en hacer negocios siempre ayudado por un nativo, por el idioma y el protocolo. La Gran China era tolerante con el comercio y la religión, aunque el emperador no tenía especial interés en comerciar con Europa, pues se consideraban autosuficientes.

Los conocedores de aquellos mercados expresaban su asombro por las civilizaciones tan antiguas, diferentes entre sí y con organizaciones nacionales poderosas. Me preparo para negociar, en posición de igualdad, con los nativos, muy distinto a la experiencia en Brasil.

Me embarqué con el objetivo de acompañar a mi sobrino hasta su regreso. En el barco, me acompañaban algunos artesanos: un carpintero, un cerrajero, un sastre, un muchacho que era tonelero y mecánico; también era hábil en la construcción de ruedas y molinos. Este joven trabajaba como alfarero y carpintero si era necesario. Todos podrían hacer una buena labor en la isla, ya que los habitantes, probablemente, habrían formado familias y necesitan, con toda seguridad, especialistas en diversos oficios. Me he gastado trescientas libras en comprar lonas, telas, guantes, sombreros, medias, calzado, objetos de cocina, clavos, herramientas y cerraduras. También armas, mosquetes, escopetas, pistolas, perdigones, balas y diversidad de bienes. Sería mi contribución a la continuidad de la vida en la isla. No podía olvidar mi experiencia con el capitán portugués, mi amigo y salvador. Lo que él llamó dotación inicial para iniciar los negocios lo tenía muy presente en mi memoria.

La perspectiva de regresar a la isla me llenaba de alegría y temor, de recuerdos y nuevos deseos, de momentos de satisfacción y de melancolía, de esperanza en el destino y de miedo al mar, de ilusión por viajar y de remordimiento por dejar atrás lo que tenía en Inglaterra, aunque fuese unos meses. Aunque los navíos habían mejorado mucho en su construcción y navegación, me tenía que sobreponer al temor, procedente del recuerdo de mis desventuras en el mar. Viajaba con mi sobrino, el capitán del barco, lo que me ofrecía cierta seguridad. Me nombró ayudante del sobrecargo, cuya responsabilidad era la de velar por la mercancía, una pequeña parte de la cual me pertenecía.

¡De nuevo en el mar! ¡Con parada prevista en «mi isla»! El capitán se desviará de la ruta. *Viernes* está eufórico por la posibilidad de volver a ver a su padre.

Encuentros con la desgracia

Zarpamos tras una corta parada en la irlandesa Galloway a finales de enero. Tras una travesía sin especiales anécdotas que destacar, a mediados de febrero, divisamos una gran luz en el horizonte. A medida que nos aproximamos, confirmamos la sospecha; el resplandor provenía de un barco en llamas. Oímos cortas y muy numerosas explosiones, y finalmente una gran explosión que diseminó el barco por la superficie del océano. Habíamos ido disparando cañonazos durante la noche para que los tripulantes y viajeros supieran que acudimos en su ayuda. No distinguimos supervivientes durante la noche. Al amanecer distinguimos, a bastante distancia, una gran barcaza, llena de gente. Los viajeros y la tripulación se habían salvado, esperanzados por los cañonazos de socorro.

Vi expresiones de dolor, de miedo, de angustia, de alegría; lloraban y reían, se movían sin orden y solo algunos se veían con fuerzas para levantar los brazos; otros se movían como si bailaran una danza indígena y los menos se mantenían acurrucados en cualquier rincón, arrodillados en posición de orar. Subirlos a bordo no fue tarea fácil; estaban exhaustos, no tenían fuerza para resistir el peso de su propio cuerpo. La buena disposición de los marineros facilitó el salvamento.

Una vez en el barco y después de recuperar fuerzas y ánimos, nos explicaron la tragedia. No conocían las causas de un fuego que se inició en bodegas y que rápidamente se extendió a través de las aberturas, que actuaron de chimenea. Los compartimentos estaban abiertos y la carga, probablemente, mal estibada; se debería haber desplazado de un lugar a otro. El barco escoró a babor y el fuego se inició y se abrió camino por todas las oberturas. El capitán del barco manifestó su alegría y agradecimiento por los cañonazos disparados durante la noche, ya que les mantuvo en la esperanza de ser salvados; con la motivación, sacaron fuerzas de flaqueza para arriar el bote de salvamento y afrontar la noche en la pequeña embarcación.

Entre los viajeros, había dos sacerdotes, uno mayor y otro joven, que ayudaron a evitar el pánico, consolar y ayudar a los pasajeros más afectados. El navío venía de Quebec, de la desembocadura del río Canadá,[40] y se dirigía a Francia. Nos desviamos hacia Terranova, donde los 70 viajeros y tripulantes recogidos, excepto el joven eclesiástico inglés, prefirieron desembarcar. Nos ofrecieron todo lo que habían podido salvar del navío y una pequeña cantidad de dinero, salvado del hundimiento. Mi sobrino quería aceptar la oferta, pero le animé para que convenciera a su tripulación de no aceptarlo. La generosidad serviría, a los náufragos, para organizar el regreso con sus familias. El recuerdo del capitán, mi amigo portugués, me brindó argumentos para convencer a mi sobrino de que fuesen generosos. Continuamos el viaje.

Unos días más tarde, tuvimos otro encontronazo con la desgracia. Mis ánimos iban empeorando cada día. No quiero pensar en ello. Divisamos un barco a la deriva. Había estado fondeado en las Barbados y se dirigía a Bristol. Una tormenta huracanada lo lanzó al mar sin el capitán a bordo. El estado de los pasajeros era lastimoso y estaban desfallecidos por causa del hambre. La tripulación se había comportado salvajemente con los pasajeros, sin distribuirles alimentos, por lo que

---

40   Probablemente, el San Lorenzo.

algunos habían fallecido en el trayecto. Las explicaciones sobre la travesía eran horripilantes. Familias que distribuían los pocos alimentos de que disponían, madres que daban a sus hijos lo poco que tenían, sabiendo de su pronta y segura muerte. Un joven había podido sobrevivir por el sacrificio de su madre y una joven, de 18 años, estaba muy trastocada al haberse quedado viuda. Ambos jóvenes decidieron seguir con nosotros y permanecer en «mi isla», no sin antes conocer mis explicaciones sobre la misma.

Al llegar cerca de Martinica, en la desembocadura del Orinoco, buscamos la «isla», que no logramos distinguir. *Viernes la* identificó tras varios intentos. Sentí un escalofrío, sentí el frescor del agua bañando mi cuerpo inerte sobre la playa, sentí la incertidumbre de sobrevivir. Noté un viento imaginario que me trasladó a los paseos con *Viernes*, los picos y los cabos de la isla, la primera huella en la playa, la salvación de *Viernes* y mi «castillo fortaleza». El pánico con los indígenas antropófagos, la llegada del padre de *Viernes* y del «barbas», las negociaciones con los amotinados marineros y el capitán del barco y el premio por el rescate. Toda la historia en segundos me dejó agotado.

Botamos la barca. Descendimos a tierra, en la misma bahía donde más de treinta años antes había naufragado. Me sentía emocionado; los recuerdos de tantos años se presentaban en un frenesí de sucesivas imágenes felices, con el loro hablando. El cerebro debe tener un sistema de protección que evita o minimiza los recuerdos negativos. El castellano, el «barbas» que había divisado el navío y seguido el acercamiento de la embarcación, no me reconoció hasta que estuve a poca distancia. Yo tampoco. Nos saludamos efusivamente; me explicó lo sucedido desde entonces. Al principio, no habían ido muy bien con tres de los ingleses; intentaron robar las cabras y alimentos y no sembraban suficiente terreno para alimentarse. El marinero Will Atkins, que había sido uno de los líderes como amotinado, consiguió organizar la colonia inglesa y, bajo su dirección, la situación había mejorado considerablemente. Dos de los ingleses, simplemente, sobrevivían, pero habían dejado de ser un problema y un riesgo para la colonia en su conjunto. Mi cuento-fábula de la isla y la dinámica impredecible era parcialmente verdad; no había incorporado los malhechores en la narrativa del mismo.

El gran ataque de los caníbales

La experiencia más peligrosa, explicaba con emoción el «*barbas*», fue el ataque de caníbales, en cantidad suficiente para acabar con toda la población de la isla. El castellano y los ingleses se turnaban en las explicaciones. Mi sobrino hablaba castellano.

—No sabíamos de su desembarco —decía el «barbas»—. Nos tropezamos con dos de ellos durmiendo debajo de una palmera que, al vernos, se quedaron inmóviles, aunque uno de ellos empezó a correr y lo perdimos de vista.

—Probablemente le explicaría a la tribu que la isla estaba habitada y disponía de comida. Dedujimos, por los acontecimientos posteriores, que decidieron atacar. Era una cantidad considerable de indígenas —dijo un inglés.

—Organizamos una defensa militar, todos a una, los castellanos, los portugueses, los ingleses y los indígenas de la tribu de *Viernes* —dijo el «barbas».

Pudieron rechazarlos con gran dificultad, a pesar de la furia de los caníbales. Regresaron, a los pocos meses, por centenares. Solo la suerte, la buena organización de la defensa y la disponibilidad de armas de fuego permitió, si no la victoria total, sí repeler el ataque. El conocimiento previo del sistema de ataque de los indígenas facilitó la defensa en varias líneas de disparo. Muchos atacantes quedaron muertos en tierra. La colonia tomó una docena de prisioneros, los trataron bien y se convirtieron en servidumbre de castellanos, portugueses e ingleses.

Me imaginaba el panorama: la tribulación de los defensores, ante la visión de centenares de caníbales furiosos, chillando, con sonidos escalofriantes y generando terror, corriendo con sus lanzas, profiriendo sonidos guturales desconocidos, formando una tupida alfombra de cabezas y cuerpos pintados, por ritual y por intimidación, corriendo hacia ellos. Deberían haber sido unos momentos terroríficos. La necesidad de unirse contra el enemigo común contribuyó al éxito. Posteriormente, este hecho ayudó a mejorar las relaciones entre los diferentes grupos de la isla. Desde aquel ataque, organizaron turnos de vigilancia en los posibles puntos de desembarco. Por suerte, no hubo más ataques.

Mi casa, mi castillo, mi fortaleza se había convertido en un recinto casi inexpugnable por el crecimiento de la vegetación. Tuve que decidir no entrar dentro por la dificultad en penetrar a través de las ramas, árboles y matorrales. A los ingleses díscolos, a los que habían expulsado de la colonia por su comportamiento y obligado a instalarse en otro lugar distante, les suavizaron las restricciones tras la participación en la defensa[41]. No cambiaron la ubicación de los mismos, pero se hicieron frecuentes visitas mutuas.

Con el tiempo, los ingleses habían sido los primeros en traer sirvientes indígenas y formar familias. Trabajaban las mujeres, que se comportan de forma cariñosa, eran sumisas, discretas, estaban dispuestas a ayudar y se comportan como buenas madres, según la opinión de los castellanos. Estos tenían familia en Andalucía; me comprometí con los castellanos a facilitarles la llegada a la isla, costeando el pasaje, lo que me obligaría a enviar dinero a Loja, donde me dijeron que residían la mayor parte de los familiares.

Proveíamos a la colonia con todos los bienes que había comprado en Londres. El trabajo de artesanos aumentaría la producción; el crecimiento de la población posibilitará una verdadera especialización y una relación comercial entre ellos. Al-

---

41   Les he explicado a mis hijos la fábula de La Fontaine *El zorro y la grulla* como ejemplo de lo que no debe hacerse. En este caso, los residentes cooperaron. En la fábula, el zorro invitó a la grulla a comer, pero puso la comida en un plato y la grulla no pudo comer. La grulla le devolvió la invitación y le puso la comida en una botella de cuello estrecho, con lo que el zorro no pudo comer. La no cooperación perjudicó a ambos.

gunas familias habían mejorado y otras empeoraron a niveles cercanos a los esclavos. Conviven sin conflictos religiosos, a pesar de ser anglicanos, papistas —católicos— y animistas. Había conseguido que «mi isla» fuese más tolerante que las
sociedades europeas que continuaban batallando por las ideas religiosas. Cuando
me marché de la isla, sentía la satisfacción de haber contribuido a mejorar los instrumentos de trabajo, facilitar la especialización y el comercio. En fin, la vida de
todos los habitantes.

La ruta prevista hacia Asia embargaba mi ánimo. Temor y esperanza.

PARTE XI

PARTE II

CAPÍTULO 18.
RUMBO A LA «CONCHINCHINA»

El doloroso adiós a Viernes

Zarpamos con vientos y corrientes favorables. El viaje se desarrollaba sin contratiempos ni tormentas, sin problemas en la nave y con una tripulación preparada para navegar. Mi sobrino había seleccionado expertos marineros orgullosos de la profesión. En la costa de Brasil, nos desviamos ligeramente de la ruta para desembarcar a los náufragos. Navegamos cercanos a la costa y fuimos sorprendidos por lo que parecía ser un ataque desde pequeñas canoas. Se detuvieron y regresaron a la costa a los primeros disparos. A las pocas millas, el vigía avistó lo que él llamó una «flota gigante».

Nos preparamos adecuadamente para repeler el insólito ataque. A medida que la «flota» se acercaba, comprobamos que eran centenares de canoas de diverso tamaño, mayor que las anteriores y repletas de indígenas con arcos. Relajamos la tensión, mantuvimos a los marineros y cañoneros en posición de defensa. Los centenares de flechas que lanzaban, aunque caían a varias yardas de distancia, eran indicios de su voluntad y decisión de ataque. El capitán mandó realizar unos disparos de cañón, sin pretender derribar las canoas, que consiguieron ralentizar la velocidad de acercamiento de las mismas. Los indígenas rodearon la nave y se detuvieron a una distancia a tiro de sus flechas. Dedujimos que deseaban negociar y no disparamos los cañones, aunque aconsejé al capitán que diese la orden de protegerse con escudos. *Viernes,* desde la borda, les dirigió la palabra; la respuesta fue la llegada de centenares de flechas, muchas de las cuales le alcanzaron de pleno; se desplomó y quedó inmóvil. Me afectó tanto la caída de mi compañero que la ira superó mi raciocinio; demandé, casi le rogué al capitán que diera la orden de lanzar cañonazos sin tregua. Los cañoneros afinaron la puntería y fueron impactando en las canoas, una, dos, tres, siete..., veinte, provocando una carnicería, sin disminuir la intensidad, hasta que recularon en dirección a la costa. Nos mantuvimos en la misma posición, preparados para volver a disparar en caso de un nuevo ataque. No se produjo. El coste en municiones fue considerable. Incalculable la baja del leal *Viernes.*

Llegamos, sin nuevos contratiempos, a la Bahía de Todos los Santos. Por razones del monopolio de comercio de Portugal, otorgado por el Papa católico, no pudimos bajar ninguna de las mercancías que traíamos de Inglaterra para comerciar. Con dificultad pudimos cargar víveres y otros materiales necesarios. Un grupo de tres personas, que parecían familia, se aproximó cauteloso al barco y el hombre se dirigió a mí en susurro.

—Señor, ¿puede acogernos en su barco? —dijo.

Con la ayuda de un marinero que tenía conocimientos del portugués, le interrogué.

—¿Por qué había de hacerlo? no parece marinero ni comerciante —contesté.

—No soy católico, soy luterano, y la Inquisición me persigue por hereje para matarme —respondió con voz trémula y mirando a diestro y siniestro.

—Usted parece portugués —dije manifestando sorpresa.

—No importa si soy o no portugués —volvió a decir—. No soy papista y lo he manifestado públicamente.

—Usted no sabe a dónde nos dirigimos —dije.

—Desembarcaremos, con mi familia, en el primer puerto en el que amarren —dijo—. Solo quiero salvar a mi familia.

Aceptamos su petición sin más reservas, manteniéndolos ocultos, incluso, de las curiosas miradas de la tripulación.

Desde la ciudad, había enviado la cantidad necesaria para que mujeres e hijos de los castellanos, residentes en Loja, pudiesen viajar a la isla[42].

Pusimos rumbo al cabo de Buena Esperanza y de allí al Cabo. La travesía se desarrolló con algunas tormentas que no nos afectaron seriamente. Tuvimos que desviarnos de la ruta usual al recibir informaciones sobre navíos de la poderosa Francia, con la que Inglaterra estaba en guerra en las colonias de América del Norte.

Madagascar, el salvajismo de los «civilizados»

Navegamos hasta Madagascar, conocida como zona de bandoleros, piratas y traficantes de esclavos. Contra lo previsto y las expectativas, pudimos comerciar provechosamente y sin contratiempos. A cambio de tijeras, cuchillos y otras bagatelas, conseguimos bueyes que nos permitirían seguir la travesía con alimentos suficientes. El trueque se desarrollaba pacíficamente, con un método ingenioso. Las dos partes habíamos señalado, con ramas de palmera, la línea delimitadora del territo-

---

42   Una nota al margen decía escuetamente: «A mi regreso a Inglaterra supe que todo había sido cumplido adecuadamente».

rio propio. Entre ambos, el territorio intermedio neutral; allí se iban depositando las mercancías que se retiran, alternativamente, por unos y por otros, al retroceder el otro bando a territorio propio. De súbito, una anciana y una joven que ofrecían algunos objetos y se encontraban sobre la línea de territorio neutral fueron abordadas por un marinero que sobrepasó la línea de protección y de tregua. El marinero forzó a desplazar a la chica hacia el bosque, situado a pocas yardas. Los nativos no tardaron en hacer prisionero al marinero y conducirlo hacia el interior de la selva. Se acabó el trueque. Algunos marineros iniciaron un movimiento de persecución, desistieron a la voz del capitán y mi firme oposición, expresada a gritos, «no os involucréis», ya que consideraba que los indígenas habían reaccionado adecuadamente por el quebrantamiento de la línea por parte del marinero y su violencia contra la joven.

Nos mantuvimos en la zona. La chalupa permaneció en la playa con algunos marineros. Unos pocos habían salido en busca del marinero hecho prisionero. Había anochecido y en la oscuridad oímos disparos y gritos de los marineros y alaridos de indígenas. Venían hacia nosotros. Al llegar a la playa, cayeron dos de los marineros por mortíferas flechas y tres indígenas a tiros de escopeta.

Transcurrió un día y en la noche siguiente, la furia se apoderó de la tripulación, que decidió partir en busca del marinero y matar a los indígenas que se interpusieron. Cuando vieron al marinero colgado bocabajo, muerto, les pareció suficiente razón para convencerse de la necesidad de vengarse. Digo «vengarse» y no «vengarlo», pues no existe ningún justificante para la actuación del marinero causante del problema.

En la espera de lo que sucedía, tuve tiempo de pensar en que el criterio de justicia no suele coincidir ni con la ley ni con las normas aceptadas y a veces ni con la razón. La justicia es subjetiva y las leyes son relegadas y despreciadas si la venganza entra en juego, aunque esta sea irracional e injusta.

Los tumultos son propicios a acciones desproporcionadas y en aquella ocasión, acompañado de la ira personal, no presagiaba nada bueno. Los marineros prepararon una partida en busca de indígenas, dejando el barco con el capitán y una docena de los setenta hombres que formaban la tripulación. El contramaestre, yo y un marinero permanecimos en la chalupa junto a la playa. Los demás partieron hacia el interior.

Escuchamos disparos, olíamos humo y pensamos en lo peor. Cuando regresaron, explicaron, con todo detalle, la proeza de su ataque. Habían incendiado la aldea mientras dormían, matado a todo el que quería escapar, incluso mujeres por la espalda. A los que permanecían en la choza los quemaron sin dejarlos salir. Fue un verdadero asesinato masivo. Algunos indígenas que llegaron hasta la playa y se parapetaron detrás de nosotros también fueron asesinados. Asesinados a traición e injustamente.

Regresamos al barco. Mi sobrino, el capitán, reconoció que deberían haberse comportado de forma diferente, pues era conocedor de la importancia de respetar las normas, escritas o no, y lamentaba no haber intervenido impidiendo la acción.

Fue una aniquilación por parte de los más fuertes, de los más «civilizados» contra los «salvajes» indígenas. Fueron asesinados a sangre fría y los causantes merecían la horca por ello. Cuando regresamos al buque, los marineros, que intuyeron mi desaprobación, dejaron de comunicarse fluidamente conmigo. Una barrera invisible se había construido entre nosotros. Tuve la premonición de que aquellos asesinatos merecían el castigo de Dios y de los hombres. Explicité mi opinión de que el marinero provocador mereció la muerte por ello.

Con este terrible incidente en el ánimo, pusimos rumbo a las Indias Orientales. En el primer desembarco, en el golfo Pérsico, algunos de los marineros, que se adentraron en la población, fueron atacados; uno murió y los otros cuatro fueron hechos prisioneros, probablemente para ser vendidos como esclavos. Los que pudieron, corrieron despavoridos logrando salvarse, ya que los atacantes no se acercaron al barco. Mi propuesta de intentar recuperar a los vivos con alguna negociación no fue atendida. Sentía, captaba la sensación de antipatía de los marineros. Mi criterio diferente y el hecho de llamarles indirectamente asesinos no debía darles demasiada confianza de mi actitud al regresar a Londres. Adujeron que eran bandoleros bien organizados y pertrechados e ir a rescatarlos era muy arriesgado.

Una vez en ruta, el contramaestre se enfrentó verbalmente a mí en la primera ocasión que se terció.

—No tiene ninguna autoridad sobre la tripulación del barco —dijo.

—Cierto —respondí—. Expreso mi opinión como tripulante.

—Los marineros estamos descontentos con las repetidas referencias silenciosas al asunto del poblado —dijo pausadamente—. Usted debe limitarse a defender sus bienes y a su negocio y no inmiscuirse en los demás asuntos.

—Mi interés en este viaje no es de su incumbencia —le dije en un tono de voz alzado.

—Estamos molestos con que vaya repitiendo la cuestión de Madagascar —insistió él.

—Soy propietario de una parte de la mercancía y alguna consideración se me ha de tener —dije.

Se marchó sin decir nada más y pensó que todo acababa allí.

Continuamos la ruta sin contratiempos especiales, hasta que, al llegar cerca del golfo de Bengala, se detectó una vía de agua. El capitán indicó la necesidad de fondear el barco para comprobar el alcance del problema. Entramos en la rada del golfo para reparar los desperfectos. Escorar el barco, desplazar toda la carga pesada al otro lado, llevó tiempo. La quilla quedó al descubierto.

Los indígenas debieron malinterpretar que íbamos a abandonar el barco. Al verlo de costado y a los marineros, unos recogiendo pertrechos y otros alejándose del barco, les debió animar a atacarnos. Los que habían marchado regresaron con gritos despavoridos, lo que provocó la alarma de los que estaban reparando. Los marineros encargados de la vigilancia y que tenían las armas preparadas, repelieron el ataque, matando a algunos atacantes, mientras los demás dejaban sus trabajos para preparar la defensa. Los atacantes comprendieron su error de creer que abandonamos el barco y se disolvieron rápidamente. No los volvimos a ver. Atacar un barco era piratería, muy castigado por los ejércitos de las grandes compañías. Los atacantes no podían saber si formábamos parte de una de ellas o no.

Reparamos el barco lo más rápidamente que nos fue posible y reanudamos la navegación rumbo al golfo de Bengala. Allí desembarqué, junto con una gran parte de la tripulación, para visitar el lugar, planicies enormes con la vista de la majestuosidad del Himalaya de fondo.

Cuando llegó el momento de regresar al barco e intenté subir a la chalupa, el marinero encargado de la misma me lo impidió.

—Tengo orden del contramaestre de no dejarle subir —dijo.

—Debo hablar con el capitán —dije en tono imperioso.

—El contramaestre se lo dirá personalmente, ahí llega —dijo.

En aquel momento el contramaestre regresaba con algunos marineros.

—Le comunico que tengo órdenes del capitán de no dejarle regresar al barco sin su permiso explícito —dijo, en tono respetuoso, pero voz irascible; a lo que los marineros asintieron con la cabeza.

Ante aquella afirmación, su tono y la aseveración de los restantes marineros, me propuse aceptar lo que parecía inevitable, no subir a bordo sin hablar con el capitán. Los acontecimientos se habían desarrollado, como supe muy pronto, en sentido contrario a mis intereses.

Abandonado a mi suerte en Bengala y el encuentro con el comerciante Moore

En la chalupa, venía el capitán. Cosa poco usual que abandonara el barco sin una razón poderosa.

Cuando vi que el capitán venía a tierra, me sentí aliviado, pues había supuesto un motín. No tuve tiempo de pensar demasiado; el semblante del capitán no era apacible.

—Los marineros me han planteado una cuestión grave, a la que no me puedo negar por razones útiles.

—«No queremos que el comerciante Robinson regrese al barco» es lo que me han manifestado.

—Los oficiales defendemos esa propuesta —dijo el de mayor rango.

Los marineros secundaron la propuesta a una señal del contramaestre con el grito de «¡todos!».

—Podemos intentar encontrar un acuerdo —intentó mediar el capitán.

—No aceptaremos ninguna propuesta en este sentido —le respondieron—. Aceptamos y nos comprometimos a seguir sus órdenes, pero no otras; si el comerciante Robinson permanece a bordo, dejaremos la navegación aquí mismo —afirmaron.

—Hablaré con él cuando esté en tierra —había respondido el capitán.

—No aceptaremos que siga en el barco. No será necesario utilizar ningún tipo de fuerza, puesto que ya estará en tierra —había hablado el contramaestre.

Ahora comprendía la gravedad del asunto. Mi sobrino, el capitán, me transmitió, sin rodeos, la posición de los marineros, sin darme opción a argumentar.

—No hay remedio —dijo, adivinando mis intenciones de contrarrestar la propuesta.

Tras una larga conversación sobre el sistema de compaginar los intereses de la tripulación y la mía, aceptó gran parte de mis propuestas, excepto regresar al barco definitivamente.

—Desembarcaremos mis pertenencias en el primer lugar seguro y allí me quedaré —dije.

Volvimos al barco y los marineros estuvieron de acuerdo.

Mi sobrino me dejó un sirviente y convenció al contador y al ayudante para quedarse conmigo. Me entregó mil piezas de a ocho y una letra de crédito por mayor valor. Yo había cosechado demasiadas antipatías entre los marineros. La autoridad del capitán y su misión comercial no podían quedar a expensas de mis intereses o criterios. Los marineros contribuyeron a descargar la mercancía de mi propiedad.

Mi absoluta inexperiencia de mando, de negociación y de tratar de asuntos de personal me ha perjudicado. De nuevo, el conocimiento, la previsión y la prudencia eran factores que, si no garantizan el éxito, evitan algunos perjuicios.

Una vez en tierra, mis siervos y yo decidimos buscar alojamiento. Encontramos un lugar bien dirigido por una eficiente administradora inglesa. Convivíamos franceses, judíos, italianos y un comerciante inglés. Durante nueve meses organicé mis negocios, vendí muchas de las mercancías que llevaba, compré diamantes por su mayor facilidad de transporte y el alto valor que se lograba en el mercado de Europa.

Disponía de varias alternativas para regresar a Inglaterra. Una ruta por tierra, a través del país del gran mongol, Surete, por mar hasta Basora en el golfo pérsico y luego con las caravanas del desierto de Arabia hasta Aleppo, continuar a Alejandreta en Siria, Italia, y desde allí en barco o por tierra a Inglaterra. La ruta alternativa era navegar por Bengala, desde Acheon en Sumatra y de ahí a Londres.

No tenía ninguna relación con las privadas Compañías Inglesas de las Indias Orientales y no era seguro que el capitán permitiera embarcar en su navío.

Mientras dudaba entre las diferentes alternativas, dado que había vendido gran parte de la mercancía, con excelente rendimiento, acepté la propuesta de un comerciante inglés, Henry Moore, de viajar a China.

El tal Moore me pareció de confianza y sus propuestas renovaron mi deseo de conocer mundo. El acuerdo incluía hacerme cargo de la mitad de la compra de un barco de tonelaje suficiente para los negocios que deseábamos realizar. Argumentó que podíamos obtener buenos rendimientos, que yo era persona de confianza y que le gustaba cómo había actuado en los meses en que coincidimos en el mercado. Conocer China se convirtió, de pronto, en un gran incentivo para mí, al que sumé las perspectivas de aprender y hacer buenos negocios, guiado por el nuevo socio. Los elogios a mi comportamiento ayudaron a decidirme. Compensaba mi mala suerte con los marineros del barco.

De nuevo, la prudencia brillaba por su ausencia. Soy un hombre rico, tengo edad de pensar en retirarme y estoy decidiendo ir a aventuras desconocidas. Acabé decidiendo por mis deseos y no por las necesidades y prudencia.

Había un barco holandés en venta, que acababa de amarrar en el puerto. Su cabotaje, de 200 Tm, era algo inferior al que buscábamos, suficiente, según mi socio, para los primeros viajes. Acepté la propuesta de inmediato, pues mi experiencia con él siempre había sido excelente y provechosa y yo no tenía conocimientos sobre barcos.

El capitán del navío era holandés, según su propia presentación. Nos explicó que había varias razones para no continuar sus viajes; las dos principales responden a la falta de liquidez para invertir en mercancías y la segunda a no disponer de suficientes marineros europeos que esperen a cobrar al regreso a Europa. Con el documento de compra en nuestras manos, contratamos a tres marineros ingleses, tres portugueses, un contramaestre inglés, un artillero, también inglés, un carpintero holandés y el resto de la tripulación, todos hindúes.

Extrañamente, ninguno de los marineros anteriores quiso continuar navegando con nosotros; el capitán nos dijo que tenían previsto desplazarse por tierra hasta Agrá y por mar, desde el Golfo Pérsico hasta los Países Bajos. Cuando acabaron los trámites de compra, caímos en la cuenta de que no habíamos podido hablar ni preguntar a los marineros sobre las travesías y sus andanzas y darles la posibilidad de alardear de sus «aventuras» por el mundo. Es un comportamiento poco usual para los marineros, que siempre quieren alardear de sus logros. El capitán también huía de conversaciones largas y no se comunicó con el nuevo capitán. Realmente parecía ansioso por regresar a su país.

Antes de la compra del navío, George Moore, mi nuevo socio y yo, elaboramos una lista de factores a considerar. Una columna de los inconvenientes y debilidades. Con un barco de menor tonelaje, necesitábamos una tripulación menor en número y un capitán con menor experiencia, aunque conocedor de los mares de la zona. Las ventajas del menor tamaño significaban mayor facilidad de gestionar, tanto en la navegación como en la cantidad de carga, y mayor facilidad de encontrar un capitán. El que fuese un barco de fabricación holandesa y su disponibilidad inmediata eran factores que favorecían la decisión de comprar.

Navegamos hasta Acheon —Sumatra—. Desde allí a Siam, donde intercambiamos nuestras mercancías por una gran cantidad de opio, muy valorado en China, y un licor de arroz fermentado que llaman «arac». Regresamos a Bengala con gran complacencia por los negocios realizados y por la perspectiva de conocer Asia.

Estoy logrando, simultáneamente, cubrir mi deseo de conocer mundo, obtener altas ganancias con el comercio y gran experiencia negociadora. Observando a mi experto socio, veo que intenta conocer al sujeto de la otra parte, su experiencia y necesidades; necesita entender las costumbres y motivaciones del otro, cumplir con los protocolos de negociación y saludos, según la nacionalidad o religión, y otros aspectos desconocidos para mí.

El socio me ilustra sobre los productos más adecuados para cada mercado y qué momento es idóneo para ofrecer, comprar o vender. Mi nuevo amigo me acaba de proponer un viaje a las islas de las especies para obtener clavos de olor de Manila. Aunque formalmente la isla pertenece a Castilla, el control comercial de la isla está en manos de holandeses e ingleses, y, por consiguiente, sin aplicar normas de monopolio o restricciones al comercio. Fuimos a Batavia,[43] Ceilán y Borneo; allí vendimos especies, clavos de nuez moscada a los mercaderes persas, que los vuelven a vender en el Golfo. El comercio nos proporcionaba una rentabilidad de cinco por uno, una proporción que nunca imaginé que fuera posible y mucho menos probable. Volvimos a las Molucas y a la isla de las Especies numerosas veces, a Ceylán y Borneo otras tantas.

Entre viaje y viaje, como mi amigo, que no podía estar sin actividad, me incitaba a más negocios y viajes.

—¿No es mejor estar ganando dinero que ocioso? —decía.

—Es cierto —respondí—. Si fuese más joven, no podría seguir mi ritmo —le dije con énfasis y cierta ironía.

—Te estás complaciendo con los negocios y los altos beneficios —dijo—. Soy una mina para ti.

—Cuantos más negocios he hecho y más dinero he ganado, más me gusta continuar y más grande es mi deseo de seguir —subrayé—. Y he de confesar que aprendo de ti y consigo negocios siguiendo tu estela.

—Y no perdemos las ocasiones de hacer buenos negocios, ya que estos paganos no aprovechan para hacerlo.

—Tienes razón, utilizamos las oportunidades que se malbaratan por inactividad —dije.

Los países de Asia que estaba visitando tenían su propia historia y sistemas de hacer las cosas. Eran muy distintos entre sí, en los caracteres físicos, en el lenguaje y en los protocolos de negociación. Adaptan rápidamente las costumbres extranjeras que les convienen, aprenden y aplican, de forma propia, las técnicas de los

---

43   Actual Yakarta.

extranjeros. El contraste con los indígenas de América estaba siempre presente en mi recuerdo. por cierto, aunque les llame indígenas, no tienen nada similar a los de Brasil; estos van vestidos con ropas sofisticadas y de colores.

El trasvase de métodos de producción y productos entre continentes es extraordinario. Las guerras entre países no han impedido el comercio entre unos y otros: el maíz, el boniato desde América, la pólvora, la imprenta, el papel, la brújula desde la China al resto del mundo, el azúcar y el café desde África a América y desde allí a Europa, el comercio del té desde Asia a Europa y esclavos de África a América. Todo en un proceso imparable de cambios, que me ha brindado la ocasión para aprender comerciando.

Huyendo como un pirata para salvar la vida

Estuvimos viajando y comerciando en las Molucas y las Filipinas, durante los meses que vivíamos en Bengala, hasta que, finalmente, decidimos iniciar la navegación a China, pasando por Siam para adquirir alimentos, especialmente arroz, de calidad muy apreciada. Una gran tormenta abrió una vía de agua en el barco, que nos obligó a buscar refugio en el río Cambodge, para localizarla y reparar en tierra. Al descender del barco, se me acercó un inglés que me habló con un susurro a un pie de mi oído derecho.

—Soy artillero de un barco de la Compañía de las Indias Orientales, me llamo Joao Santos y le advierto que hay dos navíos, uno inglés y otro holandés, en las cercanías. Os recomiendo que no mantengáis el barco aquí —dijo.

—¿Cómo? ¿Qué tiene eso que ver conmigo y mi barco —dije?

—¿Creéis que podréis ganar la batalla contra ellos? —preguntó.

—¿Qué batalla?, no tengo interés de entrar en lucha con nadie —dije.

—Estoy informado adecuadamente del barco en que navegáis —dijo.

—Tengo el contrato de compra y la licencia de navegación en regla. No me preocupan los barcos ingleses ni los holandeses —dije—. No estamos en guerra con ellos.

—Haced lo que queráis, señor, pero si permanecéis aquí esta noche, mañana con la marea habrá varias chalupas con hombres armados que os darán muerte como piratas y seréis ahorcados en el palo mayor. No podréis presentar descargos una vez muertos.

—Las leyes inglesas y holandesas no permiten ese comportamiento sin escuchar a los acusados —dije, intentando evitar escuchar más palabras del marinero.

—Los capitanes de los navíos comerciales deciden sin consultar. Están muy lejos de las autoridades y no consideran estas cuestiones como obligatorias —repitió el piloto.

—Pero violan las leyes de su país —murmuré, cada vez menos convencido de lo que decía.

—Permítame explicarle, abreviadamente, lo que ha sucedido con este barco —dijo—. Cuando desembarcaron, los malayos los atacaron; el capitán y tres marineros resultaron muertos; los restantes, once en total, decidieron marchar con el buque hacia la bahía de Bengala, abandonando al piloto y cinco hombres en tierra. El barco está ahora catalogado como barco pirata.

—No tenemos ni idea de lo que me explica —dije.

—Ahora decida lo que le parezca, pero creo que me merezco, con mi compañero holandés, un agradecimiento.

—El barco lo compramos honradamente, pero tengo que defenderme de calumnias y de posibles ataques —dije.

—Lo mejor es hacerse al mar inmediatamente; tenéis a favor la distancia que os separa y una marea de ventaja. Con pleamar vendrán con las chalupas y atacarán. Si salís ahora, las chalupas ya no se atreverán a perseguirlos en alta mar. Tenéis suerte, el viento sopla a vuestro favor. Pueden venir antes de lo que les explico.

—¿En cuánto valoráis vuestra ayuda? —dije—. ¿Cómo os sentiréis compensados? —explicité.

—No hay recompensa por algo de lo que no estáis convencidos —dijo—. Hago una propuesta: me deben diecinueve meses de sueldo desde que partí de Inglaterra y siete meses a mi amigo holandés. —En ese momento miró hacia atrás, señaló a un marinero que nos estaba mirando—. Si nos dejáis navegar con vosotros como marineros y nos salvamos, se convence y comprueba la exactitud de nuestro relato, estaremos de acuerdo con la recompensa que usted mismo quiera establecer, además de pagar lo que nos deberá por nuestro trabajo desde ahora y el cobro de la deuda anterior.

Caminamos hacia el barco y a cierta distancia escuché las alegres palabras de mi socio.

—¡Hemos reparado la avería! —exclamó con júbilo.

—Alabado sea el Señor —contesté—. ¡Hay que levar anclas!

—¿Cómo? ¿Levar anclas? ¿Qué ocurre? —preguntó.

—No hay tiempo de preguntas, ¡rápido! Levar anclas inmediatamente. Te lo explico mientras navegamos.

El capitán dio las órdenes. Iniciamos las maniobras de embarque. En el camarote del capitán le expliqué a él y a los oficiales la situación y la razón de tan repentina marcha.

Aún se veía tierra; dos marineros dieron el grito de «cinco balandros o chalupas llenas de hombres armados se acercan a gran velocidad».

—¡Navíos a la vista! —gritó el vigía, al mismo tiempo.

—Capitán, describa su plan de defensa —dije.

—Primero hay que hablar con la tripulación y explicarles quiénes nos persiguen y la razón de ello. Han de saber que, si nos alcanzan como piratas, nos pueden ahorcar. Debemos darles la opción de decidir si están con nosotros o prefieren descender en una chalupa. Una vez confirmada la lealtad de los marineros, el capitán ordenó lo siguiente:

—Asentar dos cañones, uno a proa y otro a popa, para mantenerlos a distancia. Si algunos consiguieron acercarse, los mantendremos a raya con fuego corto; si algunos hombres logran el abordaje, mantendremos el puente vacío y allí nos haremos fuertes.

Mientras se actuaba según el plan, el viento arreció. Aunque las chalupas eran grandes y con las velas a todo trapo, navegaban a mayor velocidad que nosotros, que estábamos haciendo maniobras de zarpar. Izamos bandera blanca en señal de voluntad de querer parlamentar. No hicieron caso a la misma; siguieron avanzando sin enarbolar bandera.

De las cinco chalupas, pudimos detener dos a cañonazos; uno de ellos impactó de lleno sobre una de ellas y parcialmente sobre la otra. Las demás siguieron acercándose y hubiesen conseguido alcanzarnos si no fuese por nuevos cañonazos que les obligaron a arriar las velas. Otras dos continuaron acercándose. El artillero disparó dos cañonazos; uno partió a la más lejana en dos y la otra continuó persiguiéndonos. Un nuevo disparo le dio en la proa y se hundió. Había dos marineros en el agua. Los recogimos al uno ileso y al otro, herido. Las chalupas dejaron de perseguirnos, aceptando la catástrofe en sus filas. Izamos la vela y sugerí al capitán cambiar de rumbo para evitar que pudieran distinguir hacia dónde nos dirigíamos.

Por fin, los dos marineros rescatados nos relataron la rocambolesca historia, que nos permitió averiguar con exactitud la razón de tal persecución. Hablaban alternándose, como si hubiesen ensayado.

—Por la captura del barco robado ofrecen una sustanciosa recompensa —dijo uno—. Superior a lo que ganaríamos en dos años navegando.

—El barco fue atacado por malayos —dijo otro. Detalle que ya sabíamos.

—El holandés al que compraron el barco lo había robado y se convirtió en un pirata. Ustedes han heredado su papel de piratas —enfatizó.

—Uno de los marineros abandonados, que había sobrevivido en la isla, pudo acercarse a una chalupa que un barco holandés había enviado para recoger agua dulce. Lo recogieron y salvaron. Este explicó lo ocurrido. La casualidad provocó un encuentro inesperado. Ese marinero abandonado, mientras residía en Batavia, esperando regresar a Europa, encontró a dos de los marineros que los habían abandonado. La explicación que dieron era bastante diferente a la suya. El barco estaba en manos de unos piratas que se dedicaban a abordar buques comerciales —dijo el primero. Esa fue la razón por la que no volvimos a buscaros en tierra y nos convirtieron en piratas como ellos. Desembarcaron la mercancía y nos abandonaron.

Esta versión, que no parecía creíble, nos hizo comprender la persecución tan irascible e interesada al mismo tiempo. Mi socio aconsejó volver a Bengala desde Malaca y defender nuestra verdad delante de los jueces. Secundé la idea y decidí preguntar al marinero inglés.

—Vuelvo a aconsejar continuar viaje —dijo—. Si decidimos regresar, no tendríamos tiempo ni de explicar nuestros argumentos y menos tras el estrago causado en las chalupas perseguidoras.

—Volveremos a seguir tu consejo —dije. Por prudencia.

Decidimos seguir ruta a Tonkín, pero nos detuvimos en una pequeña ensenada junto a un río y llegamos en la pinaza al puerto de la ciudad. Allí comprobamos que en la bahía estaban amarrados dos navíos ingleses y uno de los Países Bajos que navegaban con dirección a China.

La experiencia de la compra de un barco sin la intervención de un juez o autoridad nos estaba costando muchos problemas y, sobre todo, riesgos personales. Es otro de los conocimientos que no olvidaré nunca.

A partir de aquel momento, navegamos lejos de las costas, nos mantuvimos buscando refugio en calas remotas, evitando los grandes puertos. En una de esas incursiones, la chalupa que enviamos a tierra fue perseguida por los indígenas y, con gran suerte, los marineros pudieron regresar al barco, no sin antes enfrentarse a los nativos con machetes. En otra ocasión, mientras estábamos reparando el barco de pequeños golpes en la quilla, fuimos atacados. Diez barcas con diez remeros en cada una intentaron apresarlos. Sus intenciones, supimos más tarde, eran hacernos prisioneros para vendernos a nosotros como esclavos y saquear el barco. Sin tiempo para poder enderezar el barco, los hombres se concentraron en la lucha.

Fue una lucha breve pero feroz. El cocinero lanzó aceite hirviendo sobre los indígenas que intentaban el abordaje por la escotilla de proa; los disuadió del intento. Los otros marineros, viendo el efecto que el aceite había causado entre los atacantes, pidieron ollas llenas de aceite hirviendo, que lanzaban en cucharones, haciendo de catapulta. Me quedé muy sorprendido de que los gritos de dolor fueran diferentes en cada lengua, aunque, en todos, su sonido es terrorífico. El cocinero nos salvó con sus improvisadas armas.

Con las provisiones ya recogidas de pan, arroz, legumbres y algunos cerdos, decidimos no demorar la partida para abastecernos de otras necesidades por el riesgo de nuevos ataques. Pusimos rumbo a Formosa. Temíamos a los indígenas, a los barcos de los Países Bajos, a los ingleses y a la Inquisición. Éramos, injustamente, fugitivos de la justicia.

Los riesgos de los pequeños comerciantes

Navegando en mares libres tuve tiempo de pensar en el mérito de los pequeños comerciantes, que se enfrentaban a muchos peligros, solo compensables por el objetivo de un enriquecimiento rápido.

PARTE XII

CAPÍTULO 19.
VIAJANDO POR TIERRAS DE LA GRAN CHINA

Comerciante en tierras del Imperio del Centro

A partir de Formosa, seguimos la costa china, evitando rutas coincidentes con navíos de Inglaterra o de Holanda. Realizamos escalas en lugares distantes de las grandes ciudades, a las que llegábamos en bote. En una ocasión, mientras estábamos atracando en un pequeño puerto, vino al encuentro un anciano que nos habló en perfecto inglés:

—Soy piloto y portugués, conozco muy bien el país y estos mares —dijo.

—Queremos ir a Nankín —dijimos—. No consideramos que haya dificultades para llegar allí. Podemos remontar el río y por el Gran Canal llegar a Beijing.

—Es más conveniente ir a Macao. Es un centro más importante de comercio de opio y otros bienes preferidos por los compradores de cualquier país. ¿Qué desean comerciar? —preguntó a continuación.

—Comprar porcelana, seda, zarazas, té y sedas estampadas —respondió mi socio.

El piloto siguió insistiendo en que Macao era la mejor opción; nos encontraríamos con barcos holandeses en la ruta.

—Deseábamos ir a Nanking —insistimos.

—No deberían preocuparse por un barco pirata, que fue robado en Siam, y que abandonó al capitán y otros marineros en una isla. Uno de los marineros abandonados que logró sobrevivir y escapar pudo explicar el robo del barco por los propios marineros y no por otros piratas. En los últimos años, no ha habido casos de piratas en estos mares, pero este es conocido y perseguido.

Ante las explicaciones, que recaen sobre nuestro barco, le explicamos la realidad de lo ocurrido. A pesar de ello, coincidió con los marineros reclutados últimamente en que era mejor no coincidir con navíos ingleses u holandeses para evitar problemas. Seríamos ahorcados sin preguntar ni escuchar la historia de la compra.

—Las explicaciones y la actual tripulación probarían nuestra inocencia —dijimos al unísono mi socio y yo—. Si los capitanes se comportan de esa forma, violan las leyes de su país —continué.

—Entiendo vuestro enojo. Aun así, será más prudente no encontrarse con ellos —insistió.

—Escribiré una carta explicando lo que sucedió realmente y le ruego que le haga entrega si coincide con esos capitanes —insistí.

—Lo intentaré —dijo el piloto portugués.

—En otra carta, que enviaré a los jueces ingleses, detallaré los acontecimientos reales y el comportamiento ilegal de los capitanes de no escuchar a los acusados. La ley inglesa obliga a ello.

—Explicaré lo que me habéis dicho y les enseñaré la carta a todos los capitanes que naveguen por estos mares y estén dispuestos a recibirme —respondió. Aunque tengo una propuesta para ustedes, puedo serles de mayor utilidad en el viaje a China. Conozco los mercados más rentables, las rutas más adecuadas y podría guiarles.

Estuvo largo tiempo insistiendo sobre la utilidad de llevarlo con nosotros en territorio chino. Consiguió su propósito; los detalles sobre mercados, grandes y pequeños, las rutas de navegación, los productos más cotizados, su capacidad de comunicarse en varios idiomas, incluido el chino, y sus habilidades como negociador no nos dejaron dudas sobre la conveniencia de su ayuda.

El anciano piloto se embarcó con nosotros —con seguridad, no podría entregar la carta—. Nos indicó que en el puerto de Quinchang hacían escala los misioneros que iban a China desde Macao. Se celebraba una feria importante, aunque no era de las más grandes, participaban comerciantes japoneses, siempre ávidos de productos y muy serios en los acuerdos. Allí, aun no siendo un gran puerto comercial, podremos abastecernos de agua dulce, alimentos, arroz, raíces y té a buen precio.

Cuando desembarcamos para asistir a la feria, habíamos decidido no volver a subir a aquel barco. Durante el tiempo en que navegamos con él, vivíamos con miedo de ser capturados. Nos acompañaban la incertidumbre y el miedo, que nos impedía intentar encontrar los mejores productos de comercio. Decidimos vender el barco lo antes posible y viajar por tierra. Permanecimos tres meses en la ciudad esperando la celebración de la feria. El piloto había localizado una casa con construcciones adyacentes, era lugar seguro y protegido de ladronzuelos, rodeado de empalizadas y guardianes en las puertas a los que pagamos con una pinta de arroz y tres peniques.

En el puerto, amarraban dos barcos japoneses y varios juncos chinos que esperaban el inicio de la feria. Compartimos el tiempo de espera con tres misioneros, un francés, un genovés y un portugués de los que aprendimos historias sobre la China. Los dos últimos eran más reservados y estaban destinados a convertir chinos a la religión católica, aunque no parecía que tuvieran mucho éxito. Ni tan solo los conversos que los acompañaban parecían muy devotos. Simón, el sacerdote francés, aguardaba la llegada de otro misionero, procedente de Macao, para dirigirse a Beijing, la capital del Imperio. Nos convenció para esperarlo y viajar juntos.

—Padre Simón, si nosotros somos hugonotes y usted papista, ¿qué interés tiene en que viajemos juntos? —pregunté.

—Les enseñaré la gran ciudad de Beijing, mayor que París y Londres sumadas y muy poblada —respondió—. Será más seguro viajar juntos y para ustedes provechoso, aunque fuese solo culturalmente.

—¿Intentarán hablarnos de religión en todo el viaje? —pregunté.

—¡No, no!, de ninguna manera. Todos somos cristianos, respetuosos y podemos compartir sin problemas el viaje —dijo.

En el tiempo de espera hicimos algunos viajes cortos, uno de ellos a Nanking, ciudad muy poblada y con calles trazadas en ángulo recto, como una cuadrícula, donde era muy fácil de orientarse. Los dos misioneros, el padre Simón y su compañero insistían en viajar a Beijing por tierra. Nos dejamos convencer por nuestro interés en conocer la China interior.

Los dos marineros que nos ayudaron a escapar de los barcos ingleses y holandeses no habían sido totalmente honestos. Su verdadero objetivo era enrolarse en un barco pirata para hacer fortuna rápidamente. Nos habían engañado a todos. Sin embargo, habían sido de valiosa ayuda y les pagamos lo convenido, les entregamos la recompensa en oro, que, aun no siendo gran cantidad, agradecieron efusivamente. Les convencí, para que continuaran en el barco. Les ofrecimos un mayor grado en la tripulación, el inglés como artillero y el holandés como contramaestre. Su aceptación nos tranquilizó. Habían demostrado conocer muy bien los mares de aquellos contornos y podíamos continuar confiando en ellos.

Contactos con comerciantes del Japón

Mi socio y yo habíamos accedido a esperar la llegada del otro misionero para viajar juntos. Había transcurrido un mes desde la celebración de la feria, nos habíamos esforzado para negociar la venta de todos los productos que nos quedaban y del «barco pirata». La Providencia vino, de nuevo, en nuestra ayuda. El piloto nos presenta en una de las visitas, a un comerciante japonés. Compró todo el opio y las mercancías que aún manteníamos en nuestro poder, pagó en oro al peso y una pequeña parte en su moneda. La negociación fue ágil por la gran demanda de los productos que había en su país. Aunque conocía nuestra necesidad de vender, y era experto en negociación con occidentales, no abusó de esa ventaja ni de sus conocimientos. Por esa razón, cuando el sacerdote nos comunicó, de forma entusiasta, que el comerciante estaba interesado en el barco, vimos el camino terrestre a Beijing más próximo.

Concertamos la cita para el día siguiente acompañados de un traductor, ya que el veterano piloto portugués no dominaba suficientemente el idioma japonés.

Era una negociación importante, difícil y compleja y podría complicarse con una traducción errónea.

Antes de explicar la propuesta definitiva, voy a describir el encuentro con el comerciante japonés por sus curiosas y cordiales costumbres en la reunión.

Ante todo, empezaré por el saludo. Lo hizo con una especie de reverencia, como si fuéramos nobles. Más tarde, supe que era costumbre entre todos los encuentros, aunque fueran de la misma clase social, la inclinación variaba según el grado del rango del interlocutor.

A continuación, nos entregó, alargando los dos brazos hacia cada uno de nosotros, con las manos hacia arriba y una tarjeta con su nombre, en japonés y en chino, un idioma en cada cara de la misma. Esperó, sin desviar la mirada sobre el receptor. El viejo piloto, nos indicó que deberíamos mirar la tarjeta, aunque no la entendiéramos, mirar al que la ofrecía, como muestra de respeto a su persona y a su cargo. Era una larga lista de signos, que el traductor tradujo, pero solo me quedó el nombre de Tanakasan o algo similar.

El señor Tanakasan esperaba nuestra tarjeta, pero no teníamos ninguna. El piloto no nos había prevenido de esta costumbre. En contraste, sí que nos había explicado que era usual llevar un pequeño obsequio, de poco valor para entregar en el momento del saludo. Se trataba de una especie de mensaje que decía, «me he acordado de usted antes y he preparado la reunión adecuadamente». A un gesto de nuestro guía, le entregamos un pequeño recuerdo de Inglaterra, un dibujo de la catedral de San Pedro.

El comerciante la recogió con las dos manos y los brazos extendidos y volvió a hacer las reverencias del principio. No abrió el obsequio, pues parece ser, que es adecuado hacerlo en aquel momento. A continuación, volvió a hacer el mismo gesto que con la entrega de la tarjeta, pero nos entrega un pequeño paquete, que parecía una cajita, envuelta en un trapo de color rojo. Tampoco lo abrimos, avisados por el piloto. Solo entonces, nos sentamos y esperamos a que el comerciante iniciara la conversación. Era otra de las costumbres que nos transmitió nuestro asesor de protocolo japonés, el piloto.

Acabados los saludos, las costumbres del protocolo, las reverencias a cada uno de nosotros, y la recepción y donación de los obsequios, el comerciante nos hizo una propuesta sorprendente e inusual.

—No puedo tomar el barco en alquiler ni pagar su precio avanzado, he gastado todos mis recursos en las mercancías que he comprado —dijo—. Si me permiten fletar el barco hasta Japón y vender las mercancías que, previamente recogeré en Manila, podré pagar sin dilación la compra del barco y el flete.

Nos parecía una propuesta muy arriesgada. El japonés nos ofrecía confianza por su actuación anterior con otros comerciantes. Mis ansias de aventura regresaron, para ensombrecer mi raciocinio. Ya era un hombre acaudalado. Mi anhelo de conocer mundo, supera el de obtener más rendimientos comerciales. Sentirme rico y no buscar mayores beneficios, si la alternativa era conocer mundo, es un nuevo sentimiento.

Le hice una pregunta que nada tenía que ver con su propuesta.

—¿Puede llevarnos a Japón y de allí a Manila? —dije.

—Puedo llevarlos a Japón y conseguir su pase conducto, puedo llevarlos a otro puerto distinto a Manila —respondió.

No explicito las razones de ello. No lo preguntamos, Sabíamos que el japonés no suele responder «no» a las preguntas, les violenta que les hagan una pregunta en que no puede responder afirmativamente. Responden con lo que pueden hacer. Continuamos hablando de otros aspectos y características técnicas del barco. Los japoneses quieren conocer todo sobre lo que compran.

Nos citamos pasados dos días. Ya estábamos dispuestos a aceptar la propuesta no sin antes conocer la opinión de otros comerciantes sobre Japón y los japoneses.

Comentamos la propuesta con mi socio, éste más juicioso y menos aventurero, me disuadió de navegar hacia Japón. Tenía noticias, por conversaciones en encuentros casuales en anteriores ferias, que no era seguro viajar a aquel país, donde no había permiso de amarre para barcos extranjeros, excepto los holandeses y chinos, y, aun así, en puertos muy concretos. Me explicó que, algunos comerciantes, no ingleses ni holandeses, tenían un concepto de los japoneses de ser crueles, falsos y traidores, aunque menos que los españoles.

—No soy de la misma opinión, ni comparto esa valoración dijo el ayudante que me dejó mi sobrino y que parecía tener experiencia en el trato con el país. Afirmo que los japoneses son de fiar. Me ofrezco a viajar a Japón, ya que el comerciante japonés me permite enrolarme. A los dos días el ayudante se entrevistó con el comerciante japonés y regresó con una nueva propuesta, aún más sorprendente.

—Si me lo permitís, yo mismo compraré la mitad del barco, la otra mitad continuará siendo vuestra. Estoy seguro que comerciar en Japón, me dará la capacidad de adquirir la mitad del barco y utilizarlo para comerciar con él. Necesito que me otorguen el derecho a tomar la mitad del beneficio de la operación comercial con el comerciante japonés. No puedo pagar ahora, pero me comprometo a que la mitad de todos los beneficios que haga en el futuro, con el uso del barco, les corresponde la mitad a ustedes y lo haré llegar puntualmente a Londres, junto a la mitad del precio logrado por la venta del barco.

Decidimos correr el riesgo y liberarnos del «barco pirata». Redactamos los documentos de venta de la mitad del barco y los acuerdos sobre el compromiso de enviarnos la mitad del valor de los resultados netos de los negocios realizados con él. Esperamos, no del todo seguros, volver a encontrarnos en Inglaterra, con el dinero y con el ayudante. El comerciante japonés y el ayudante hicieron sus propios tratos, de los que no sabemos nada. Zarparon hacia Manila para adquirir los productos destinados a Japón. Junto al documento de venta del barco, agregamos un documento separado, con la historia del barco y las vicisitudes del mismo.

Probablemente navegaría bajo bandera japonesa hasta estar a salvo de ingleses y holandeses.

Supimos, meses más tarde, que el comerciante japonés fue honrado y cumplidor, le facilitó un pasa conducto al que había sido mi ayudante, para desembarcar en Japón, cosa inusual para europeos. Le pago el flete, tal como se había comprometido, le entregó porcelana japonesas y chinas que cambió por clavo y especies, le cargo las bodegas de mercancía japonesa para regresar a Manila a venderlas.

Nuestro nuevo socio, nos hizo llegar un comunicado en el que nos decía que volvería a Filipinas donde vendería toda la mercancía. En Manila intentaría que la Administración le otorgase un documento oficial sobre el barco que le permitiera navegar a Acapulco, México y Jamaica. Desde allí, regresaría a Inglaterra, donde nos entregaría la mitad de todas las ganancias obtenidas según lo acordado[44].

Extraños acontecimientos, costumbres inesperadas, cortesías agradables y gente honrada me compensaban de mis experiencias de piratas, colonizadores y extorsionadores. Regresaba constantemente al comportamiento del capitán, mi amigo y su amigo de Brasil.

La ruta terrestre por territorio chino

El viaje a través de China superó nuestras expectativas. Los conocimientos que adquirimos sobre la propia China y el Japón fueron inesperados. Sobre la mítica, fabulosa y opulenta historia de la China, que los nativos narraban con orgullo y satisfacción, no se veían objetos tangibles en nuestro trayecto. Si existieron, en algún tiempo pasado, habían desaparecido. Las vastas extensiones de territorios sin cultivar y viviendas pobres que encontramos en el viaje, contradecían o ponían en duda, las explicaciones de un pasado tan extraordinario. Quizá la propia capital demostraría la grandeza antigua.

Un «sabio», un monje o un peregrino, que encontramos en una de las paradas, nos habló de forma enigmática, «Es difícil encontrar la verdad en las palabras de la gente». Enfatizó que, en los asuntos llevados a los tribunales, emergen, siempre, varias verdades: la del acusado, la del acusador, la del juez y la verdad real y además ninguna de ellas coincide con la justicia». Necesite un cierto tiempo para captar la profundidad de la enseñanza de sus frases. Los encuentros con los «monjes» eran siempre enigmáticos, pero producían un efecto profundo y de conocimiento ancestral. Voy recopilando frases, ideas, dichos y experiencias de la gente de China.

Sobre Japón, la mayoría de los comentarios de los viajeros, recaen sobre los acontecimientos del momento presente. El país continuaba cerrado a la influencia extranjera, por miedo a que pusiese en peligro su propio sistema de valores o prin-

---

44   No sabemos cómo lo logró, pero el barco fue legalizado en Manila y pudo viajar a América legalmente. La corrupción probablemente.

cipios de funcionamiento social. Japón había tenido conflictos militares internos, pero no guerra civil, desde hacía más de cien años. Se conocía como «la era del Shogun Tokugawa» y los valores de los samuráis. El Emperador era una figura simbólica que unía a las diferentes facciones de *daimyos* o señores feudales japoneses.

Pude recopilar de diversas fuentes, historias sobre las estrictas normas para preservar sus valores y principios sociales. Los misioneros procedentes de Castilla o Portugal, por intentar introducir el cristianismo, se les prohibió la entrada y por extensión a los comerciantes de esos países. Los extranjeros religiosos y los simpatizantes japoneses, eran torturados hasta la muerte. Este comportamiento debía de ser el que le daba mala fama al Japón. Las torturas eran escalofriantes, una de ellas consistía en cocer a los castigados en agua hirviendo, arrancarles la piel, rociarlos con sal hasta que les sobreviene la muerte. Todas las torturas son horripilantes. Y las religiones o defensores de los propios sistemas suelen ser crueles, como la Inquisición en Europa y en América.

El Shogun, el señor feudal más poderoso, consiguió granjearse la ayuda de otros daimios y le permitió ostentar el poder militar y el poder político. Obligó a los señores feudales, a vivir en la nueva capital, Tokyo, trasladada desde Kyoto. Los mantenía separados de sus tierras y evitaba alzamientos inesperados y acuerdos entre ellos, a la vez que mantenía un control directo sobre sus personas y familias. El traslado de residencia de los daimios y la ampliación de la corte alrededor de la capital, generó un gran desplazamiento de población.

La concentración de personas en la capital, transformó el sistema productivo, favoreció el aumento de la población artesana, incrementó el consumo de todo tipo de bienes, forzó a mejorar la producción de alimentos en la agricultura y favoreció el desarrollo de los mercados, el uso del dinero y de los medios de cambio. Las tierras que pertenecían a los Daimios fueron organizadas en pequeñas explotaciones familiares, que, mucho más motivadas a trabajar, lograron muchos pequeños avances tecnológicos, como la utilización de algunos fertilizantes y norias para regar, la introducción de nuevos cultivos —caña de azúcar, maíz, cacahuete, variedades de arroz— y, comunitariamente, la construcción de silos públicos para almacenar el grano. La suma de esos muchos pequeños inventos convertidos en innovaciones reales y la mejora de los caminos permitió una revolución en las técnicas de producción agrícola, que, a su vez, facilitó el aumento de población urbana.

Las mejoras agrícolas permitieron la aparición de actividades de fabricación de armas de fuego, para la exportación, copiadas de los holandeses y contribuye a la especialización de los territorios por tipos de producción. Los cambios se extendieron a todas las actividades. Limitaron la altura de los edificios para evitar incendios, unificaron las medidas y la moneda, establecieron jueces en las ciudades y controles de policía permanente para la seguridad. A pesar del cierre de fronteras, introdujeron cambios en la educación, sobre todo en lo que consideraban innovación procedente de los holandeses. Era, una ampliación de criterios desde sus propios valores y normas.

Las causas del crecimiento del Japón parecían proceder de diversas fuentes: organización política eficiente, cooperación sector privado —daimios y su control de los samuráis— y el poder público, a través del incremento de la producción por superficie disponible, el aumento absoluto de población, la introducción de nuevos sistemas de cultivo y de nuevos productos. El comercio interior ayudó a la especialización y éste el desarrollo del uso del dinero. Son las mismas causas del progreso en Inglaterra. Es extraordinario como en los extremos del mundo habían llegado a la misma combinación, producción, mercado y el dinero. El triunviro milagroso. Y China, el gran Imperio, que había sido avanzada, se había retrasado en el proceso y había retrocedido.

La metamorfosis, auge y decadencia del Imperio

En nuestro viaje en dirección a Beijing, pudimos atisbar el interior del país, comprobar el caudal de enormes ríos, con esclusas que permitían superar los desniveles, pudimos conocer aldeas, ver las gentes que los poblaban y las desigualdades en el nivel de vida entre el pueblo campesino y los llamados «nobles».

En el largo trayecto, tuvimos la suerte y el privilegio de seguir al séquito de un mandarín, que, nos proporcionó mayor seguridad, nos hizo observadores de algunas costumbres y de las relaciones de los poderosos con los campesinos. El mandarín, que es como un virrey y magistrado del territorio, se rodeaba de gran fastuosidad, creando un servilismo por parte de los habitantes de las poblaciones que atravesamos. Estos, nos proveían de las provisiones para las personas y los caballos, y no recibían nada a cambio, pues el dinero que ganábamos iba, en su totalidad, al señor del lugar. Este simple hecho explicaba, en parte, la pobreza de los territorios y el estado de subsistencia de los campesinos.

Pudimos comprobar la ostentación y la miseria de portadores, sirvientes, esclavos y mendigos y el trato humillante hacia ellos. Viajamos al ritmo del mandarín, pero a suficiente distancia como para no distinguirlo con detalle, ni tampoco a sus caballos, que iban cubiertos de mantas y adornados, sin que nos fuese posible hacernos una idea de su cuidado y prestancia.

A la salida de Nankín, tuvimos la ocasión y el «honor» de viajar unos pocos kilómetros, con un «caballero rural», vestido de lujo. Parecía un payaso, con volantes en las mangas y en el vestido, con una capa con adornos multicolor. El caballo era solo el reflejo de un corcel, por lo delgado y la falta de prestancia al caminar. Parecía el caballo Rocinante de la cómica y burlesca obra del Quijote[45].

---

45   En la época de Robinson, la obra de Cervantes era muy conocida en Inglaterra, como sátira, cómica y burlesca y así lo refleja el comentario de la vista del noble y su caballo. El propio

Hacerlo caminar requería el látigo, que el caballero utilizaba con frecuencia, y los golpes en las ancas por parte de los sirvientes.

Hacíamos paradas de descanso en pequeñas villas. En uno de esos descansos, tuvimos la suerte de divisar la casa de campo del «noble», que se había aposentado unas pocas horas antes de nuestra llegada. Pudimos comprobar la más ridícula ostentación. El señor se recostaba en una especie de gran silla, que semejaba un trono con brazos. El «trono» apenas lograba mantener en equilibrio el cuerpo del corpulento hombre. El conjunto, «trono», señor y sirvientes, estaba situado debajo de una pequeña palmera, que le protegía del sol, aunque ya había sido instalada una inútil sombrilla que sostenía uno de los sirvientes.

Manteníamos una cierta discreción de mirar directamente al «noble», hasta que, un viajero, nos aseguró que cuanto más mirásemos mayor satisfechos estaría el «señor» de mostrar su poder y riqueza. Cuatro sirvientes, a un tiempo le daban de comer, dos lo traían directamente del interior de la casa, una sirviente sujetaba el plato y otra sirviente, con una mano, le introducía la comida en la boca con la cuchara y con la otra mano le limpiaba los trozos que caían sobre sus grasientas ropas. El Imperio parecía decadente, pero más por sus dirigentes que por los campesinos, que trabajaban en condiciones deplorables y semejaban esclavos.

A medida que nos acercábamos a Beijing, la Gran Capital, mejoraron los caminos, y se intensificó el tráfico de comerciantes en ambas direcciones. El sacerdote nos narraba las historias sobre China, aprendidas en sus viajes anteriores y nos mostraba tácticas de negociación comercial. Por él supimos que el Emperador, tenía poco interés por el comercio con el exterior, aunque no imponía restricciones excesivas. Consideraba que el comercio beneficiaba a los extranjeros y poco a su imperio. El permiso de tráfico era totalmente libre en Macao, controlado por los portugueses y servía a China como entrada de nuevas técnicas occidentales.

El único percance en el viaje fue mi caída del caballo al atravesar un pequeño río. Me arrastró al fondo y perdí algunas de mis pertenencias personales. No merecería más comentarios si no fuera por la pérdida de muchas de mis notas de viajes, que contenían nombres de lugares, personas y anécdotas que me privaran de referirme a ellos con exactitud en los futuros escritos. Me sentía bien acompañado por el joven, que mi sobrino me dejó como sirviente, mi socio, su criado y el viejo piloto portugués, al que pagamos el viaje como traductor del francés y del inglés. Este era un buen conocedor del país y hábil en todos los aspectos en que intervenía. En Pekín se presentó un día con cara sonriente.

—¡Señor inglés! —manifestó con alegría—. Le voy a explicar la razón, por lo que usted se alegrará y yo entristeceré.

—¡Alegrarme yo! —dije—. ¡Y entristecerte tú!

---

diccionario de la academia de la lengua española —RAE—, no introduce hasta el año 2014, una valoración distinta a la cómica y acorde con las múltiples facetas de la obra.

—Sí, sin duda —exclamó.

—¿Y por qué? —dije.

—Porque me habéis traído hasta aquí, pero ahora he de volver solo. No tengo *pecunio* para pagar los medios de transporte por barco o por tierra. Para usted, por suerte, hay una gran caravana de comerciantes que sale de Beijing en pocos días y se dirige a Moscú. Es una gran oportunidad para regresar a Europa.

—¿Cómo lo sabéis? —pregunté.

—Un armenio griego, amigo mío, acaba de llegar de Moscú, regresa por el Volga y seguirá hacia Astracán.

—No temáis —le dije—. Si puedo viajar hacia Inglaterra, podrás regresar a Macao, o venir a Inglaterra si es lo que preferís —dije.

—Le estaré siempre agradecido —exclamó con entusiasmo.

Le comunique la noticia a mi socio, quien estuvo de acuerdo en ayudar al piloto y darle una buena gratificación, en parte por la ayuda prestada y en parte por la que nos brindaría en el viaje. Al piloto le presentamos la siguiente oferta:

—Le pagaremos un caballo de montura, la manutención durante el viaje y los gastos generales generados por la caravana. No pagaremos ningún animal de carga de mercancías suyas ni los gastos ocasionados por ello.

—Sois muy generosos, continuaré ayudando en todo lo que me sea posible —dijo.

Mi socio, experto viajero y buen negociante, había dejado organizadas sus posesiones en Bengala. El viaje hacia Londres, que planeábamos, lo podría aprovechar para comprar seda china, cruda o manufacturada y venderla con gran rendimiento.

Una de las enseñanzas sorprendentes de mi vida es comprobar que el crecimiento de los países no es permanente, no se mantiene una vez logrado. La China parece ser un ejemplo, Castilla había sido mi primera experiencia. Los gobiernos parece que tienen un papel muy importante en el despegue y en la caída. Eso me recuerda la fábula de un filósofo chino, del que no recuerdo el nombre, que me explicó un «sabio monje» que encontramos en el camino, sobre saber dirigir adecuadamente. El progreso depende de dirigir bien los países y familias con trabajo permanente. [46].

Crecer no es irreversible [47]

La previsión de partir en cinco semanas se extendió a cuatro meses. Finalmente, en febrero comenzamos la marcha. Mi socio vendió los productos que restaban en su

---

46   Probablemente se refiera a la fábula de Lao Tse, sobre «dirigir un país grande es como cocinar una comida delicada o un pescado pequeño».

47   Este comentario, parece reflejar el conocimiento del imperio de Castilla y ahora el de China.

poder utilizando los servicios del piloto. Yo viaje a Nankín, la antigua capital del imperio, con un comerciante chino y compre doscientas piezas de seda de diversos tipos, algunas bordadas en oro, seda cruda, indias finas y tres camellos cargados de clavo y nuez moscada. Gracias a mi socio, me estaba convirtiendo en un comerciante experto. Aprendí la importancia de conocer los deseos de los compradores potenciales, me informaba de las mercancías valoradas, sabía mantener los protocolos de los habitantes de cada lugar, diferentes a lo que estaba acostumbrado y utilizaba, siempre, un traductor de nuestra confianza. Nunca olvidaba ser amable con los proveedores o clientes, obtener su simpatía y hacerse amigo del introductor.

Uno de nuestros acompañantes, un traductor hábil, nos hizo conocedores de las historias, o la historia de una China milenaria y próspera, que contrastaba con la realidad de lo que observábamos. La más sorprendente de ellas, coincidentes con los relatos sobre la China que habían llegado a Occidente, era el progreso tecnológico que habían alcanzado en épocas de la dinastía Song. Algunas, de tipo productivo, aun pareciendo irreales, eran más creíbles que las aventuras políticas narradas por Marco Polo, el «veneciano».

El orgullo con que guías y comerciantes exponían la grandeza de la antigua China, me instalaba en la duda, sus explicaciones, para mí, oscilaban entre la mitología y la leyenda. Las casas, los habitantes, la existencia de siervos-esclavos y el escaso cultivo de las tierras de la situación actual, dejaban en evidencia el escaso bienestar colectivo actual. Las «leyendas de las dinastías Song y de la Tang» parecen casi increíbles y no obstante, debían de ser, indiscutiblemente reales, por el uso de muchos descubrimientos utilizados en Europa y sus resultados.

Durante el viaje, observamos escaleras y andamios para la construcción, tanto de casas como viviendas y edificios, utilizando cañas de bambú, atadas con cordeles, y grandes y suntuosos palacios. Disparidad abismal. Aunque estos parecían mucho más ricos que los ricos de Londres, Lisboa, Brasil, Madrid e incluso París, la comparación con las formas de vida del pueblo se trastoca a la inversa. La miseria de las calles de Londres parecía más soportable, que la que veíamos en China, si es que la miseria puede serlo en algún grado.

Los barcos, mayoritariamente juncos, no pueden resistir una simple confrontación con los buques de la armada de Inglaterra o de los Países Bajos. En caso de conflicto, los cañones hundirán, en minutos, toda la flota de juncos. De los grandes navíos chinos, de los que hablaban los guías, los que habían surcado los lejanos mares y océanos hasta el Atlántico, no quedaba rastro alguno.

Aquella China milenaria que había descubierto el papel, la imprenta, el compás, la pólvora, el ábaco, el imán, la brújula, lo que ellos llamaban «la tortuga guía» o las «rutas de la aguja», aquella China que había elaborado mapas astronómicos y marinos, que había construido puentes de piedra de unas dimensiones enormes —se decía que, en uno de ellos, podían avanzar, de frente, diez hombres a caballo—, que disponía de un puente cubierto a todo lo largo con un tejado de madera con bonitos colores, en el que se instalan comerciantes vendedores de los más diversos productos —en cuyas entradas y salidas las autoridades cobraban los impuestos— no existía.

Aquella China, que buscó salmuera a 200 pies con un taladro, que fundó piedras para hacer arados de hierro, aunque los que vimos eran de madera, parecía leyendas. Otro de los «sabios» con el que coincidimos en alguna de las «paradas» nos habló de la producción de papel moneda a partir de la membrana del árbol de morera, situada entre la corteza y el tronco. El árbol, cuyas hojas servían para alimentar los animales productores de la seda, permitía hacer de la membrana una pulpa o pasta, de color casi negro, de la que se obtenían diferentes tamaños del papel, de más valor cuanto más grande y más barato que la seda u otros materiales. Aquella China era historia.

Incluso Marco Polo quedó asombrado del uso de papel moneda. Era obligado aceptarlo en todo el territorio, pues el Gran Khan exigía la entrega de oro, plata y piedras preciosas a todos los poseedores de esos metales y piedras, a cambio del papel con su sello. El valor representado en el documento era equivalente a la capacidad de compra del oro o plata, tasado por una comisión de expertos; parecía que eran gobernantes justos, no tramposos. Aunque los mongoles no continuaron los avances de las dinastías anteriores. Aquella China introdujo el dominio y control de los campesinos al obligarlos a vender sus productos y no pagar en grano, que era más fácil de escamotear. Los ingresos públicos fijados en moneda no estaban sujetos a las fluctuaciones del precio en el mercado, sin embargo, era un riesgo para los vendedores si los precios se reducían.

La dinastía Song había avanzado en tecnología e inventos a todas las demás naciones y pueblos, pero no lo convirtió en ciencia. Una de las reformas en el Japón actual y que, probablemente, sentó las bases del crecimiento de Europa, la habían experimentado en Asia, siglos antes. La explotación de las tierras fértiles en parcelas de menor tamaño, un aparente simple cambio, favoreció el aumento de la producción agrícola; al intensificar el trabajo sobre ellas, obtenía mayor cantidad de producción aun cuando menos producción por hora de trabajo. La alimentación de la población urbana, la extensión del mercado en las ciudades y el aumento de la población aceleraron la especialización y habilidades. La apertura del mercado del suelo, de forma generalizada, iniciada por los Tang, significó un aumento de la propiedad de uso de las familias, que incentivó el aumento de la producción por hora de trabajo y el uso de las tierras cultivables. El cambio de propiedad o de uso, no tengo exacta información, el aumento del mercado y la existencia del papel moneda fueron —acompañados por un sistema de cobro de impuestos en dinero, no en especie— catapulta la monetización y una agilización de los negocios de los campesinos y agricultores.

La combinación de la especialización, el mercado y el dinero permitió el aumento de los intercambios, la recaudación de impuestos y la construcción de vías de comunicación rápidas, tanto terrestres como fluviales. La confluencia de los intereses de los comerciantes y de las autoridades jugó a favor de un crecimiento de la producción y del trabajo. La canalización de ríos y nuevos caminos redujo el precio del transporte y los agricultores aumentaron sus ingresos, que les pudieron dedicar recursos a mejorar sus tierras. Los cambios activaron las invenciones, las innovaciones y el conocimiento que, aplicado, se convirtió en el nuevo factor de crecimiento. Estas y otras muchas explicaciones las obtenía de los «sabios» que íbamos encontrando, pero parecía mitología más que realidad.

En esas dinastías «prodigiosas», la producción agrícola avanzó en muchos aspectos. Se cultivó té, azúcar, productos de huerta y se desarrollaron las piscifactorías. Los artesanos gozaron de un aumento en la demanda de sus productos y un bienestar creciente. Con el progreso agrícola, avanzó la industria textil de seda, algodón y cáñamo. Los reinos vecinos, como los de la península coreana, eran tributarios de China a cambio de protección contra posibles ataques extranjeros. Los gobernantes facilitaron la expansión del crecimiento, regulando intercambios y construyendo infraestructuras. Las dinastías posteriores no supieron mantener el progreso. Me recordó la fábula[48] de Lio Bowen, de la que tengo notas no pedidas en mi caída al río, en la que los funcionarios no son tan cuidadosos como los propietarios de las cosas.

Decididamente, viajar llevaba a conocer el mundo, sus gentes, sus costumbres, sus culturas y su historia y las mejoras introducidas en todos los ámbitos de actividad. También advierto que el progreso no es automático ni irreversible. La expansión del conocimiento aplicado fue la clave del progreso, y la participación de la gente y esperanza de mejora, contribuye a ello, tal como lo es hoy en Inglaterra.

---

48   Fábula de Liu Bowen del libro *Yudizi*, «Por qué el barco oficial está roto». Un oficial que regresaba de su misión, buscaba el barco oficial para su reporte y no lo encontraba entre tantos barcos en el puerto. Su compañero de viaje le dijo «no te preocupes, el barco oficial será el que tiene la vela cedida, la proa rota y el techo viejo. Encontró el barco de esa manera. Nadie estaba interesado en el barco. Actualmente, en economía se le llama «la maldición de los bienes públicos» pues se agotan antes y no se cuidan adecuadamente.

PARTE XIII

CAPÍTULO 20.
EL REGRESO POR TERRITORIO TÁRTARO: CHINA, SIBERIA Y TIERRAS DEL ZAR

La caravana hacia Europa y el ataque de los tártaros entre China y Rusia

Inicialmente, la caravana, formada por polacos y moscovitas, se fue ampliando con comerciantes escoceses, de Livonia y de otros territorios del norte de Europa. A partir de Beijing, el conjunto, lo constituían más de ciento veinte hombres bien armados, cuatrocientos caballos y cinco guías expertos. El peligro de ataques de los tártaros era tan probable, que hacía necesario un buen sistema de defensa. Me era difícil imaginar los preparativos para ataques más peligrosos, excepto los que estaban a cargo de los árabes en Oriente, tal como explicaban los expertos conocedores de ambos territorios.

El primer día de viaje, al poco tiempo de la partida, los guías detuvieron la caravana. Convocaron a lo que podríamos llamar el «consejo», formado por todos los viajeros, excepto sirvientes y criados. Se organizó la intendencia, se recaudó dinero para los gastos colectivos, se decidió el estipendio de los guías, para la compra de caballos o camellos en caso de percances y otros gastos similares. Se nombraron el equivalente a capitanes, oficiales y soldados, que se turnaban en las guardias de la vigilancia defensiva. Tanta precaución nos parecía, a los comerciantes, desmesurada, sin embargo, los guías no permitieran cambios en el sistema. El peligro debía ser considerable.

En Beijing, habíamos comprado gran variedad de productos, que, con toda probabilidad, se venden con elevadas ganancias en Europa. Transportamos 90 piezas de finísimo damasco, doscientas piezas de seda, tanto crudas como bordadas en oro, te, e indianas finas. Adquirimos tres camellos para cargar con clavo, nuez moscada por valor de miles de libras y alguna porcelana china. Nos pertenecían veintiséis camellos y dos caballos. La caravana se amplió con algunos caballos y algunos viajeros adicionales.

Personalmente no me separaba del que yo llamo «tesoro personal del viaje», anotaciones de las conversaciones con todo tipo de gente, nombres de lugares e interesantes historias sobre las peculiaridades de diversos países, costumbres e incluso, anécdotas del protocolo de los negocios. Tesoros inmateriales muy valiosos para mí.

En la inmensidad del territorio de China, atravesamos todo tipo de paisajes y poblaciones, algunas muy pobladas, algunas especializadas en la fabricación de lo que en Europa llamamos «porcelana china», juegos de vajillas de gran belleza y que alcanzan un alto precio en Europa. El piloto, conociendo mi interés por la porcelana, siempre animoso e irónico, me comunicó que había visto algo extraordinario y único, y que solo se podía verlo en este país.

—¿Qué es? —pregunté.

—La casa de un noble muy adinerado, construida con material de la zona —dijo.

—Es una buena idea construir con los materiales del entorno —respondí. Inmediatamente me percaté de que mi respuesta demostraba que no había captado la ironía de su tono de voz.

—Es algo más extraordinario, es una casa habitable construida con porcelana —dijo el viejo piloto.

—¿Cómo? ¿Podríamos transportarla a lomos de un camello? Alcanzaría un precio muy elevado en Europa.

Cuando pudo hablar, entre risas respondió.

—¡A lomo de un camello! —dijo. Reía y gesticulaba—. Es una casa en la que pueden vivir treinta personas, el propietario, la familia y los criados —dijo.

¡Es una vivienda de ostentación! —balbucee. Efectivamente, ¡era una mansión de porcelana!

Mi curiosidad fue tan grande, que, aprovechando un alto de la caravana, me desplace para verla de cerca.

La casa sobresalía entre todas las demás viviendas, mayoritariamente, construidas en barro. La idea de construir una casa de porcelana era extravagante, probablemente, no era muy cómoda en la vida diaria, pero su observación producía un efecto extraordinario. El exterior traslucía la blancura de las piezas de porcelana, tal como recordaba de las decorativas que teníamos en Inglaterra; el tejado, oscuro, casi negro, del mismo material, destacaba entre la claridad del cielo y las paredes. En el interior, observé composiciones cerámicas, similares a las que había visto en las tiendas de Londres. Destacaban las tonalidades azules, formando figuras, con ensamblajes tan perfectos que no los podíamos distinguir del cuadro representado. No pudimos ver la piscina ni las figuras del jardín, que, según explicaban, estaban construidas del mismo material.

El capricho de aproximarse a la «casa de porcelana», ocasionó una corta demora en la salida de la caravana y me costó una multa. No muy elevada, por ser la primera vez que retrasaba la marcha de la caravana, y por encontrarnos, todavía, dentro de la Gran Muralla, protegidos de posibles ataques de las hordas tártaras. La multa la pagué sin reparos. La «excursión» a la «casa de porcelana» bien valía, incluso el triple de la multa.

Al atravesar la «Gran Muralla», quede tan deslumbrado, que he de reconocer que se merece el nombre de «Gran» por sus dimensiones, anchura, altura y concepción. Hay que considerar, entre la denominación de «Gran Muralla», la difícil construcción en un territorio montañoso, irregular y de difícil acceso. La obra representaba el símbolo del poder de una época. Los guías, en especial uno de ellos, acentuaba y repetía con énfasis y cierta arrogancia, la función defensiva de la Gran Muralla. No era una sola muralla, sino muchas que la formaban. Tuve un arrebato de humor e ironía, afectado aún por las extravagancias observadas previamente.

—Exactamente —dije. Pudo servir para la defensa de los posibles ataques tártaros, a caballo y armados con flechas.

El guía no hizo comentario alguno, por lo que creí que no había entendido. El viejo piloto, más tarde, me sacó de mi error.

—Cada uno interpreta de forma diferente las ideas que los demás quieren expresar —dijo—. No me cabe duda de que el guía entendió lo que usted ha querido decir, que la muralla no sirve para las modernas armas.

—Entiendo que he sido un poco brusco y que por ello el guía ha dejado de hacer comentarios —dije.

—Exactamente —dijo el piloto.

Intenté suavizar la intervención y la ironía, explicando el caso de Inglaterra, en la siguiente ocasión en la que aquel guía estaba presente.

En Inglaterra tenemos la «muralla de Adriano», construida por los romanos en Northumberland, para defenderse de los pictos del norte, actual Escocia, pero que nunca llegó a cumplir la función para la que fue construida, pues nunca fue atacada.

A partir de aquel momento, el guía orgulloso de su país, no volvió a alardear de las excelencias de los logros del pasado. No obstante, era cierto que la «Gran Muralla» era prueba inequívoca de la gran capacidad productiva y experiencia en organización. Actualmente le han encontrado una buena función, sirve como *couriers* y como puestos de vigilancia avanzado.

Llegamos a «tierra de nadie», la Gran Tartaria, frontera móvil con Moscovia, trasladándose en el tiempo hacia el oeste o hacia el este. Hoy, territorio, formalmente de la China, según los guías, antaño moscovita.

En aquella inmensidad de territorio, las fronteras eran naturales, pero no se podían controlar en toda su extensión. Atravesamos bosques de grandes dimensiones y desiertos, en los que la caravana semejaba una pequeña duna. Desiertos que sólo eran semejantes entre sí en el nombre y en ser todos inhóspitos. Algunos semejaban campos en los que se habían triturado piedras para convertirlos en tierra estéril, en que cada trocito refleja la luz del crepúsculo en los ojos. Otros eran más arenosos, con movimientos ondulantes según la dirección del viento, otros llenos de colinas con una incipiente vegetación que imploraba crecer. Si el desierto imponía su inmensidad terrestre durante el día, por la noche, sobre las grandes llanuras, una gran cúpula semiesférica nos engullía. La imaginación volaba hacia lo desconocido, se evadía de los peligros, de las circunstancias y de las razones por las que estábamos allí. Nos dominaba la percepción de los sentidos.

El paisaje, la luz, la oscuridad, las dunas, los lagos, los enormes y majestuosos altos árboles de los bosques, rectos, separados entre sí una dimensión casi fija, como si hubiesen estado plantados, no nos dejaba tiempo a pensar en el peligro. Fue un placer poder disfrutar de esas sensaciones nuevas, únicas. Esto era conocer mundo, aunque nunca antes hubiese podido imaginar tal grandiosidad y belleza.

La caravana se desplazaba bajo el acecho de grupos tártaros montados en famélicos caballos. Era difícil evocar que aquel pueblo hubiese podido conquistar, en algún momento de la historia, desde Europa a Asia y lograr un desarrollo considerable. La aparición y desaparición de las civilizaciones globales parece ser la constante de la historia, Egipto, Mesopotamia, Persia, Grecia, Roma, China, Castilla y Francia. Quizás pasaría lo mismo con Inglaterra o debía decir Gran Bretaña. En el trayecto, había gente que sabía mucho y en las muchas horas de viaje, se explicaban muchas historias.

Nuestra confianza en los guías era total. La preparación de cada actividad era exhaustiva. Trabajaban como si fuéramos una gran empresa militar. Pensaban en la defensa considerando nuestras propias fuerzas, limitaciones y las características de los otros. Se hacía difícil entender que aquellas hordas de tártaros pudiesen atreverse a desplegar un ataque al descubierto.

La prueba de quién ostentaba la soberanía real sobre el territorio que cruzábamos, la tuvimos a los pocos días de entrar en el que parecía continuar siendo «territorio de nadie». En una corta parada cerca de una aldea, encargue a un camellero ir a comprar un camello. De regreso a la caravana, un pequeño grupo de tártaros, al galope, descendiendo desde el bosque le arrebataron el camello. Acudimos en su ayuda, pero al sonido de un cuerno aparecieron y nos rodearon centenares de tártaros amenazadores. Una patrulla de soldados chinos les hizo huir. Pasado el peligro el camellero me exigía que le pagase el importe que había desembolsado, al negarme, acudió al juez de la zona, quien resolvió sin titubeos.

—¿Por cuenta de quien compró el camello? —preguntó.

—Por mi cuenta —respondí.

—El camellero tiene derecho a que se le pague el precio del camello, trabajaba a las órdenes de otro —sentenció.

Una sentencia rápida y justa. No le puse reparos, quizá por saber que era inútil, además de parecer justa y escasamente gravosa para mis fondos. Regresamos al grueso de la caravana. Yo, sin camello y sin dinero. Positivamente impresionado por la actuación del juez.

Ya en el límite del territorio de Tartaria, fuera de las amuralladas poblaciones en las que íbamos pernoctando, fuimos atacados por los miles de tártaros. Pudimos repelerlos, gracias a la excelente organización militar, la disciplina y las armas de fuego. La superioridad de las armas era, de nuevo, la que decidía las contiendas, fueran o no justas. En los alrededores de la amurallada ciudad de Naun, en el límite del territorio tártaro, la patrulla de soldados chinos nos recomendó permanecer en los confines del campamento cerca de las murallas.

Desde la población se desplazaron 300 soldados chinos y desde el Este otros 200, sabedores que estando en el límite de las posesiones chinas podría producirse un ataque tártaro a una caravana tan numerosa y rica. Sabían, como nosotros, que el trayecto se acercaba al punto más débil, el momento en que debíamos vadear un pequeño río antes de adentrarnos en territorio del Zar.

Los tártaros, demostraron ser deficientes estrategas, esperaron a que estuviéramos atravesando un pequeño desierto, que nos permitió vislumbrar una gran polvareda, tan densa que parecía una montaña de arena. La polvareda nos avisó de su ataque y nos otorgó tiempo para preparar la defensa. Del interior de la nube, como fantasmas suspendidos de la misma, surgieron miles de tártaros al galope. Los soldados empezaron a dudar de la utilidad de la defensa, tantos eran los atacantes[49]. Las fábulas chinas parecen abarcar todos los asuntos, también tienen una para el tema de grupos con intereses diferentes en que la no cooperación perjudica a todos, aunque no tengo las notas sobre la misma. Decidimos elevar la moral de los indecisos soldados, creando conjuntamente, una formación triangular con los hombres de la caravana. Los tártaros fueron recibidos con tanto fuego que sufrieron una debacle en sus filas y se retiraron. Preparados y pertrechos, esperando un nuevo ataque. No llegó a producirse.

El interés de los propietarios por sus bienes y de los guías por su retribución, era superior al de los soldados por la defensa de una caravana de desconocidos. No estaba en peligro la intangible línea fronteriza, que era, suponemos, su cometido principal. De nuevo, el interés de cada uno por lo propio era superior al de los soldados del Gobierno.

Superado el ataque tártaro, entramos en Naun, que considerábamos ruso, aunque no encontramos vestigios de la estancia de soldados del zar. Nos aprovisionamos y continuamos el viaje.

---

49   No sé a qué fábula se debe referir pero existe una muy posterior a la vida de Robinson, del ruso I. Krylov, «El cisne, el lucio y el cangrejo», que puede servir para ilustrar la dificultad de cooperar con intereses o naturalezas diferentes. Tres sujetos diferentes con objetivos y tendencias diferentes, uno mira al cielo, otro se hunde en el agua y el tercero nada hacia atrás. En el caso de la defensa de los tártaros solo la cooperación y estrategia pudo vencer el peligroso ataque.

En territorio pagano del Zar y en la frontera de Europa

En Argún, en la orilla del río que le daba el nombre a la ciudad, la puerta de la Siberia del Zar, una gran guarnición, protege las caravanas que entran en el territorio imperial. A lo largo del trayecto comprobamos que había destacamentos regularmente distribuidos. Acampamos en Nerchinsk, ciudad fronteriza, medio moscovita y medio tártara, que continuaba siendo un territorio extraño por sus contrastes naturales, podíamos atravesar zonas de grandes bosques y a continuación desiertos que exigían una semana para atravesarlos. La naturaleza mostraba su exuberancia a placer.

El paisaje, los pueblos, las gentes no eran muy diferentes a los que habíamos visto hasta entonces; tampoco eran cristianos. Solo los gobernadores y los soldados rusos lo eran en aquellas tierras, siguiendo las leyes del zar. Los símbolos eran paganos, los tótems presidían las poblaciones, y cada una tenía el suyo propio, como representante de dios. El tótem Chma-Chi-Thaungu, el morador del sol, era el más valioso para los habitantes de la zona.

La visión del ídolo, de aspecto desagradable, que imaginé era la del demonio, me enfureció y empecé a tener ideas vengadoras en nombre de mi Dios. Desde la caravana podía distinguir una ceremonia religiosa celebrada por sus sacerdotes. Parecían carniceros, degollando cabritos bajo la atenta mirada de unos fieles postrados en tierra. La repugnancia a aquel ritual, me empujó a acercarme al tótem y cortar el gorro en dos, mientras otro componente de la caravana le arrancaba la piel de oveja que cubría el cuerpo. Regresamos lo más rápidamente posible a la caravana, bajo el griterío de los paganos.

La decisión de destruir el tótem fue anidando en mi cabeza e intenté convencer a un comerciante escoces para que me acompañase. Era buen estratega, tal como había demostrado al comunicarnos, con éxito, contra patrullas tártaras.

—¿Cuál es la razón de tal deseo destructivo? —preguntó.

—Vengar a Dios de tales adoraciones diabólicas —respondí.

—No tienen idea de nuestro Dios, ni de lo que pretendéis que aprendan. Excepto que deseéis quedaros a convencerlos, será inútil, son fanáticos de sus creencias y no dejarán la afrenta sin persecución.

—¿Podemos hacerlo esta noche? —exclamé—, ¿y dejarles una nota de las razones, en su propio idioma?

—¿Leer? No creo que haya nadie que sepa leer —dijo.

—¡Qué mala, es la ignorancia! —exclamé.

—Ten en cuenta que la acción podría representar un conflicto social muy importante. Si los habitantes de la zona producen revueltas ocasionarían una represión violenta contra los herejes por parte del Zar —dijo.

Este razonamiento ralentizó mi deseo, pero no lo extinguió. Por la noche, Domhnall McCoinnich, el escoces me comunicó que estaba decidido a acompañarme para que no me mataran en el intento. Preparamos el material, la brea, las flechas, la piel de cabra para camuflarse y se lo comuniqué a mi socio, que declinó la invitación. Mi criado sí que nos acompañó. Llegamos de noche, rodeamos la tienda de los infieles y forzamos a los que allí dormían a salir por el efecto del humo, los atamos de pies y manos, los amordazamos y nos desplazamos a preparar el tótem para su extinción. Trasladamos a los «herejes» junto al ídolo y los volvimos a inmovilizar para que vieran su destrucción y comprendieran que no era un acto contra ellos sino contra sus creencias en los dioses falsos.

Para los habitantes del pueblo, el acto fue un sacrilegio y generó problemas en la caravana. A la mañana siguiente, pobladores de las aldeas cercanas. Se presentaron al gobernador para pedir justicia y el castigo de los culpables. Tuvimos suerte de no ser reconocidos. Gracias a la ayuda de un cosaco tártaro, pudimos huir, al indicarnos un camino alternativo al usual de las caravanas. Con riesgo de su vida, el cosaco, desvió a los vengadores del dios tótem, convenciéndoles que los causantes se dirigían destruir el dios Shall-Isar de los tunguses, situado en la lejana población de Shilka, en dirección contraria a la marcha de la caravana.

Los zares preferían súbditos, tártaros, siberianos o tunguses fueran o no cristianos. La poderosa y extensa Rusia alberga poblaciones de muy distinta etnia, cultura, creencias, religiones y formas de vida. La semejanza con la Rusia europea era inexistente. Gobernar aquel territorio es inimaginable.

En Siberia, donde abundaban los cazadores de martas cibelinas, el zar había mandado construir los «castillos del zar», aunque en invierno, tal era el frío, que los tunguses, vivían en cuevas bajo tierra, comunicadas por galerías. Los habitantes adoraban todo, estrellas, sol, agua, nieve, cada cosa tenía su dios. No podía dejar de estar inquieto por ello. Me estoy olvidando del objetivo del viaje, conocer, aprender y comerciar, no de hacer de Inquisición.

Siete meses tardamos en llegar al río Yenisei, frontera entre Asia y Europa, dejando atrás el último desierto, tras dos semanas en su seno. Me quedé, nos quedamos, con mi socio, en Tobolsk capital de Siberia. Disponía de abundante alimento y provisiones, en una casa bien aislada del frío, con combustible suficiente y donde pudimos compartir tertulias con excelente compañía. La caravana siguió su ruta. ¡Era increíble cómo, había gente, que preferían viajar en invierno sobre la nieve que esperar a la primavera!

Especiales fueron los conocimientos adquiridos, las conversaciones con algunos de los nobles y altos funcionarios de la corte del Zar desterrados allí. No estaban sometidos a una estricta vigilancia, no era necesario, no tenían donde ir en la inmensidad del territorio. Probablemente, aquellos nobles, ayudaban a mejorar las condiciones de la zona. En ocho meses de estancia pudimos escuchar muchas historias del imperio del Zar, entre ellas la dificultad de mantener el control de unas fronteras tan extensas. Entre las muchas gentes con las que mantuve conversaciones se encontraba un comerciante de Suecia, Nils Olson, que me explicó que el «imperio sueco» había derrotado a los Zares en Europa y que su desarrollo había permitido la aparición de escritores de poesía clásica y novela, como George Stiernhielm, con la obra «Hércules», una alegoría contra los vicios de la prosperidad[50]. Era un comerciante, muy culto y agradable, orgulloso del crecimiento de su país. No había vuelto a pensar en él hasta ese momento, bajo el frío siberiano. Me llamó la atención el uso de «Hércules» como título de una novela contra los vicios.

Los dominios del Zar eran inmensos, la cantidad de siervos que poseía se podían contar por millones y el control sobre los mismos era muy estricto. A mis interlocutores, les respondí de forma irónica.

—Yo era, en algún sentido, más «poderoso» que el Zar. Tengo súbditos que me quieren, no necesito controlarlos, se organizan como quieren, tienen libertad para moverse en el territorio y no necesito ejércitos.

Me refería a los habitantes de la «isla», aunque de súbditos, ni lo eran ni aceptaban serlo. Todos se quedaron sorprendidos de tal poder. En otro momento les explique la verdad de mi vida.

—He sido marinero, esclavo o sirviente de un moro; hacendado en Brasil; naufragó durante veintisiete años, «perseguido como pirata» y ahora comerciante. He tenido suerte y la Providencia me ha ayudado en cada momento de forma distinta. Les transmití la admiración por la transformación de Inglaterra, de los barcos, de la ciudad de Londres y de la forma de vida y de tantas cosas de las que estaba sorprendido. Algunos de los aristócratas desterrados conocían muchas de aquellas transformaciones. Algunos debían conocer la reciente creada Sant Petersburgo, que decían que pretendía ser una ciudad al estilo de Europa.

Las explicaciones del noble ruso, me permitieron conocer que allí, en la misma tierra que pisamos, habían estado nobles famosos, como el príncipe Vasilievich Galitain, que, a pesar de haber conseguido el rango de boyardo, por sus grandes éxitos como señalar la definitiva frontera con China, mantener en orden la frontera de Crimea y recuperar Kiev, fue castigado por el zar, por ser el amante de Sophia Alexeievna Romanova mientras esta era regente. Esta, consiguió que el Joven Zar, Pedro, condecorase al Principe Vasilievich por sus éxitos, sin embargo, fue expatriado, confiscado su patrimonio y enviado a Siberia. Se rumoreaba que, mientras era cortesano, el noble proponía cambios revolucionarios, como abolir la servidumbre, permitir la tolerancia religiosa y desarrollar la industria. Había quien decía, en rumores, que, a pesar de estas ideas tan avanzadas, era más cauteloso y realista que el propio Zar en proponer reformas.

Durante ocho meses, las muchas horas de sincera conversación con uno de los nobles deportados, nos acabaron explicando muchas interioridades de la corte del

---

50   Es un título sorprendente para el objetivo, usar la leyenda de Hércules. «La Gran Potencia Sueca» dominaba Finlandia, Estonia, Letonia —Livorno—, trozos de Alemania —Pomerania—, islas del Báltico y otros territorios.

Zar. Con esta confraternidad me atreví a ofrecerle un espacio en la caravana, unos días antes de la partida. Rehusó amablemente, aunque noté una cierta indignación por la propuesta. Se extendió en las razones morales, personales, sociales y valores por los que no podía ni quería aceptar, puesto que violaría sus propios principios de respeto al zar.

—Nadie controla mis idas y venidas, me puedo mover libremente pero siempre en este inmenso lugar en el que las ciudades más cercanas están a miles de kilómetros —dijo.

A la mañana siguiente, el noble me indaga sutilmente acerca de mi disponibilidad a que su hijo viajara con nosotros, ya que ninguna culpa tenía de sus errores. Le respondí inmediatamente.

—Me alegro de su decisión —dije.

—Es cierto que mi hijo aquí tiene poco futuro y no es culpable de las posibles irregularidades de su padre.

—Será un privilegio ayudarle —dije.

Me dio las gracias y marchó a su residencia para comunicar y preparar lo necesario, sin levantar sospechas a la guarnición.

Me regalo pieles de marta cibelina, como agradecimiento. A cambio yo le quería regalar té, dos piezas de damasco y cuatro cuñas de oro de Japón. Solo aceptó un ejemplar de cada cosa por lo singular de la imagen del sello y no por su valor. Su integridad me dejó muy impresionado.

Entre los residentes desterrados se encontraban el príncipe Galitzin o Galifken, el general Robostisky, nobles, caballeros, coroneles y gente de la Corte. El introductor a la mayor parte de los nobles fue el escoces que me acompañó a lo largo de toda mi estancia en aquel lugar. Mi traductor fue un viajero de Livonia.

De regreso a casa

Un pasajero adicional, en categoría de mayordomo, nos acompañó a partir de entonces. Es un joven noble ruso, del que nunca pronunciamos su nombre. Justificaría su contratación, si era necesario, por la compra de muchos y valiosos productos que transportamos en once camellos cargados —servirían al joven para empezar su vida en Europa—. No pernoctamos en las ciudades por miedo a que el joven noble fuese reconocido por los soldados del Zar en un encuentro con la patrulla o incluso por estar en su busca. Evitamos ciudades como Tiumen y Solikamsic.

Aunque no sufrimos ataques de los tártaros, permanecemos constantemente acechados. El piloto portugués siempre buen estratega, cortaba las ramas de los árboles, dejándolas colgando del árbol, para dificultar un posible ataque. Por la noche, manteníamos hogueras permanentes para hacerles pensar que seguíamos acampados. Es decir, que la prudencia y preparación no decayó en ningún mo-

mento por el temor de nuevas incursiones tártaras. Pudimos escapar, sin enfrenta-
mientos, gracias a nuestro joven invitado, que contactó con un amigo, conocedor
de un atajo para introducirnos en Europa por la línea de frontera del río Kama,
afluente del Volga.

Todo estaba helado en esta época. En los meses de residencia en Tobolsk, hasta
en los momentos de mejor clima, me cubría hasta la cara con pieles, en forma de
máscara. Las casas eran pequeñas, las ventanas reducidas, los cristales dobles, no
pasamos frío, manteníamos el fuego, siempre encendido. En relación a la manutención, comimos bien, la comida era abundante, variada, rica y apetitosa, carne de
ciervo, secada y salada, pan, pescado seco, carne de oveja o búfalo, aguardiente con
hidromiel y gracias a los cazadores carne fresca de venado.

El negocio, gracias a nuestro viaje por tierra, fue excelente, la compra pieles de
marta cibelinas, zorros, armiños que cambie por productos chinos, nuez moscada,
clavo y otras especies. El precio de venta o de intercambio logrado fue más alto del
que hubiese conseguido en Londres, a pesar del valor que se les daba por ostentación de riqueza.

De las rutas alternativas, podíamos escoger bien por Danzig y el Golfo de Finlandia
a Gdansk, por mar o tierra, ya que el Báltico estaba helado, bien continuar como la
caravana hasta Jaroslaw al oeste, en Polonia, o bien abandonar la en el río Dvina y navegar hasta Arcángel, donde podría vender el resto de los productos chinos, y posteriormente, embarcar hacia Holanda o Hamburgo. Decidimos, mi socio y yo, esta última
opción. Llegamos a Arcángel, a dieciocho meses de la partida —ocho meses en Tobolsk—. Quedaban atrás el piloto Joao Santos, del que nos despedimos efusivamente.

En Bedford

Llegamos a Hamburgo desde el río Elba, pernoctamos cuatro meses, vendimos la
casi totalidad de la mercancía excepto una parte que transportamos hasta La Haya,
donde la vendimos, probablemente con más rentabilidad que de haberlo hecho en
Londres y sin ningún problema de comercio con las Grandes Compañías.

¡Las sorpresas aparecen en cualquier momento! Entre los comerciantes que
encontramos en los Países Bajos, coincidimos con un judío, que también hablaba
inglés y español, y nos explicó, entre otras novedades, el mecanismo de funcionamiento de las Bolsas y de las cotizaciones de las acciones.

Las reuniones de compra y venta de acciones no se hacían necesariamente en
el edificio de la Bolsa, sino en las calles o en los establecimientos de comidas de los
alrededores. En una de esas ocasiones en las que acudía a los lugares de transacciones, por mi interés en conocer el funcionamiento del mercado y los factores que
hacían fluctuar los precios de las acciones, sin razones explícitas que explicaran sus
subidas y bajadas y sin aparente relación con la marcha de las compañías.

Empezó diciendo que se le llamase «judío converso» a un escritor de origen cordobés, cuyo padre había sido uno de los «cristianos nuevos». Se les llamaba de esta forma a los judíos o musulmanes que apostatan de su religión y «abrazaban» la católica delante de la Inquisición para evitar su castigo. En cuanto estuvo libre de cargos, la familia se marchó de Castilla —esto no me significó ninguna sorpresa—, recorrió varias ciudades y acabó instalándose en Ámsterdam.

Su hijo, José de la Vega, es el que nos explica la historia, con gran detalle y conocimiento, se dedicó a escribir un libro sobre el origen y el funcionamiento de la más importante de las Bolsas, la de Ámsterdam. Tituló el libro, escrito en español, *Confusión de Confusiones*, que publicó en 1686. En el mismo, describe el negocio de las acciones, la etimología y la realidad de lo que llama el «juego de enredo». El libro se desarrolla como una conversación entre un filósofo agudo, un mercader discreto y un accionista erudito, pero con un lenguaje tan rocambolesco y con referencias a la mitología y autores clásicos que no era fácil ni leer ni comprender. El mismo autor, como jugador con acciones, se permitió calificar la Bolsa como un juego irracional, en el que los precios dependen de las expectativas y estado de ánimo de los compradores y de los vendedores y de su grado de especuladores.

El judío explicaba que el texto decía textualmente «los precios de las acciones son como la Torre de Pisa, los vendedores venden porque creen que se desmorona y los compradores creen que remontan». El título de la obra, recoge la tradición hebrea —*confusión de confusiones*[51]— repetición que indica que es el mayor, el límite de lo que puede ser, es decir que es la «*confusión por excelencia*» y que concuerda con la actuación especulativa de los compradores y vendedores. Las autoridades habían llegado a prohibir vender acciones que no se poseían e incluso que no estaban constituidas[52]. ¡Tal era el grado de especulación! Me creí también la historia de que un vendedor convencía a su amigo de comprar unas determinadas acciones diciéndole que subirán en breve tiempo, muchos otros, compraron por los rumores y el «amigo generoso» se apresuró a vender las que tenía en su poder, justo el día en que subieron por el aumento de la demanda. Nos hizo saber que la ciudad de

---

51   Nota del autor: José de la Vega «*Confusión de Confusiones*» en Ricardo A. Fornero. Argentina 2013. «https://economicas.unsa.edu.ar/afinan/informaciogeneral/book/de-la-vega-confusion-de-confusiones.pdf. Obtenido de Digitale Bibliotheek voor de Nederland Letterenen —www.debril.org— disponible en Google Books. La Federation of European Securities Exchanges —FESE— creó en el 200 el Joseph de la Vega Prize en honor del autor y su único libro. La primera referencia al libro es de Richard Ehrenberg —1857-1921— en el artículo publicado en 1892 «*La especulación con acciones en Ámsterdam del Siglo XVII*».

52   La Royal Society había sido creada poco años antes, en 1660 y a la que pertenecían científicos que cambiaron la perspectiva del Universo, E.Haley y I.Newton, autor de «Principios matemáticos de la filosofía natural» y creador del sistema de la mecánica y la ley de la gravitación, esta última avanzada por J.Kepler (1609). Autor de «Somnium»obra de divulgación científica explicadas como ficción para evitar la Inquisición.

Nueva York la habían fundado los holandeses con el nombre de New Ámsterdam y nos proporcionó otras muchas informaciones curiosas e interesantes. Viajar es una gran fuente de conocimiento.

Decidí informarme sobre las compañías en las que tenía acciones en cuanto llegase a Londres. Mis temores sobre la manipulación del valor del dinero, de las acciones y de los organismos que los gestionaban volvieron a resurgir con fuerza. Desde La Haya y con esa nueva preocupación, regresamos a Londres, a los diez años y nueve meses de mi partida. El joven ruso, con sus pertenencias, se dirigió a Viena donde tenía parientes y amigos de su padre.

Con la venta de los productos comerciados y el valor de los diamantes, a pesar de los grandes gastos ocasionados en los viajes, había acumulado fortuna. La suerte nos favoreció constantemente. Tuvimos noticias del banco confirmando la disponibilidad de importantes rentas generadas por el transporte y venta de mercancías entre Asia y América y la mitad del precio de la venta de un barco. El ayudante que me ofreció mi sobrino había cumplido su palabra. La transferencia era la prueba que había logrado legalizar el barco «pirata» en Manila, bajo las autoridades de Castilla, ¡era sorprendente que lo hubiese logrado! Realizar fletes con el mismo, ir a México y Jamaica, vender el barco, regresar a Londres y cumplir su palabra, lo buscamos para agradecerle el cumplimiento de su compromiso, pero resultó infructuoso hasta el momento.

Inglaterra, y ahora Gran Bretaña, destaca en varios campos no comerciales. Teníamos un ministro judío y científico, Isaac Newton, inspector de la Casa de la Moneda en Londres, que se encargó de establecer la relación de la libra con una cantidad de oro fija y creo billetes intercambiables en oro. Era sorprendente que estas novedades eran ya realidades muy antiguas con los *khanes* en China.

En los corros de conversación, aún se referían a la primera «crisis financiera, la de los tulipanes en Ámsterdam», donde las «tulipas augustus» llegaron a venderse por el precio de 6000 florines, cuando los ingresos de un buen artesano eran de 300 florines anuales. Las crisis debían de estar cerca cuando se rumoreaba de las antiguas; eso pensé y me hizo tomar decisiones sobre la necesaria diversidad de las inversiones y no creer en un solo banco.

Una vez organizadas mis propiedades, me retiré a Bedford, para revisar y finalizar los escritos de mi vida. Intentaré reflejar algo de lo que aprendí, sobre comercio, negocios, compañías, negociación, estilos de protocolo, sobre producción en Brasil y en la isla, sobre los riesgos del comercio y muy especialmente los riesgos en las finanzas. Siempre tengo presente la suerte y la ayuda de amigos generosos y el esfuerzo de mis padres porque aprendiese en la escuela.

Viajo frecuentemente a Londres para resolver asuntos de negocios y para mantener mis relaciones con gente de la que continúo aprendiendo de los cambios del mundo.

Los negocios con América podían tener un cierto problema. Londres no permitía ni siquiera a las colonias de América fabricar productos que hiciesen la competencia a los productos de Gran Bretaña y tenían que pagar impuestos a Londres, por productos fabricados, comercializados en la propia América. La actitud tan proteccionista no podía ser una buena medida en un mundo cambiante, en el que el comercio era equiparable a progreso. Creo que se convertirá en una fuente de conflictos con las colonias de América del Norte, aunque muchas de las protestas procedían de los propios ingleses, irlandeses o escoceses de origen de Gran Bretaña.

Hace unas horas, he regresado de Londres. En uno de los encuentros casuales con otros comerciantes y gente filosófica, me encontré con un comerciante sueco que estaba muy contento de que un compatriota, Emanuel Swedenborg, de la Universidad de Upsala, perteneciera a la *Royal Society* con Isaac Newton, no como escritor, sino como matemático, filósofo y arqueólogo. El orgullo del sueco con el que conversamos parecía tener su justificación, ya que era la más prestigiosa de las instituciones inglesas. Me recordaba el entusiasmo de los guías chinos sobre su país. Me detalló la importancia de que la institución aceptase mujeres como miembros. La publicación de la duquesa de Newcastle,[53] *El mundo resplandeciente* —o *The Blazing World*—, en la que describe un nuevo mundo, parece que le acaba de otorgar el privilegio de ser una de las primeras mujeres en participar en la Royal Society, reservada tradicionalmente a los hombres. Es un cambio importante de tipo social. Quedamos en volver a vernos y comentar las circunstancias cambiantes. Me sugirió la lectura de la obra divulgativa de nuevos descubrimientos de Kepler en forma de novela: *Somnium*[54].

Aquel día, el último pensamiento que tuve antes de dormirme fue algo extraño. Soy el mismo que partí de viaje, hace muchos años y llevo conmigo una gran cantidad de aventuras y conocimientos y, sin embargo, soy el mismo. «Soy como las dunas del desierto, cambian constantemente, pero el desierto no varía».

---

53 Nota del autor: Margaret Cavendish, duquesa de Newcastle, autora de varias publicaciones y poemas se refiere a la teoría de mundo múltiples y la teoría atómica. En «La descripción de un nuevo mundo», 1666, llamado *El mundo resplandeciente*, viene a ser un adelanto de lo que serían los textos de ciencia ficción, aprovecha para criticar a la nueva corriente de que lo que no se puede explicar con la ciencia y la tecnología debe ponerse en duda, sin aceptar conocimientos no científicos.

54 *Somnium* —*Sueño*—, escrito por Johannes Kepler en 1608 y publicado en 1634, tres años después de su muerte. Su objetivo era divulgar la ciencia y los nuevos descubrimientos científicos, astronómicos, los eclipses y el efecto de la gravedad sobre los astros y el movimiento de los planetas alrededor del sol. Explica un viaje a la luna, sus paisajes y sus habitantes. Escribe como si fuera un sueño para evitar ser declarado hereje.

PARTE XIV

PARTE XIV

CAPÍTULO 21.
EL SIGLO XXI. LA VORÁGINE

Soy tataranieto de Robinson Crusoe, el decidido joven que quería conocer mundo, como marinero y que fracasó en su intento, sin embargo, tras ser esclavo en África, hacendado en Brasil y comerciante en Asia, acabo su vida siendo rico, dejando su fortuna a su familia. Sin saberlo, fue un temprano precursor del *emprendedor*, sujeto creador de la *economía de mercado*.

El sistema económico, capitalismo, que desde 1700, ha generado progreso y crisis; creación y destrucción; bienestar y miseria; el crecimiento de la población y la muerte por guerras y persecuciones. No obstante, el mundo ha pasado de 1.000 a más de 8.000 millones de personas con una mejor condición de vida. El mercado ha extendido sus ventajas a otros sistemas económicos, socialismo y han generado una revolución en la ciencia, en el transporte, en la energía y un avance de la democracia, como mayor participación de las gentes en la gobernanza pública. En el XXI este proceso parece agotado, el crecimiento y riqueza se está volviendo a concentrar en una pequeña parte de la población.

Si el Robinson Crusoe de principios del Siglo XXI, regresara hoy, desearía ser astronauta, viajar y vivir en el espacio. Se maravillaría de los cambios de la vida cotidiana y se alegraría de haber previsto, que sus intuiciones sobre el poder de las Sociedades Anónimas y la preminencia de las finanzas para definir el futuro, se han convertido en realidad. La tecnología, la desigualdad y la concentración del poder en pocos individuos es la característica dominante en la «sociedad del bienestar» que se desliza en decadencia. Lo más sorprendente seria la vorágine del cambio, frenético, enloquecido y lejos de la comprensión de la ciudadanía.

El argumento de la neutralidad de la tecnología, de la necesaria eficiencia y la posesión material de muchos bienes, ha propiciado un conservadurismo, que ha eliminado la voluntad y el esfuerzo de la reivindicación desligada del egoísmo. Los decisores sociales, han encontrado que la autoconvencimiento y autocontrol de la libertad de elegir entre lo que se les da a escoger, es más eficaz que la fuerza para domesticar a la población.

La revolución de las élites

En el primer cuarto del siglo XXI, no se atisba una reacción como la de los Siglos XIX y XX, en que las elites propiciaron la Revolución de la Enseñanza, al incorporar la formación básica y el conocimiento a grandes masas de población, contribuyendo, de esta forma, al aumento de la producción y la mejorar de la vida material.

Como siempre, las revoluciones se hacen desde arriba, con la participación de los de abajo. El Siglo XXI necesita la aparición de élites capaces de poner en marcha otra revolución, una *Revolución Inclusiva,* dando voz y capacidad de decisión a los individuos en decidir el futuro. A nivel económico, a través de la participación en la empresa, la verdadera célula de progreso material. A nivel social, mediante la participación real en las decisiones políticas y a nivel científico y tecnológico, para orientar la trayectoria teniendo como objetivo el individuo y la preservación de la Naturaleza.

Estos son temas de conversación callejera y de tertulias, sin embargo, transformar la voluntad en acción naufraga en el camino. Volver a la enseñanza, sigue siendo el factor clave del cambio. Las nuevas elites tienen una misión a cumplir.

Preguntas del ciudadano ante la crisis

Causas:

La realidad de principios del XXI. La crisis del 2008

Estoy con mis hijos, compañeros y un grupo de conocidos escogidos al azar, tratando de dar respuesta a las preguntas comunes sobre la crisis del 2008, que engloba las causas, de casi todas las anteriores. El objetivo es transmitir, de forma simple y comprensible los intereses y mecanismos que actúan en aparición y desarrollo de las mismas. Están presentes, factores como la codicia, las expectativas poco realistas, el cálculo de riesgos erróneo, la ocultación de peligros por parte de los responsables, la difusión de información tendenciosa y errónea y la utilización de instrumentos y mecanismos creados para relajar los controles de eficiencia.

Juntos, estos factores, construyen un caldo de cultivo, que enmascaró la realidad y la hizo y hace incomprensible a la mayoría. Cada uno de estos factores, llevan a preguntas necesarias para obtener respuestas reales para explicar la crisis. Respuestas aisladas para cada factor de la crisis, que por sí solas no son suficientes.

Hoy la mayoría de la gente tiene muchos conocimientos, ¿no se puede impedir que sean engañados?

La comodidad y el consumismo ha relajado las exigencias de los ciudadanos en los asuntos públicos, aceptando, inconscientemente, ceder libertad para no perder los logros materiales, sean muchos o pocos. La gente escoge o cree escoger libremente.

Las crisis ¿han sido menos importantes en el pasado?

Hubo crisis notables en el pasado: la fiebre del tulipán, contemporánea a Crusoe, la crisis del Banco de Inglaterra en 1825, la crisis de 1837 en los Estados Unidos debido a cambios en el pago en oro y plata, la fiebre del ferrocarril y el colapso financiero en el Reino Unido en 1840, la crisis de 1929 en Nueva York, la de octubre de 1987 conocida como lunes negro y la del 2008. Esta, tiene lugar en un momento de auge económico, de globalización e interdependencia internacional entre todos los sujetos de la Sociedad Internacional y Local, que abarco a todas las capas sociales. La internacionalización de la crisis hizo imposible encontrar ayuda o salidas parciales. Solo algunos se beneficiaron.

¿Quiénes son los principales responsables de la crisis del 2008?

Todos lo somos un poco. Unos más que otros. Los bancos, las agencias de calificación de riesgos, los reguladores financieros, las autoridades económicas, los trabajadores bancarios y también, los ciudadanos en general, que especularon en espera de beneficios extraordinarios sin correr riesgo. Los medios, jugaron el papel de informar mal, utilizar terminología confusa, por desconocimiento, por no entender del tema y por seguir los intereses del poder. Todos buscaban beneficio. Como ya sabéis, todos los individuos actúan por incentivos, los asesores bancarios también. Las instituciones son dirigidas por individuos.

¿Qué palabras o argumentos se utilizaron que permitió que la gente fuese engañada?

Los directivos de las oficinas bancarias o de inversiones, ofrecían productos compuestos, con nombres «extraños», CDO, MBS, ABS, MBS (Mortgage Backed Securities, CDO Collateralized Debt Obligation) que no entendían. Por falso pudor no aceptaban no tener ni idea ante los clientes. El nombre de bonos seniors CDO también conocidos como *bonos preferentes,* indican en lenguaje corriente, un cobro inmediato y resultaron ser los últimos en cobrar y en muchos casos con pérdidas. Nadie sabía que estaba comprando y los vendedores tampoco, la palabra *preferente* engañó a muchos.

¿Cómo es que los que tenían conocimientos avanzados no pudieron prever la crisis?

La prensa, los medios, recogían las declaraciones de políticos, de responsables bancarios, de empresas de catalogación de riesgos internacionales y las opiniones de tertulianos, que se atreven a hablar de todo, en la radio y la TV, vendiendo la buena salud de los activos sin riesgos. Error. Mentira. Hubo voces avanzando la crisis. No era rentable hacerles caso, no decían lo que queríamos escuchar.

Mecanismos:

¿Cómo podemos escenificar el proceso de la crisis?

Las cosas pudieron desarrollarse de la siguiente forma. Las personas, de buena fe, iban a la banca o a su asesor y preguntaban

– ¿Puede explicarme que son exactamente las preferentes? Me ha llegado una propaganda del banco y unido a comentarios de amigos, de que son un nuevo sistema de ahorrar sin riesgo y más rentable. Estoy interesado en saber que son y cómo funcionan.

En muchos casos, el director del banco o el apoderado o un empleado con el que el cliente, tenía contacto frecuente, le explicaba un «*cuento*» sobre la garantía de las preferentes y la posibilidad de recuperar los fondos en el momento en que los necesitara, sin pérdida ni de rentabilidad, ni de capital.

–Me puedo fiar de su palabra, decía, a veces el cliente-amigo. ¿Dónde tengo que firmar? Sin leer la letra pequeña del contrato, firmaba y quedaba sellado su compromiso a las condiciones establecidas y a la escasa garantía de todo ello.

Puede comprar, le respondía el director o apoderado de la sucursal, yo mismo he recomendado a mis padres que traspasen algunos fondos a «cuentas preferentes».

El problema surgió cuando una gran cantidad de clientes volvían al banco y querían retirar fondos colocados como «preferentes» por alguna razón personal o familiar. La palabra preferente era un engaño del lenguaje para gente. No eran preferentes ni en menor riesgo, ni en disponibilidad inmediata, ni en mantener los intereses si se retiraban los fondos antes de su vencimiento.

–Vengo a retirar mis «preferentes» acudían los impositores

–No podemos devolverle los fondos, excepto que decida venderlas y le pagaremos el precio del mercado hoy -le respondía el banquero.

Momentos de estupor del cliente, que no acababa de entender lo que le estaban diciendo. Medio balbuceando, respondía: Me aseguraron que *preferente* quería decir que podría retirarlos en cualquier momento e incluso antes de transcurrir el plazo, sin perder los intereses por el tiempo transcurrido y que su valor estaba fijado.

–No debida de entender bien el mecanismo, insistía el «banquero», pues no puede garantizarse el capital y los intereses, en operaciones de bolsa.

A estas alturas de la conversación, el cliente ya estaba muy nervioso. No se lo podía creer. Necesitaba esos ahorros para poder seguir con su usual nivel de vida. Los fondos le permitían ir alimentándose, comprar las medicinas que los médicos le recomendaban, no incluidos en el seguro, o pequeños viajes con la familia. La idea que les quedaba en la cabeza era ¡No podían retirar sus fondos!

En algunos casos, los hijos, si estaban bien posicionados, les cubrían las necesidades a los padres. No dejaba de ser una sensación de inseguridad e incluso de pérdida de dignidad, tener que depender, necesariamente de los hijos. En la mayoría de los casos, los descendientes no podían ayudar demasiado.

Evidentemente, los clientes habían sido engañados, voluntaria o involuntariamente por sus asesores. No había garantías reales.

-¿Cómo se gestó la crisis? ¿no podía el banco central o el gobierno ayudar a los clientes o a los bancos, dándoles o prestándoles dinero?

Antes de responder, es necesario diferenciar dos tipos de falta de dinero por parte de los bancos o instituciones financieras.

Las «*crisis de liquidez*» Si nos refiriéramos a una familia que tiene bienes suficientes, pero no tiene dinero en efectivo para pagar sus compras, debería pedir un préstamo al banco y pagar los intereses por su uso. Si nos referimos a bancos, algunos, no disponían de dinero suficiente para devolvérselo a los clientes, cuando todos lo solicitaban en un corto periodo de tiempo. A esta situación se le llama «falta de liquidez»-.

En estos casos, los bancos, pueden pedir prestado al Banco Central o a otros bancos. Se le llama acudir al mercado (*mercado interbancario*), por lo que pagaran el tipo de interés correspondiente. En realidad, los bancos utilizan los depósitos de los clientes para prestar a inversores o consumidores para hacer sus compras o cubrir gastos superiores a los ingresos. Los bancos no tienen el dinero inactivo, cobran y obtienen beneficio por prestarlo. Si no lo hicieran no podrían pagar interés a los depositantes.

Las «*crisis de solvencia*» Se producen en el momento en que los bancos o entidades de crédito, no pueden devolver los depósitos a los clientes, por no disponer ni de liquidez ni de garantías suficientes para poder devolver los depósitos a los clientes ni pedir prestado. No obtendrán prestamos ni del Banco Central ni de otros bancos. Las causas pueden ser o por inversiones ruinosas, por préstamos a clientes que no pueden pagar y por gastos superiores a los ingresos. También por corrupción de algunos de los gestores.

En la crisis de 2008, se concedieron créditos, millones de créditos sin garantías suficientes. Créditos para la matrícula universitaria (miles de dólares por curso), para comprar bienes de consumo, para viajes, para fiestas de lujo, solo con garantías personales y también para compras de viviendas con garantía hipotecaria. Todos los ciudadanos estaban contentos con los bancos, ¡eran generosos!

Los clientes iban a la oficina bancaria y pedían un préstamo de 300.000 euros para comprar una vivienda cuyo valor real era de 250.000 euros. El banco les concedía el préstamo para comprar el piso, de cuantía superior al valor real, aunque la garantía hipotecaria era solo la del valor del piso.

Los bancos obtenían mayores beneficios al conceder créditos, los clientes satisfechos podían amueblar la vivienda, modificar la cocina sin estrenar y sin tener que ofrecer garantías adicionales a la hipoteca de la vivienda. Esperaban que el precio de la vivienda continuara creciendo y, en caso de no obtener ingresos suficientes para el préstamo, esperaban vender la vivienda a un precio superior, comportamiento especulativo.

Los estudiantes solicitaban créditos para asistir a las universidades de prestigio, con la sola garantía que al acabar la carrera podrían pagar la deuda. El problema se hizo gigante, cuando simultáneamente, los estudiantes no pudieron pagar la deuda, los compradores de viviendas no obtenían ingresos suficientes para el pago de la hipoteca inflada y otros deudores, se quedaron sin trabajo y sin poder pagar sus deudas. Las viviendas no subieron de precio, sino que bajaron, por el exceso de oferta en relación a la capacidad de la demanda y se vendían a menor precio que el de compra. Las empresas despidieron por falta de pedidos y los estudiantes no llegaron a graduarse o no obtuvieron ingresos suficientes.

Nunca la suma de inútiles ha dado útiles, ni la suma de ineptos ha generado sabios, ni la suma de riesgos los ha reducido. Los agentes bancarios sabían que solo transferían los riesgos al siguiente adquirente, en una cadena similar a los timadores de calle. Seguían el principio de «tonto el último». Las devoluciones de depósitos se hacían con los depósitos de los nuevos clientes, en el momento que dejan de ingresar, la cadena se rompe y la crisis estalla.

Circulan historias que los vendedores de préstamos hipotecarios, iban por las calles y si veían a una persona sentada en un banco público, le preguntaban

—¿Quiere obtener un crédito hipotecario para comprar su piso? —le decían—.

—No sé si podré pagar un crédito y los intereses si me quedo sin trabajo —respondía—.

—No se preocupe, si no puede pagar el préstamo, podrá vender el piso, que tendrá un precio superior al de compra y obtener unas ganancias.

—Si usted lo dice…

Y así millones de créditos inseguros. Puede que no fuera exactamente de esta forma, pero si era el espíritu que motivaba a los compradores y a los vendedores. La especulación siempre presente.

¿Cómo puede engañarse tanto, si los datos son públicos?

Demasiados datos. Demasiados. Inabarcables. Y un lenguaje voluntariamente opaco y engañoso.

Se decía «invierta en activos prioritarios». Más tarde, cuando el público aprendió a saber el concepto de *préstamos subprime*, ya no había salvación. Los créditos *subprime* son préstamos concedidos a los que no pueden o no han acudido a los créditos usuales de mayor tipo de interés del mercado. Se les llama «*créditos basura*» pues se otorga a quien tiene un alto riesgo de no poder pagar.

Cómo explicó Robinson, mi pariente, el simple rumor de una insolvencia es capaz de provocarla. Tras el pánico bancario (corralito), del Northern Rock Banc en el Reino Unido, en que los depositarios hacían cola para recuperar su dinero sin conseguirlo (algo similar a la idea del padre de los niños de la película de Mary Poppins), el miedo empieza a extenderse. En el verano del 2008 se produce la quiebra de los grandes bancos de inversión Bears Stears y Lehman Brothers, el pánico abarco a todos los confines de la economía mundial.

Los bancos quebrados eran tan grandes que se extendió el bulo popular, que no los dejarían caer, es el *«too big to fail»* (demasiado grande para caer). El problema era que nadie los podía salvar. Se desmoronaron y con ellos muchas familias. En 1997 la República de Corea (Corea del Sur) también dejo caer una de las grandes empresas o chaebols, a pesar que la gente decía «too big to fail», se recuperaron rápidamente pues la economía era sólida, característica que no tenían todas las economías de los países en el 2008.

¿Cómo nadie predijo la crisis?

Si lo hicieron. Insisto. Algunos analistas de universidades, de los propios centros oficiales, de los Bancos Centrales, lo hicieron, pero quedaron ignorados y tapados.

Efectos.

¿Cómo afectó a la economía de los países y a las personas?

Los efectos inmediatos sobre el público fueron diferentes según la regulación hipotecaria de cada país. En algunos, como en los EEUU, los hipotecados en vivienda, si no podían continuar pagando la cuota, entregaban las llaves al banco, el préstamo quedaba anulado y el deudor liberado de la deuda pendiente.

En otros países, como España, si el deudor no podía pagar la cuota, el banco recuperaba el piso, lo podría subastar, normalmente lo hacía a bajo precio, el deudor se quedaba sin piso y con la obligación de seguir pagando la totalidad de la deuda pendiente e intereses. Si el préstamo había sido otorgado por un valor total muy superior al valor real, la deuda era el valor del préstamo no el de la tasación real del piso. No había ninguna responsabilidad para los bancos por la sobrevaloración que permitía comprar muebles y hacer obras adicionales.

Si los efectos para individuos y familias fueron catastróficos financieramente, fue aún peor y destructivo para el empleo.

Socialmente, se incrementó la desigualdad de renta, de riqueza y de oportunidades, aumentó la desigualdad en la adquisición de capacitación, de formación y experiencia y se acentuó la discriminación por etnia, sexo o ideología, normalmente ligado a menos formación de base. Se generó un desempleo, que afectó a todos, pero en especial a los jóvenes que estaban a la espera de entrar en su primer empleo. En algún país el desempleo juvenil llegó al 50%.

Aumentó el número de personas por debajo del umbral de la pobreza (familias con rentas por debajo de la renta media) y se produjo un aumento de familias en que ningún miembro estaba empleado. Se unieron todos los tipos de desempleo, el temporal, el cíclico, el permanente, el tecnológico y el subempleo. Aumento la pobreza y la sensación de fragilidad.

La repercusión a factores intangibles como la esperanza de progreso social e individual, la reducción del nivel de la enseñanza, el empeoramiento de la salud por malnutrición y los efectos psicológicos correspondientes, no pueden evaluarse sólo cuantitativamente, como tampoco los efectos sobre la dignidad y el bienestar mental.

La economía se desaceleró y los efectos sobre el crecimiento económico fueron devastadores. El consumo, la inversión, las expectativas, tanto públicas como privadas se redujeron en todos los países, también en los países de origen de los emigrantes, al paralizarse la remesa de ingresos a sus países de origen.

Se paralizó el crecimiento. La importancia del mismo queda patente con unos ejemplos. Un país que crece alrededor de un 7% anual, tardará aproximadamente entre siete y diez años en doblarlo, si el crecimiento es del 1% anual, tardará 70 años en doblar su PIB. Los países empezaron a tener crecimientos negativos, el efecto negativo se prolonga a largo plazo.

Solo países que han continuado invirtiendo en investigación, desarrollo, tecnología y formación podrán crecer, también, desgraciadamente, los que invierten en armas.

Instrumentos

La transmisión de la crisis

Dos fueron los instrumentos que facilitaron y agravaron la extensión de la crisis. La titularización de activos no garantizados y la proliferación de productos derivados. Eran contratos *de futuro* sobre activos inciertos, préstamos de alto riesgo (*subprime*) sin garantías, que se comercializaron como si lo estuvieran.

Los contratos a futuro, existen desde que existen mercados, se comerciaba sobre trigo, arroz, petróleo, materias primas y muchos otros bienes que tenían una base de bienes concretos. Comprar la cosecha del año siguiente para evitar el riesgo en el cambio de precio y asegurarse la compra, era una estrategia usual desde la Edad Media. Comprar a precio fijado de cualquier activo hoy con fecha futura para asegurarse el suministro y el precio, esto sucedió en el 2008, al que se le sumaron dos instrumentos opacos al público.

a. La autorización pública de las autoridades, para convertir cualquier activo, tuviese o no garantías, en «*deuda titularizada*». Créditos al consumo, créditos para matrículas universitarias, créditos para la compra de automóviles y de electrodomésticos y créditos en el uso de las tarjetas de crédito, todo con garantías personales. Con la *titularización* se puso todo en un mismo saco, los de garantía hipotecaria, los de garantías personales e incluso sin garantía.

Se rumorea de forma humorística, que el propio Obama pudo acabar de pagar el crédito de sus estudios pocos años antes de ser presidente del país, pero no todos tuvieron la suerte de llegar a ser presidentes. Los créditos para estudios universitarios se basaban en la garantía personal de que los licenciados tendrían el éxito empresarial para poder pagar. Todos esos créditos acabaron transformándose en títulos comercializables que iban de unas manos a otras, esperando ganar beneficios sin hacer nada. Estaba funcionando la especulación pura a que se refería de la Vega, ya en época de Robinson.

b. La segunda figura financiera, o mejor llamarle, *desregulación financiera*, que se inició con Reagan y Thatcher, consistió en permitir la comercialización de productos financieros o activos sin ningún valor en sí mismos. Por ejemplo, se comerciaba con las expectativas de una diferencia de los tipos de interés o la diferencia entre el tipo de cambio entre dos monedas, en una determinada fecha futura. Es como si dos personas apuestan, uno que una moneda subirá de valor respecto a otra y el otro que bajará o que subirá en diferente proporción al valor del momento. Son *opiniones* y ya se sabe «*el que opina no sabe*».

El sueño de hacerse millonario, en una noche, mientras dormía no se cumplió. Ni los créditos hipotecarios, ni los personales se pagaron, por falta de ingresos, los salarios por desempleo masivo y los beneficios, por quiebra de la empresa, por falta de cobro de sus clientes o reducción de las ventas. La cadena de la crisis, alcanzo a todos, incluso los que no habían especulado e incluso a los que no tenían ningún problema de liquidez o solvencia.

¿Qué significa que la gente pagó la crisis tres veces?

La banca recibió dinero público. En algunos países consistió en un préstamo temporal del Banco Central o de la Reserva Federal, con la obligación de devolverlo con intereses incluidos. Las autoridades en los Países Bajos, los EEUU y en otros, recibieron la devolución de los créditos con sus intereses correspondientes y el Tesoro no perdió el capital. Lo había utilizado para la recuperación bancaria y evitó el aumento de impuestos a los ciudadanos para pagar la deuda

En otros países, España entre ellos, la legislación permitió que los bancos nunca devolvieran los créditos ni abonaran los intereses. Los ciudadanos pagaron tres veces la crisis, dedicando recursos públicos a la banca destinados a otras inversiones, pagando impuestos más elevados y sufriendo los problemas de desempleo, desigualdad, reducción de oportunidades y otros muchos no pecuniarios.

En el año 2019 llegó al mundo otra crisis. El virus Covid-19 provocó desempleo, una bajada de la retribución por trabajo, cierres de empresas, aumento de las diferencias salariales, necesidad de dedicar mayor parte del presupuesto público a las personas dependientes y con problemas monetarios y reducción de inversiones de crecimiento, aumento del número de pobres, lenta desaparición de la clase media y reducción del poder de los sindicatos, en muchos casos «subvencionados» por el erario público.

Se aceleró el proceso de pérdida de independencia de los medios de comunicación, neutralizados por los millonarios recursos transferidos por el sistema público, se produjo la concentración de poder de mercados en pocas empresas en competencia monopolística y se redujo la autonomía de gestión de los gobiernos.

La *fábula de Lao Tse* «*gobernar una potencia es como cocinar comida delicada y pequeña*», es muy adecuada para todas las crisis. Se refiere a la delicadeza, finura, necesidad de cuidar los detalles, estar siempre preparados y mantener el incentivo de mejorar siempre, pensando en la gente. Estas cualidades faltaron a las instituciones públicas y privadas en las crisis.

¿Las tendrán en el futuro?...

Dependerá de las élites y del grado de participación de la gente en las decisiones sobre la orientación de inversión, núcleo de la evolución del futuro.

¿HAY SOLUCIÓN?

No lo sé. Se han tomado dos medidas que intentan evitar las crisis financieras como la del 2008. Una, que afecta a la regulación de la llamada «banca paralela», instituciones financieras importantes, a las que se les obliga, ahora, a un cierto nivel de capital y a asumir un riesgo limitado. La otra, obligar a comercializar públicamente en Bolsa para dar transparencia a los «productos derivados complejos. No evita las especulaciones.

EPÍLOGO
MÁS ALLÁ DE ROBINSON

A lo largo de los siglos, las decisiones económicas han moldeado imperios, transformado sociedades y determinado el destino de naciones y, de forma imperceptible, la vida de las personas, la de todos, sin excepción.

La economía es, en esencia, una ciencia del comportamiento humano y en teoría, interesada en satisfacer las necesidades materiales humanas.

Robinson Crusoe, en sus aventuras y desventuras, descubre, "haciendo", los fundamentos de la economía, en especial, las decisiones sobre el comportamiento sobre consumo, ahorro, inversión y la formación de la ciencia y su utilidad. Comprende la capacidad creativa de establecer relaciones beneficiosas para las partes y la decisiva influencia de la organización social para determinan el progreso, el estancamiento o el retroceso de la sociedad o la de los individuos y el bienestar de las familias.

Esta *novela económica*, intenta que los lectores, de forma divertida, amena y fácil, entrelazando desde lo cotidiano, los fundamentos de la economía moderna para conocer los efectos de las decisiones que otros toman por nosotros y aprender a evitar y utilizarlas en interés propio.

Robinson tiene mucho que decir en sus notas no publicadas

Josep M. Brañas i Espiñeira
Escrito en Branäs, Värmland, Sweden

ÍNDICE ECONÓMICO

Entre paréntesis, equivalencia índice de aventuras

Parte A (Parte II)
Los principios de la economía
E1.–Los sujetos reaccionan a los incentivos, toman decisiones entre alternativas y aceptan el coste de oportunidad.

E2.–Las decisiones de los sujetos, tienen en cuenta el criterio marginal, el entorno, las circunstancias, las influencias y la emoción.

E3.–Los bienes económicos no son ilimitados. Necesidades y deseos se confunden. El aumento de complejidad exige nuevos personajes y renovada organización social y económica

Parte B (Parte III-IV)
Los factores económicos
E4.–La producción, que es el principio, es la concreción del esfuerzo, que permite el consumo, el ahorro y la inversión. La visión a corto y largo plazo no siempre coinciden en el uso de los factores.

E5.–Los mismos sujetos ejercen diversas funciones: productor, consumidor, ahorrador, inversor, innovador y organizador de los recursos.

E6.–El conocimiento y su aplicabilidad es el primer factor de progreso.

Parte C (Parte V-VI)
Los conceptos en funcionamiento
E7.–La demanda depende de muchas variables, el precio solo es uno de ellos.

E8.–La oferta depende de variables más allá del precio, también de los costes y los beneficios.

E9.–Cambios en la población modifican el juego económico. La especialización, el comercio, el mercado y el dinero se convierten en necesarios.

E10.–El riesgo y la incertidumbre siempre afectan. Las decisiones tienen un poco de juego y mucho de riesgo.

E11.–La estrategia consiste en considerar la reacción de los otros para tomar decisiones.

Parte D (Parte VII)
El sistema económico se transforma

E12.–El empresario capitalista toma el mando. El progreso se acelera y aumenta la desigualdad.

Parte E (Parte VIII)
La realidad

E13.–Conocer la Historia ayuda a preparar la estrategia ante circunstancias nuevas

Parte F (Parte IX)
Los nuevos sujetos del poder

E14.–El dinero se hace camino en el proceso económico y los gestores toman el poder.

E15.–Las grandes compañías por acciones cambian las reglas del juego. La "mano invisible" nunca existió.

Parte G (Parte X)
Y los sueños, sueños son

E16.–Ideas y propuestas para mejorar el entorno.

E17.–Las fabulas ilustran para recorrer el camino.

Parte H (Parte XI y XII)
El comercio Internacional

E18.–El Comercio mejora el bienestar de las gentes y de los países.

E19.–El comercio en Indochina, China y Japón va tomando su espacio.

Parte I (Parte XIII)
El progreso es reversible

E20.–Las instituciones y los países progresan y retroceden. El caso de China y las Rusias del Zar.

Parte J (Parte XIV)

E21.–Las crisis, la del 2008, las posteriores y las futuras. ¿Hay solución en el sistema?

BIBLIOGRAFIA

No es usual, en una novela hacer referencia a bibliografía. En este caso el objetivo es mostrar a los lectores, que existen muchas versiones sobre Robinson Crusoe, traducciones, simplificaciones, publicaciones para niños, jóvenes y ediciones completas. Cada una de ellas cumple un objetivo y su lectura depende de los intereses de los lectores. La referencia a ellos, reconoce que la novela es tributaria de todos los citados, no por copia sino por ideas o formas implícitas.

En esta novela incluyo la referencia a fabulas y obras anteriores a la "vida" de Robinson Crusoe" para mostrar que muchas de las "ficciones sobre la realidad" a que se alude en diversos momentos, existían ya en textos publicados antes de la obra original y su interés para todas las generaciones, incluidas las del futuro y la mal llamada IA, pero muy útil "inteligencia artificial".

Se incluyen aportaciones de obras de autores "Premios Nobel de Economía", algunos sociólogos, por el mérito de incorporar otras ciencias en la Ciencia Económica y entroncar con la actividad humana desde otros ángulos.

Acemoglu, Daren &James A. Robinson *"Porque fracasan los países"* Deusto 2021

Antoine de Saint Exupèry *"El pequeño príncipe"*.

 Arrou-Vignod, Patricia "Defoe Daniel, Robinson Crusoé", texto abreviado. Edit Gallimard Jeunesse 2008

Autes, Rosario, *Defoe Daniel "Robinson Crusoe"* Edic. Multiactiva Creación y Servicios Editoriales 2008 edición para la Vanguardia

Barcelo, A. *"L´ antropología des de el futur. El futur del pretèrit"* . 2013, en Brañas 2023

Bergerac, C., *"La luna"* 1657,

Brañas i Espiñeira J.M. *"La gairebé inútil ajuda a Àfrica"* 2007, en "Cien Trobades a Sant Quirze del Vallés" Cit. Volumen I. 2022

Brañas i Espiñeira J.M. "Corea, Sud i Nord. La guerra freda encara al XXI" 2008, op cit. Volumen I (2022)

Brañas i Espiñeira J.M., "*Un hilo conductor entre la comparación de la individualidad occidental y el comunitarismo oriental*", en Conexiones de la sociedad coreana y la española" Publicaciones Digitales. 2002

Byung Chul Han "*La expulsión de lo distinto*" Herder 2018

Carner, Jose,"Robinson Crusoe" 1925. Traducción Edit. Catalonia. Edit La Magrana 3° edic .1990Barcelona.

Clear J. "*Atómic Hábits*" Edit. Ara llibres 2024

Coelho P. "*El alquimista*" Planeta 2004 Barcelona

Coll, Josep M, "*La empresa Zen pe millorar el mon*" 2015, en "100 Trobades a Sant Quirze" Vol II, 2023

Coll, Josep M., **Ferrás Xavier**, "Economía *de la felicidad*" Edit. Plataforma Editorial Barcelona 2017

Coll, Josep M. "*ZEN business* . *"Los beneficios de aplicar la armonía en la empresa*" Edit. Profit, 2015

Coll, Josep M., "*Buddhist and Taoiist Systems Thinking*". Routledg NçY 2022

Cortazar, Julio "*Defoe Daniel Robonson Crusoe*" Traductor. Penguin Clasicos 2015

Daireaux, Godofredo "*Fábulas Argentinas*". Ediciones: Continente. Buenos Aires. 2ª. edición.2013

Defoe Daniel, "*Robinson Crusoe Adaptación*". Edit. Vasco Americana 1966

Defoe Daniel, "*Robinson Crusoe*" (1719-1729) Titulo original Edic. Orbis 1988 Barcelona

Defoe Daniel, Dunsmore John W., Wyeth NC, "*The Complete adventures of Robinson Crusoe*. 3 books Defoe :E. Art Now any - tercer volumen: book other versions r&cad=4#v=onepage&q&f=false Digitale Bibliotheek voor de nederlandse Letterenen . www.dbril.org. Google Books

Dutrait Vincent, «Robinson Crusoé. Adapté et illustré » Edit Magnard Jeunesse.

Fornero A. Ricardo "*Sobre Confusion de Confusiones*" . Version en lenguaje moderno (2013) del Libro de Jose Penso de la Vega. **Amsterdam 1688**

Gallimard edit. "*Defoe Daniel Robinson Crusoe*" Edic. Gallimard 2018 edi Baudouin Millet.

Homero *"La Odisea"* traducción José Alsina. Planeta 1990.

Joaquin Recaño *"La multitudinaria emigración des de Europa al Mòn"* 2019, conferencia en Brañas op.cit Vol. II

Kahnemann, " *Pensar rápido, pensar despacio"* Penguin Random House 2018

Kepler J. , "Somnium" 1630,

Leeson Peter T. , *"El garfio invisible"* . Innisfree,LTD 2017

Mameli Laura, *"Civilizaciones precolombinas"* 2011, en Brañas op. Cit Vol I. 2022

Minkang Zhou *"Les rutas de la seda la conquista del mon per la Xina"* 2019, conferencia en Brañas Espiñeira vol II *"Cien Trobades a Sant Quirze del Vallés"*, (2023)

Minkang Zhou *"La Xina del S.XXI"* conferencia 2012, en Brañas op.cit. Vol II. Editorial Lamolapress 2023

Pius Alibek *"la Mesopotamia : el perpetuo quotidià"* 2017, en Brañas op cit Vol II

Shiller, Robert J. Narrativas económicas" Como las faek news afectan a la economía. Deusto.2021

Shinagel Michel, edit. *"Defoe Daniel Robinson Crusoe"*, Edit Second Norton Critical Edition Harvard University 1994

Susuki Shigeko " *Els factors comformadors del pensament i comportament individual i social al Japó"* 2007, en Brañas op.cit Vol I

Thaler, Richard H. *"La psicología económica"* Deusto

Tirole J, *"La economía del bien común".* Penguin Randow House

Popescu, Valentin *"Drama humà i conflicte polític convertit en diví"* 2013, en Brañas op cit Vol II

Popescu, Valentin *"Israel: Caín i Abel per sempre"* 2014, en Brañas op cit 2023

Popescu,Valentin *"La tercera i desconeguda Europa"* 2018, en Brañas op cit Vol I

Popescu, Valentin *"La nostra Europa: la d`avui per dins i per fora"* 2018, en Brañas op cit Vol II

Popescu, Valentin, *"El Siglo Fitipaldi. El Siglo vertiginoso"* 2020

Veblen, Torstein. *"Teoría de la clase ociosa".* México FCE.1963

Vega Pensa *"Confusión de confusiones ",* traducido en lenguaje moderno ver Fornero Ricardo

Xiaomin Liang , " *La Economía en las fabulas".* Ed. Centro de publicación oriental, China, 2017

Whu, "Viaje al Oeste" 1592

Zhu Kang *"Historia de los cuatro inventos chinos"* Lamolapress 1918

NOTA: LAS REFERENCIAS BRAÑAS VOLUMEN I Y VOLUMEN II IN-
CORPORAN ESCRITOS PERSONALES DEL AUTOR PROCEDENTES DE
SENDAS SESIONES DE TRES HORAS DE REUNION DE UN GRUPO DE
MAS DE 30 PERSONAS, CON LOS PONENTES DE CADA TEMA, QUE
APARECEN COMO AUTORES DEL CAPITULO. EL ESCRITO, LAS AFIR-
MACIONES Y EL TEXTO, INCLUIDO LOS TITULOS, SON RESPONSA-
BILIDAD DE BRAÑAS, SIN EMBARGO, LA BASE DEL TEMA PROCEDE
DE LA CONFERENCIA, POR ELLO ES DE JUSTICIA LA REFERENCIA
A LOS "CONFERENCIANTES" POR LA SELECCION Y PRESENTACION
DEL TEMA. NO APARECEN COMO AUTORES DE LOS TEXTOS POR NO
INCLUIR NI TODO LO QUE DIJERON NI SON RESPONSABLES DEL
TEXTO.

ROBINSON CRUSOE, EMPRENDEDOR DEL SIGLO XVI

Josep M. Brañas i Espiñeira, doctor en Sociología, Master en Marketing y Finanzas Internacionales, Licenciado en Economía. Estudios de Derecho y de BBAA (UB). Profesor del Master de Relaciones Económicas y Culturales en la UAB. Estudios de Marketing y Finanzas en la Universidad de Nueva York (NYC), del desarrollo de Corea del Sur en Seúl. Diploma en Dibujo del Natural en la Facultad de BBAA de Barcelona.

Ex profesor titular de Economía en la UAB, exmiembro de la Comisión de Estudios de Asia en el CIDOB, extécnico en las Cámaras de Comercio i Industria de Barcelona, Sabadell y Terrassa, Consultor y gerente de empresas sobre fiscalidad y Marketing, exmiembro del Foro España-Corea (Ministerio de Exteriores) y de la Comisión bilateral España- Corea (Cámaras de Comercio España-Corea).

Publicaciones sobre Mercados de Nigeria, Costa del Marfil, Liberia, Irak, Hábitos de Consumo y de Compra en el Valles Occidental, en el Barcelonés, Catalunya. Articulista sobre economía y autor de la publicación "Trobades a Sant Quirze del Valles (2 volúmenes) sobre temas de actualidad internacional.

Viajero como medio de comprender y aceptar las diversas culturas del mundo. Conferenciante o y participante en reuniones y Congresos Internacionales en Brasil, Corea del Sur, Corea del Norte, Francia, Bélgica, diversas Universidades en España.